数学知识点强化练习
（上）

主　编　梁　悦　薛英华　毛金艳
副主编　贾利娟　信学岩　王春兰
　　　　杜海如　杨艳丽

北京理工大学出版社
BEIJING INSTITUTE OF TECHNOLOGY PRESS

版权专有　侵权必究

图书在版编目(CIP)数据

数学知识点强化练习.上 / 梁悦，薛英华，毛金艳主编． — 北京：北京理工大学出版社，2023.5
ISBN 978-7-5763-2417-4

Ⅰ.①数… Ⅱ.①梁… ②薛… ③毛… Ⅲ.①数学课-中等专业学校-升学参考资料 Ⅳ.①G634.603

中国国家版本馆 CIP 数据核字(2023)第 097053 号

出版发行 / 北京理工大学出版社有限责任公司	
社　　址 / 北京市海淀区中关村南大街 5 号	
邮　　编 / 100081	
电　　话 / (010)68914775(总编室)	
(010)82562903(教材售后服务热线)	
(010)68944723(其他图书服务热线)	
网　　址 / http://www.bitpress.com.cn	
经　　销 / 全国各地新华书店	
印　　刷 / 定州市新华印刷有限公司	
开　　本 / 787 毫米×1092 毫米　1/16	
印　　张 / 17	责任编辑 / 徐艳君
字　　数 / 360 千字	文案编辑 / 孟祥雪
版　　次 / 2023 年 5 月第 1 版　2023 年 5 月第 1 次印刷	责任校对 / 周瑞红
定　　价 / 49.00 元	责任印制 / 边心超

图书出现印装质量问题，请拨打售后服务热线，本社负责调换

前　言

　　全书紧扣最新教材和最新教学大纲，突出了职教高考特色，全面、详细地梳理了教材中的知识要点，突出了重点，直击盲点．本书课堂基础训练习题严抓基础，可操作性强，题型新颖，注重原创；课堂拓展训练习题注重拔高，有重点突破性，紧扣高考题型；答案解析讲解精当、注重启发．本书力求方法的讲解与技能的训练、能力的提升逐步到位．它既是一本学生的学习指导书，又是一本教师的教学参考书，还可作为学生参加普通高等学校职教高考、对口升学、单招考试的复习用书．

　　每节均由以下几个部分构成：

　　第一部分，学习目标导航，全面呈现了本节教材的主要学习内容和认知要求，让学生明白本节的学习要求以及努力学习的方向和应达到的程度，便于学生做学习过程中的自我评价．

　　第二部分，知识要点预习，养成学生提前预习的好习惯，对本节的知识做到提前了解，提升学生的学习效率和学习质量．

　　第三部分，知识要点梳理，对本节知识做了系统的归纳和总结，对教材中的重点、难点和疑点做了恰当的解析，使之各个被击破，以扫清学生学习中的障碍，进而提高学习效率．

　　第三四部分，课堂训练，课程训练分为课堂基础训练和课堂拓展训练．根据教材内容、学习目标和学生的认知水平，结合课本相关例题分类剖析了本节教学内容所涵盖的重点题型，帮助学生启发思维，打开解题思路，增加解题方法，培养科学的思维方法和推理能力以及运用所学知识解决问题的能力，让学生在练中学，在练中悟，在练中举一反三，进而掌握重点，突破难点，触类旁通，积累解题经验，提高解题能力．

　　本书每个单元配有单元检测试卷（A、B）卷，方便师生使用．本书所有练习题均配有详细解析，便于学生自学，以引领学生形成良好的学习习惯．全书注重知识的迁移和能力的培养，坚持"低起点、高品位"的统一，是学生学好数学不可或缺的一本参考书．本书在编写过程中，得到了广大同人和编者所在单位的支持，在此表示感谢！虽然我们抱着严谨务实的态度，力求完美，但因能力有限且时间仓促，本书难免存在不足和疏漏之处，敬请各位读者批评指正．

编　者

目　　录

第1章　集　合 ··· 1
  1.1　集合及其运算 ·· 1
      1.1.1　集合的概念 ··· 2
      1.1.2　集合的表示方法 ·· 4
      1.1.3　集合之间的关系 ·· 5
      1.1.4　集合的运算 ··· 7
  1.2　充要条件 ·· 12
      1.2.1　充要条件 ··· 12
      1.2.2　子集与推出的关系 ·· 14
  第1章单元测试题 A 卷 ·· 16
  第1章单元测试题 B 卷 ·· 19

第2章　不等式 ··· 24
  2.1　不等式的基本性质 ··· 24
      2.1.1　实数的大小 ··· 25
      2.1.2　不等式的基本性质 ·· 27
  2.2　不等式的解法 ··· 31
      2.2.1　区间的概念 ··· 31
      2.2.2　一元一次不等式(组)的解法 ····························· 34
      2.2.3　一元二次不等式的解法 ·································· 36
      2.2.4　含有绝对值的不等式 ····································· 41
  2.3　不等式的应用 ··· 45
  第2章单元测试题 A 卷 ·· 48
  第2章单元测试题 B 卷 ·· 52

第3章　函　数 ··· 56
  3.1　函　数 ··· 56
      3.1.1　函数的概念 ··· 57
      3.1.2　函数的表示方法 ·· 61
      3.1.3　函数的单调性 ·· 65

  3.1.4 函数的奇偶性 ································· 70
 3.2 一次函数和二次函数 ································· 74
  3.2.1 一次函数模型 ································· 74
  3.2.2 二次函数模型 ································· 78
 3.3 函数的应用 ································· 82
 第 3 章单元测试题 A 卷 ································· 88
 第 3 章单元测试题 B 卷 ································· 93

第 4 章 指数函数与对数函数 ································· 97
 4.1 指数与指数函数 ································· 97
  4.1.1 实数指数 ································· 98
  4.1.2 指数函数 ································· 103
 4.2 对数与对数函数 ································· 107
  4.2.1 对数 ································· 107
  4.2.2 积、商、幂的对数 ································· 111
  4.2.3 换底公式 ································· 115
  4.2.4 对数函数 ································· 117
 4.3 指数函数与对数函数的应用 ································· 122
 第 4 章单元测试题 A 卷 ································· 124
 第 4 章单元测试题 B 卷 ································· 129

第 5 章 三角函数 ································· 133
 5.1 角的概念的推广及度量 ································· 134
  5.1.1 角的概念的推广 ································· 134
  5.1.2 弧度制 ································· 138
 5.2 任意角的三角函数 ································· 140
  5.2.1 任意角三角函数的定义 ································· 140
  5.2.2 同角三角函数的基本关系 ································· 145
  5.2.3 诱导公式 ································· 149
 5.3 三角函数的图像和性质 ································· 153
  5.3.1 正弦函数的图像和性质 ································· 153
  5.3.2 余弦函数的图像和性质 ································· 158
  5.3.3 已知三角函数值求角 ································· 160
 第 5 章单元测试题 A 卷 ································· 162
 第 5 章单元测试题 B 卷 ································· 167

集 合

知识导图

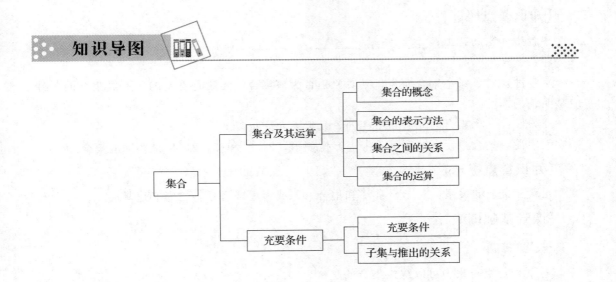

1.1 集合及其运算

【学习目标导航】

1. 理解集合和元素的概念,初步理解"属于"关系的意义,知道常用数集的概念及其记法.

2. 掌握集合的表示方法,正确表示一些简单的集合.理解子集、真子集的概念,掌握子集、真子集的符号及表示方法,会用它们表示集合之间的关系.

3. 掌握集合与集合间的关系及其相关符号表示.

4. 理解并掌握并集与交集的概念,会求出两个集合的并集与交集.理解全集与补集的概念,会求集合的补集.

5. 通过集合语言的学习与运用,培养学生的数学思维能力,通过数形结合的方法处理问题,培养学生的观察能力.

1.1.1 集合的概念

【知识要点预习】

1. 集合：_____；元素：_____.
2. 集合与元素有_____和_____两种关系.
3. 集合中元素的特征：_____、_____、_____.
4. 集合按元素的多少可分为_____、_____、_____.
5. 实数集：_____；自然数集：_____；正整数集：_____；有理数集：_____.

【知识要点梳理】

集合中元素的特征：_____、_____、_____.

注：

确定性：对于每个集合而言，某对象是否为该集合的元素是确定的，形成集合的条件应是明确的.

互异性：一个集合的元素互不相同，元素不允许重复.

无序性：集合中元素顺序可不考虑，比如$\{1,2,3\}$和$\{3,2,1\}$是相同的集合.

【知识盲点提示】

元素和集合的关系：对于元素a和集合A，或者$\in$或者$\notin$，二者必居其一.

【课堂基础训练】

一、选择题

1. 下列各组对象中可以组成集合的是( ).
   A. 比较小的实数　　　　　　　　B. 班里个子高的男生
   C. 商场里的漂亮衣服　　　　　　D. 绝对值等于本身的数

2. 若$A=\{(-1,1),(1,1)\}$，则集合A中元素的个数是( ).
   A. 1　　　　B. 2　　　　C. 3　　　　D. 4

3. 下列关系中正确的是( ).
   A. $0\in\varnothing$　　B. $0\in\mathbf{N}^*$　　C. $3.14\in\mathbf{Q}$　　D. $\pi\in\mathbf{Q}$

二、填空题

4. 用"$\in$"或"$\notin$"填空：

   (1)$\sqrt{3}$____$\mathbf{N}$；(2)π____$\mathbf{Z}$；(3)-2____$\mathbf{R}$；(4)-8____$\mathbf{N}^*$；(5)0____$\varnothing$.

5. 在数集$\{0,1,x-2\}$中，实数x不能取的值是_____.

三、解答题

6. 已知$A=\{x\mid kx^2-8x+16=0\}$中只有一个元素，求实数k的值.

【课堂拓展训练】

一、选择题

1. 下列选项中，表示同一集合的是（　　）.
   A. $A=\{0,1\}$，$B=\{(0,1)\}$
   B. $A=\{2,3\}$，$B=\{3,2\}$
   C. $A=\{x\mid -1<x\leqslant 1,x\in \mathbf{N}\}$，$B=\{1\}$
   D. $A=\varnothing$，$B=\{x\mid \sqrt{x}\leqslant 0\}$

2. 下列关于集合的命题中正确的有（　　）.
   ①很小的整数可以构成集合；
   ②集合$\{y\mid y=2x^2+1\}$与集合$\{(x,y)\mid y=2x^2+1\}$是同一个集合；
   ③$1$，2，$\left|-\dfrac{1}{2}\right|$，$0.5$，$\dfrac{1}{2}$这些数组成的集合有$5$个元素；
   ④空集是任何集合的子集.
   A. 0个　　　　　B. 1个　　　　　C. 2个　　　　　D. 3个

3. 下列说法中正确的是（　　）.
   A. 我校爱好足球的同学组成一个集合
   B. $\{1,2,3\}$是不大于3的自然数组成的集合
   C. 集合$\{1,2,3,4,5\}$和$\{5,4,3,2,1\}$表示同一集合
   D. 数1，0，5，$\dfrac{1}{2}$，$\dfrac{3}{2}$，$\dfrac{6}{4}$，$\sqrt{\dfrac{1}{4}}$组成的集合有7个元素

二、填空题

4. 已知$A=\left\{x,\dfrac{y}{x},1\right\}$，$B=\{x^2,x+y,0\}$，若$A=B$，则$x^{2017}+y^{2018}=$ _____.

5. 下列对象：①方程$x^2=2$的正实根；②我校高一年级聪明的同学；③大于3小于12的所有整数；④函数$y=2x$的图像上的点．能构成集合的个数为 _____.

三、解答题

6. 已知$A=\{x\mid (m-1)x^2+3x-2=0\}$，是否存在这样的实数$m$，使得集合$A$有且仅有两个子集？若存在，求出所有的$m$的值组成的集合$M$；若不存在，请说明理由.

1.1.2 集合的表示方法

【知识要点预习】

集合的表示方法有_____、_____.

【知识要点梳理】

集合表示方法：列举法、描述法.

列举法：把所有元素一一列举出来，相邻元素之间用逗号隔开，并写在大括号内．适合较少的元素，一目了然，比较清晰．

描述法：利用元素特征来表示集合．适合比较多的元素．

【知识盲点提示】

集合的表示方法：列举法、描述法.

注：①列举法和描述法中的{ }都有"全体"的含义，如{全体实数}中的全体二字是多余的，应改为{实数}.

②列举法和描述法中的大括号不能去掉不写，描述法中的"｜"不能去掉不写．

【课堂基础训练】

一、选择题

1. 下列集合的表示方法中正确的是( ).
   A. 第二、四象限内的点集可表示为 $\{(x,y) \mid xy \leqslant 0, x \in \mathbf{R}, y \in \mathbf{R}\}$
   B. 不等式 $x-1<4$ 的解集为 $\{x<5\}$
   C. {全体整数}
   D. 实数集可表示为 $\mathbf{R}$

2. 设 $A=\{a\}$，则下列关系中正确的是( ).
   A. $0 \in A$ B. $a \notin A$ C. $a \in A$ D. $a = A$

3. 集合 $\{1,3,5,7,9\}$ 用描述法表示为( ).
   A. $\{x \mid x$ 是不大于 9 的非负奇数$\}$ B. $\{x \mid 1 \leqslant x \leqslant 9\}$
   C. $\{x \in \mathbf{N} \mid x \leqslant 9\}$ D. $\{x \in \mathbf{Z} \mid 0 \leqslant x \leqslant 9\}$

二、填空题

4. 已知 $S=\{a,b,c\}$ 中的三个元素是 $\triangle ABC$ 的三边长，那么 $\triangle ABC$ 一定不是 _____ 三角形.

5. 用列举法写出集合 $A=\{y \mid y=x^2-1, x \in \mathbf{Z}, |x| \leqslant 1\}=$ _____.

三、解答题

6. 已知 $-5 \in \{x \mid x^2-ax-5=0\}$，用列举法表示集合 $\{x \mid x^2-4x-a=0\}$.

【课堂拓展训练】

一、选择题

1. 下列用描述法中表示集合 $\{-3, 3\}$ 错误的是(　　).
   A. $\{x \mid x^3 - 27 = 0\}$ 　　　　B. $\{x \mid x^2 - 9 = 0\}$
   C. $\{x \mid |x| = 3\}$　　　　　　　D. $\{x \mid (x+3)(x-3) = 0\}$

2. 下列集合中不是空集的是(　　).
   A. $\{(x, y) \mid |x| + |y| = 0\}$ 　　B. $\{x \mid x^2 + 4x + 5 = 0\}$
   C. $\{x \mid x^2 < 0\}$　　　　　　　D. $\varnothing$

3. 下列关系式中：①$\varnothing \subseteq A$，②$\varnothing \in A$，③$0 \in \{0\}$，④$0 \notin \varnothing$，⑤$\varnothing \neq \{0\}$，⑥$\varnothing = 0$，⑦$\{0\} = \varnothing$，⑧$\{x \mid x^2 = -1\} = \varnothing$，正确的个数是(　　).
   A. 6　　　　B. 5　　　　C. 4　　　　D. 3

二、填空题

4. 已知 $a^2 \in \{0, a, -1\}$，则 $a = $ _____.

5. 若 $M = \{x \mid ax^2 + 2x + 1 = 0\}$ 只含有一个元素，则 $a = $ _____.

三、解答题

6. 若 $-3 \in \{a-3, 2a-1, a^2+1\}$，求实数 a 的值.

1.1.3　集合之间的关系

【知识要点预习】

1. 子集：对于两个集合 A 和 B，如果集合 B 的每一个元素 _____ 集合 A 的元素，那么 B 称为 A 的子集．记作 $B \subseteq A$(或 $A \supseteq B$).

2. 真子集：如果集合 B 是集合 A 的子集，并且集合 A 中 _____ 不属于集合 B，那么集合 B 称为集合 A 的 _____．记作 $B \subsetneq A$(或 $A \supsetneq B$).

3. 集合相等：对于两个集合 A 和 B，如果 _____，那么称集合 A 和 B 相等．记作 $A = B$.

【知识要点梳理】

1. 子集的特性：
   (1)任何一个集合都是它本身的子集，即 $A \subseteq A$.
   (2)空集是任何集合的子集，即 $\varnothing \subseteq A$.

2. 真子集的特性：

(1) 若 $A \subsetneq B$，$B \subsetneq C$，则 $A \subsetneq C$.

(2) 空集是任何非空集合的真子集，即 $\varnothing \subsetneq A$.

【知识盲点提示】

1. 含有 n 个元素的集合，它的子集有 2^n 个，非空子集有 $2^n - 1$ 个，真子集有 $2^n - 1$ 个，非空真子集有 $2^n - 2$ 个.

2. 空集 $\varnothing$ 的子集只有它本身，没有真子集.

【课堂基础训练】

一、选择题

1. 设 $A = \{b, c, d\}$，则集合 A 的子集共有（　　）.
   A. 5 个　　　　B. 6 个　　　　C. 7 个　　　　D. 8 个

2. 如果 $A = \{x \mid x > -3\}$，那么下列描述中正确的是（　　）.
   A. $0 \subseteq A$　　B. $\{0\} \in A$　　C. $\varnothing \in A$　　D. $\{0\} \subseteq A$

3. 下列结论中正确的个数是（　　）.

①空集没有子集；

②任何一个集合必有两个或两个以上的子集；

③空集是任何一个集合的子集；

④空集是任何集合的真子集.

　　A. 1　　　　B. 2　　　　C. 3　　　　D. 4

二、填空题

4. 集合 $\{a, b, c\}$ 的非空真子集有 _____.

5. 已知 a 是实数，若 $A = \{x \mid ax = 1\}$ 是任何集合的子集，则 a 的值是 _____.

三、解答题

6. 设 $A = \{x, y\}$，$B = \{0, x^2\}$，且 $A = B$，求实数 x, y 的值.

【课堂拓展训练】

一、选择题

1. 若 $\{1, 2\} \subseteq A \subseteq \{1, 2, 3, 4\}$，则符合条件的集合 A 的个数是（　　）.
   A. 2　　　　B. 3　　　　C. 4　　　　D. 5

2. 下列集合中，表示同一个集合的是（　　）.

A. $M=\{(1,2)\}$, $N=\{(2,1)\}$
B. $M=\{x \mid x>1\}$, $N=\{x \mid |x|>1\}$
C. $M=\{1,2\}$, $N=\{2,1\}$
D. $M=\{(x,y) \mid x=0$ 且 $y>0\}$, $N=\{(x,y) \mid y=0$ 且 $x>0\}$

3. 设 $A=\{x \mid 1<x<3\}$, $B=\{x \mid x<a\}$. 若 $A \subseteq B$, 则 a 的取值范围是(　　).
   A. $\{a \mid a \geqslant 3\}$　　　　　　　　B. $\{a \mid a \leqslant 1\}$
   C. $\{a \mid a \geqslant 1\}$　　　　　　　　D. $\{a \mid a \leqslant 3\}$

二、填空题

4. 已知①$\sqrt{5} \in \mathbf{R}$；②$\dfrac{1}{3} \in \mathbf{Q}$；③$0=\{0\}$；④$0 \notin \mathbf{N}$；⑤$\pi \in \mathbf{Q}$；⑥$-3 \in \mathbf{Z}$. 其中正确的个数为_____.

5. 集合$\{x \mid x^2-2x+m=0\}$含有两个元素, 则实数 m 满足的条件为_____.

三、解答题

6. $A=\{x \mid x^2+x-6=0\}$, $B=\{x \mid ax+1=0\}$, 若 $B \subseteq A$, 求 a 的可能取值组成的集合.

1.1.4　集合的运算

【知识要点预习】

1. 交集：给定两个集合 A 和 B，由既_____又_____的所有元素组成的集合，称为 A 与 B 的交集. 记作 $A \cap B = $ _____.

2. 并集：给定两个集合 A 和 B，由_____的所有元素组成的集合，称为 A 与 B 的并集，记作 $A \cup B = $ _____.

3. 全集：研究集合与集合之间关系时，若一些集合都是某给定集合的子集，那么这个给定的集合称为这些集合的全集. 全集常用"U"表示，经常将实数集 $\mathbf{R}$ 作为全集.

   补集：设 U 是全集，由 U 中_____子集 A 的所有元素组成的集合，称为 A 在 U 中的补集. 记作 $\complement_U A$，当 $U=\mathbf{R}$ 时也可以简记作 $\complement A$. $\complement_U A = $ _____.

【知识要点梳理】

1. 交集的运算性质.
   ①$A \cap A = A$；②$A \cap \varnothing = \varnothing$；③$A \cap B = B \cap A$；④$A \cap B \subseteq A$，$A \cap B \subseteq B$；
   ⑤$A \subseteq B \Leftrightarrow A \cap B = A$.

用阴影表示两个集合交集，如图 1-1-4-1 与图 1-1-4-2 所示.

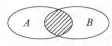
图 1-1-4-1

图 1-1-4-2

2. 并集的运算性质.
①$A\cup A=A$；②$A\cup\varnothing=A$；③$A\cup B=B\cup A$；④$A\subseteq A\cup B$，$B\subseteq A\cup B$；
⑤$A\subseteq B\Leftrightarrow A\cup B=B$.

用阴影表示两个集合的并集，如图 1-1-4-3、图 1-1-4-4、图 1-1-4-5 所示.

图 1-1-4-3

图 1-1-4-4

图 1-1-4-5

3. 补集的运算性质.
①$A\cup\complement_U A=U$；②$A\cap\complement_U A=\varnothing$；
③$\complement_U(\complement_U A)=A$；④$\complement_U(A\cap B)=\complement_U A\cup\complement_U B$（记忆口诀：交补＝补并）；
⑤$\complement_U(A\cup B)=\complement_U A\cap\complement_U B$（记忆口诀：并补＝补交）.

用阴影表示集合 A 的补集，如图 1-1-4-6 所示.

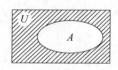
图 1-1-4-6

【知识盲点提示】

结合 Venn 图理解集合运算性质，正确理解集合之间的关系.

【课堂基础训练】

一、选择题

1. 已知 $A=\{1,2,3,4,5\}$，$B=\{2,3,4,5,6,7\}$，则 $A\cap B=(\quad)$.
   A. $\{1,6,7\}$ B. $\{1,2,3,4,5,6,7\}$
   C. $\{2,3,4,5\}$ D. $\varnothing$

2. 设 $A=\{x\mid 1\leqslant x\leqslant 2\}$，$B=\{x\mid 0\leqslant x\leqslant 4\}$，则 $A\cap B=(\quad)$.
   A. $\{x\mid 0\leqslant x\leqslant 2\}$ B. $\{x\mid 1\leqslant x\leqslant 2\}$
   C. $\{x\mid 0\leqslant x\leqslant 4\}$ D. $\{x\mid 1\leqslant x\leqslant 4\}$

3. 已知 $A=\{1,2,3,4\}$，$B=\{2,3,4,5\}$，则 $A\cup B=(\quad)$.
   A. $\{2,3,4\}$ B. $\{1,2,3,4,5\}$
   C. $\{1,5\}$ D. $\{x\mid 1\leqslant x\leqslant 5\}$

4. 设 $A=\{x\mid 2\leqslant x<4\}$，$B=\{x\mid 3x-7\geqslant 8-2x\}$，则 $A\cup B=(\quad)$.
   A. $\{x\mid x\geqslant 3\}$ B. $\{x\mid x\geqslant 2\}$ C. $\{x\mid 2\leqslant x\leqslant 3\}$ D. $\{x\mid x\geqslant 4\}$

5. 已知 $U=\{2,4,6,8,10\}$，$A=\{2,4,6\}$，则 $\complement_U A=(\quad)$.
   A. $\{2,4\}$ B. $\{2,4,6,8,10\}$
   C. $\{8,10\}$ D. $\{x\mid 2\leqslant x\leqslant 10\}$

6. 设 $A=\{x\mid -1\leqslant x\leqslant 2\}$，$B=\{x\mid x<1\}$，则 $A\cap\complement_{\mathbf{R}}B=(\quad)$.
   A. $\{x\mid x>1\}$ B. $\{x\mid x\geqslant 1\}$ C. $\{x\mid 1<x\leqslant 2\}$ D. $\{x\mid 1\leqslant x\leqslant 2\}$

7. 已知 $A=\{x\mid x^2-x=0\}$，$B=\{x^2+x=0\}$，则 $A\cap B=(\quad)$.
   A. 0   B. $\{0\}$ C. $\{1\}$ D. $\{-1,0,1\}$

8. 若 $A\cup\{1\}=\{1,2,3,4\}$，则符合条件的集合 A 的个数为($\quad$).
   A. 1   B. 2   C. 3   D. 4

9. 若 $U=\mathbf{R}$，$M=\{x\mid x\geqslant 1\}$，$N=\{x\mid 0\leqslant x<3\}$，则 $\complement_U(M\cap N)=(\quad)$.
   A. $\{x\mid -1\leqslant x<3\}$ B. $\{x\mid x\geqslant 3\}$
   C. $\{x\mid x<1\}$ D. $\{x\mid x<1\text{ 或 }x\geqslant 3\}$

10. $A=\{3,a^2,2a\}$，$B=\{-2,4\}$，已知 $A\cap B=\{4\}$，则 $a=(\quad)$.
    A. $-2,2$ B. 2   C. -2 D. -1

二、填空题

11. 已知 $A=\{x\mid x<-2\}$，$B=\{x\mid x<-3\text{ 或 }x>2\}$，则 $A\cap B=\underline{\qquad}$.

12. 40名学生参加甲乙两项趣味活动，每人至少参加一项，参加甲项的学生有20人，参加乙项活动的学生有30人，则仅参加一项活动的学生人数为 $\underline{\qquad}$.

13. $A=\{x\mid 5\leqslant x\leqslant 10\}$，$B=\{x\mid 2\leqslant x<8\}$，则 $A\cup B=\underline{\qquad}$.

14. 已知 $A=\{1,2,3\}$，$B=\{2,3,4,5\}$，$C=\{4,5,6\}$，则 $(A\cap B)\cup C=\underline{\qquad}$.

15. 已知 $U=\{x\mid x\leqslant 6,x\in\mathbf{N}\}$，$A=\{4,5,6\}$，则 $\complement_U A=\underline{\qquad}$.

16. 已知 $U=\{x\mid x\leqslant 4,x\in\mathbf{N}\}$，$A=\{2,3\}$，则 $\complement_U A$ 的子集个数为 $\underline{\qquad}$.

三、解答题

17. 已知 $A=\{x\mid 2x^2+x+m=0\}$，$B=\{x\mid nx-1=0\}$，且 $A\cap B=\left\{\dfrac{1}{2}\right\}$. 求 m,n 的值.

18. 已知 $A=\{x\mid 6x^2+mx-1=0\}$，$B=\{x\mid 3x^2+5x+n=0\}$，且 $A\cap B=\{-1\}$，求 $A\cup B$.

19. 已知 $A=\{(x,y)\mid y=x+2\}$，$B=\{(x,y)\mid y=x^2\}$，求 $A\cap B$.

20. 全集 $U=\{x\mid x^2+3x-4=0\}$，$A=\{x\mid x^2+px+q=0\}$，若 $\complement_U A=\varnothing$，求 $p+q$.

【课堂拓展训练】

一、填空题

1. 若方程 $x^2-ax+15=0$ 与方程 $x^2-5x+b=0$ 的解集分别为 M 和 N，且 $M\cap N=\{1\}$，则 $a+b=$ _____.

2. 设 $A=\{x\mid x=2k+1,k\in\mathbf{Z}\}$，$B=\{x\mid x=2k,k\in\mathbf{Z}\}$，则 $A\cap B=$ _____.

3. $A=\{x\mid -1<x<5\}$，$B=\{x\mid x\leqslant a\}$ 且 $A\cap B=\varnothing$，则 a 的取值范围为 _____.

4. $A=\{x\mid x\leqslant 1\}$，$B=\{x\mid x\geqslant a\}$ 且 $A\cup B=\mathbf{R}$，则 a 的取值范围为 _____.

5. 若 $U=\mathbf{R}$，$A=\{x\mid x+1\geqslant 0\}$，$B=\{x\mid x<a\}$，若 $B\subseteq\complement_U A$，则实数 a 的取值范围是 _____.

6. 设 $A=\{x\mid x^2-x=0\}$，$B=\{x\mid x^2+x=0\}$，则 $A\cup B=$ _____.

二、解答题

7. 已知 $A=\{x\mid (x+4)(x-2)=0\}$，$B=\{x\mid x^2-5x+6=0\}$，$C=\{x\mid x^2-mx+m^2-19=0\}$，若 $B\cap C\neq\varnothing$，$A\cap C=\varnothing$，求 m 的值.

8. 全集 $U=\mathbf{R}$，$M=\{x\mid mx^2-x-1=0\text{ 有实根}\}$，$N=\{x\mid x^2-x+m=0\text{ 有实根}\}$，求 $(\complement_U M)\cap N$.

9. 设 $A=\{x\mid x^2+4x=0\}$，$B=\{x\mid x^2+2(a+1)x+a^2-1=0\}$，如果 $A\cap B=B$，求实数 a 的取值范围.

10. 已知 $A=\{x\mid -3\leqslant x\leqslant 4\}$，$B=\{x\mid a-1\leqslant x\leqslant a+1\}$，且 $B\subseteq A$，求实数 a 的取值范围.

1.2　充要条件

【学习目标导航】

1. 了解充分条件、必要条件、充要条件的概念；了解命题中条件与结论的关系.
2. 了解子集和推出的关系.
3. 能通过"推出"判断集合间的关系.
4. 学会分析问题和解决问题，提升思维的严密性及逻辑推理的核心素养.

1.2.1　充要条件

【知识要点预习】

1. 充分条件：如果条件 p 成立能够推出结论 q _____，则条件 p 为结论 q 的充分条件.

2. 必要条件：如果结论 q 成立能够推出条件 p _____，则条件 p 为结论 q 的必要条件.

3. 充要条件：如果已知 p⇒q，且 q⇒p，那么就说 p 是 q 的充分且必要条件，简记 _____． 记作 p⇔q.

【知识要点梳理】

1. 充分条件：如果条件 p 成立能够推出结论 q 成立，则条件 p 为结论 q 的充分条件. 也就是说为使 q 成立，具备条件 p 就足够了. 记作 p⇒q，读作 p 推出 q.

2. 必要条件：如果结论 q 成立能够推出条件 p 成立，则条件 p 为结论 q 的必要条件. 也就是说要使 q 成立，就必须 p 成立. 记作 p⇐q，读作 q 推出 p.

3. 充要条件：如果已知 p⇒q，且 q⇒p，那么就说 p 是 q 的充分且必要条件，简记为充要条件. 记作 p⇔q.

4. 充分条件与必要条件的判断方法：直接利用定义判断，即"若 p⇒q 成立，则 p 是 q 的充分条件，q 是 p 的必要条件"（条件与结论是相对的，箭头从小范围指向大范围）.

【知识盲点提示】

"p⇒q""p 是 q 的充分条件""q 是 p 的必要条件"，是同一逻辑关系的三种不同描述形式，前者是符号表示，后两者是文字表示.

【课堂基础训练】

一、选择题

1. "$|x|>2$"是"$x>2$"的（　　）.

　　A. 充分不必要条件　　　　　　　　B. 必要不充分条件
　　C. 充要条件　　　　　　　　　　　D. 既不充分也不必要条件

2. 已知 p：$0<x<3$，q：$0<x<4$，则 p 是 q 的（　　）.
   A. 充分不必要条件　　　　　　　　　B. 必要不充分条件
   C. 充要条件　　　　　　　　　　　　D. 既不充分也不必要条件
3. 设 $x\in\mathbf{R}$，则 "$x>2$" 的一个必要不充分条件是（　　）.
   A. $x>0$　　　　B. $x<1$　　　　C. $x>3$　　　　D. $x<3$

二、填空题

4. "$a>5$" 是 "a 为正数" 的_____条件.
5. "a 和 b 都是偶数" 是 "$a+b$ 是偶数" 的_____条件.

三、解答题

6. 判断下列各题中 p 是 q 的什么条件.
   (1) p：$x>1$，q：$x^2>1$；
   (2) p：$(a-1)(a-5)=0$，q：$a=1$.

【课堂拓展训练】

一、选择题

1. "$A\cap B=A$" 是 "$A\subseteq B$" 的（　　）.
   A. 充分不必要条件　　　　　　　　　B. 必要不充分条件
   C. 充要条件　　　　　　　　　　　　D. 既不充分也不必要条件
2. "$a=b$" 是 "$|a|=|b|$" 的（　　）.
   A. 必要不充分条件　　　　　　　　　B. 充分不必要条件
   C. 充要条件　　　　　　　　　　　　D. 既不充分也不必要条件
3. "$x^2+(y-2)^2=0$" 是 "$x(y-2)=0$" 的（　　）.
   A. 充分不必要条件　　　　　　　　　B. 必要不充分条件
   C. 充要条件　　　　　　　　　　　　D. 既不充分也不必要条件

二、填空题

4. "两个三角形全等" 是 "两个三角形相似" 的_____条件.
5. "$x=1$" 是 "$x^2-2x+1=0$" 的_____条件.

三、解答题

6. 判断下列各题中 p 是 q 的什么条件.
   (1) p："四边相等的平行四边形"，q："四边形是正方形"；

(2) p："$a=0$"，p："$ab=0$"；
(3) p："$-2<x<2$"，q："$|x|<2$".

1.2.2 子集与推出的关系

【知识要点预习】

给定两个条件 p，q，要判断 p 是 q 的什么条件，可考虑 $A=\{x\mid x$ 满足条件 p$\}$，$B=\{x\mid x$ 满足条件 q$\}$，然后思考二者关系.

【知识要点梳理】

给定两个条件 p，q，可考虑 $A=\{x\mid x$ 满足条件 p$\}$，$B=\{x\mid x$ 满足条件 q$\}$，如果 $A\subseteq B$，则 p 为 q 的充分条件，q 为 p 的必要条件，即当 A 是 B 的子集时，小范围是大范围的充分条件，大范围是小范围的必要条件.

如果 $A=B$，则 p 为 q 的充要条件，q 为 p 的充要条件，即当 $A=B$ 时，A 与 B 两集合的范围相同时互为充要条件.

【知识盲点提示】

用集合的思想理解充分与必要条件.

【课堂基础训练】

一、选择题

1. 设 A，B 为两个集合，则"$A\subseteq B$"是"$A\cap B=A$"的（　　）.
   A. 充分不必要条件　　　　　　　　B. 必要不充分条件
   C. 充要条件　　　　　　　　　　　D. 既不充分也不必要条件

2. 设 A，B 为两个集合，则"$A\subseteq B$"是"$A\cup B=B$"的（　　）.
   A. 充分不必要条件　　　　　　　　B. 必要不充分条件
   C. 充要条件　　　　　　　　　　　D. 既不充分也不必要条件

3. "$a\in A\cup B$"是"$a\in A\cap B$"的（　　）.
   A. 充分不必要条件　　　　　　　　B. 必要不充分条件
   C. 充要条件　　　　　　　　　　　D. 既不充分也不必要条件

二、填空题

4. p：同位角相等，q：两直线平行，p 是 q 的_____条件.

5. "$x+3$ 是有理数"是"x 是有理数"的_____条件.

三、解答题

6. 判断下列各题中 p 是 q 的什么条件.

(1) p:"$x<5$", q:"$x<9$";

(2) p:"$x=3$", q:"$x^2-9=0$".

【课堂拓展训练】

一、选择题

1. "$b=0$"是"直线 $y=kx+b$ 过原点"的(　　).
   A. 充分条件　　　　　　　　B. 必要条件
   C. 充要条件　　　　　　　　D. 既不充分也不必要条件

2. "两个三角形相似"是"两个三角形全等"的(　　).
   A. 充分条件　　　　　　　　B. 必要条件
   C. 充要条件　　　　　　　　D. 既不充分也不必要条件

3. "$A\subseteq B$"是"$\complement_U B \subseteq \complement_U A$"的(　　).
   A. 充分条件　　　　　　　　B. 必要条件
   C. 充要条件　　　　　　　　D. 既不充分也不必要条件

二、填空题

4. 已知 A 为非空集合，则"$A\cap B=\varnothing$"是"$B=\varnothing$"的_____条件.

5. U 为全集，"$A\cup B=U$"是"$B=U$"的_____条件.

三、解答题

6. 判断下列各题中 p 是 q 的什么条件.

(1) p:"$x+y=0$", q:"$x^2+y^2=0$";

(2) p:"$x^2=36$", q:"$x=6$".

第1章单元测试题 A 卷

（满分120分，时间120分钟）

一、选择题(本大题共15个小题，每小题3分，共45分)

1. 下列各项中不能组成集合的是(　　).
   A. 所有的正数　　　　　　　　B. 所有的老人
   C. 不等于0的数　　　　　　　D. 我国古代四大发明

2. 下列对象能构成集合的是(　　).
   ①NBA联盟中所有优秀的篮球运动员；②所有的钝角三角形；③2015年诺贝尔经济学奖得主；④大于等于0的整数；⑤我校所有聪明的学生.
   A. ①②④　　B. ②⑤　　C. ③④⑤　　D. ②③④

3. 已知 $A=\{a,b,c\}$ 中的三个元素是 $\triangle ABC$ 的三边长，那么 $\triangle ABC$ 一定不是(　　).
   A. 锐角三角形　B. 直角三角形　C. 钝角三角形　D. 等腰三角形

4. 下列四个说法中正确的是(　　).
   A. $\{2,3,4,3\}$是由4个元素组成的集合
   B. 集合$\{0\}$表示含元素0的集合
   C. 集合$\{1,2,3\}$与$\{2,1,3\}$是不同的集合
   D. 整数集 Z 中最小的元素是0

5. 下列集合中属于有限集的是(　　).
   A. $\{$矩形$\}$　　　　　　　　B. $\{x\mid x<3\}$
   C. $\{x\mid 0\leqslant x\leqslant 5, x\in N\}$　　D. $\{x\mid |x|+1>0\}$

6. 已知 $a^2\in\{0,a,-1\}$，则 $a=$(　　).
   A. 0　　　　B. 1　　　　C. 0 或 1　　　　D. -1

7. 在①$1\subseteq\{0,1,2\}$；②$\{1\}\in\{0,1,2\}$；③$\{0,1,2\}\subseteq\{0,1,2\}$；④$\varnothing\subseteq\{0\}$.上述四个关系中错误的个数是(　　).
   A. 1个　　　B. 2个　　　C. 3个　　　D. 4个

8. 已知 $A=\{x\mid x<2$ 或 $x>4\}$，$B=\{x\mid -2<x<1\}$，则(　　).
   A. $A\subseteq B$　　B. $B\subseteq A$　　C. $A=B$　　D. $B\not\subset A$

9. 下列命题中正确的是(　　).
   A. 空集没有子集
   B. 空集是任何一个集合的真子集
   C. 任何一个集合必有两个或两个以上的子集
   D. 设集合 $B\subseteq A$，那么若 $x\notin A$，则 $x\notin B$

10. 若全集 $U=\{0,1,2,3\}$ 且 $\complement_U A=\{2\}$，则集合 A 的真子集共有(　　).

A. 3 个　　　　　B. 5 个　　　　　C. 7 个　　　　　D. 8 个

11. 设 $P=\{x\mid -2<x<4\}$，$M=\{2,3,5\}$，则 $P\cap M=$（　　）．

　　A. [2, 3]　　　　B. {2, 3}　　　　C. (2, 3)　　　　D. {3, 5}

12. 已知 $A=\{x\mid |x|<2\}$，$B=\{-2,0,1,2\}$，则 $A\cup B=$（　　）．

　　A. $\{x\mid -2\leqslant x\leqslant 2\}$　　　　B. $\{-1,0,1\}$

　　C. $\{-2,0,1,2\}$　　　　D. $\{-1,0,1,2\}$

13. 已知 $M=\{y\mid y=x^2-4, x\in\mathbf{R}\}$，$P=\{x\mid 2\leqslant x\leqslant 4\}$，则 M 与 P 的关系是（　　）．

　　A. $M=P$　　　B. $M\in P$　　　C. $M\cap P=\varnothing$　　　D. $M\supseteq P$

14. "$x=1$" 是 "$x^2+3x+2=0$" 的（　　）．

　　A. 充分条件　　　　　　　　　　B. 必要条件

　　C. 充要条件　　　　　　　　　　D. 既不充分也不必要条件

15. 如果 $x\in\mathbf{R}$，则 $x>2$ 的必要不充分条件是（　　）．

　　A. $x>1$　　　　B. $x<0$　　　　C. $x>4$　　　　D. $x<4$

二、填空题（本大题共 **15** 个小题，每小题 **2** 分，共 **30** 分）

16. 设 $A=\{2,4\}$，$B=\{2,6,8\}$，则 $A\cup B=$ _____．

17. 设 $A=\{2,4\}$，$B=\{2,6,8\}$，则 $A\cap B=$ _____．

18. 全集 $U=\mathbf{R}$，$A=\{x\mid a\leqslant x\leqslant b\}$，$\complement_U A=\{x\mid x>4 \text{ 或 } x<3\}$，则 $a=$ _____，$b=$ _____．

19. 某班有学生 55 人，其中体育爱好者 43 人，音乐爱好者 34 人，还有 4 人既不爱好体育也不爱好音乐，则该班既爱好体育又爱好音乐的人数为 _____ 人．

20. 若 $A=\{1,4,x\}$，$B=\{1,x^2\}$，且 $A\cap B=B$，则 $x=$ _____．

21. 用列举法表示集合：$M=\left\{m\left|\dfrac{10}{m+1}\in\mathbf{Z}, m\in\mathbf{Z}\right.\right\}=$ _____．

22. 设全集 $U=\{1,3,5\}$，$A=\{1,|a-5|\}$，且 $\complement_U A=\{5\}$，则 $a=$ _____．

23. 已知 $\{a,b\}\cup A=\{a,b,c,d,e,f\}$，则满足条件的 A 有 _____ 个．

24. 已知 p：$0<x<3$，q：$-2<x<6$，则 p 是 q 的 _____．

25. 设 $M=\{x\mid -1\leqslant x<2\}$，$N=\{x\mid x-k\leqslant 0\}$，若 $M\cap N=M$，则 k 的取值范围是 _____．

26. 设全集 $U=\mathbf{R}$，$P=\{x\mid x\geqslant 1\}$，$Q=\{x\mid 0\leqslant x<3\}$，则 $\complement_U(P\cap Q)=$ _____．

27. 已知 $A=\{x\mid x^2+x+m=0\}$，若 $A\cap\mathbf{R}=\varnothing$，则实数 m 的取值范围是 _____．

28. $A=\{a,0\}$，$B=\{1,2\}$，且 $A\cap B=\{1\}$，则 $A\cup B=$ _____．

29. 若 p：$xy=0$，q：$x^2+y^2=0$，则 p 是 q 的 _____．

30. $A=\{5,6,7,8\}$ 的非空真子集个数为 _____．

三、解答题(本大题共7个小题,共45分)

31. (5分) 已知 $A=\{x \mid 2\leqslant x\leqslant 5\}$,$B=\{x \mid 1<x<3\}$,全集 $U=\mathbf{R}$,求 $A\cap B$,$A\cup B$,$\complement_U(A\cap B)$.

32. (5分) 写出所有满足条件 $\{a,b\}\subseteq A\subsetneqq\{a,b,c,d,e\}$ 的集合 A.

33. (6分) 已知全集 $U=\{2,3,a^2+2a-3\}$,$A=\{2,|a|\}$,$\complement_U A=\{0\}$,求 a 的值.

34. (6分) $A=\{x \mid x^2-px+q=0\}$,$B=\{x \mid qx^2+px-3=0\}$,已知 $A\cap B=\{1\}$,求 $A\cup B$.

35. (8分) 已知 $A=\{x, xy, x-y\}$, $B=\{0, y, |x|\}$, 且 $A=B$. 求 x, y 的值.

36. (7分) 已知 $A=\{x \mid ax-1=0\}$, $B=\{x \mid x^2-x-6=0\}$, 若 $A \subseteq B$, 求实数 a 的值.

37. (8分) 设非空集合 $A=\{x \mid x^2+px+q=0\}$, $B=\{x \mid x^2-3x+2=0\}$. 要使 $A \subseteq B$, 求 p, q 的值.

第1章单元测试题 B 卷

（满分 120 分，时间 120 分钟）

一、选择题（本大题共 15 个小题，每小题 3 分，共 45 分）

1. 下列各式中错误的个数是（ ）.
  ① $1 \in \{0, 1, 2\}$；② $\{1\} \in \{0, 1, 2\}$；③ $\{0, 1, 2\} \subseteq \{0, 1, 2\}$；④ $\varnothing \subseteq \{0, 1, 2\}$；
  ⑤ $\{0, 1, 2\} = \{2, 0, 1\}$.
  A. 1   B. 2   C. 3   D. 5

2. 下列集合中，表示同一个集合的是（ ）.
  A. $M=\{(1, 2)\}$, $N=\{(2, 1)\}$

B. $M=\{x \mid x>1\}$, $N=\{x \mid |x|>1\}$

C. $M=\{1, 2\}$, $N=\{2, 1\}$

D. $M=\{(x, y) \mid x=0$ 且 $y>0\}$, $N=\{(x, y) \mid y=0$ 且 $x>0\}$

3. 已知全集 $U=\{0, 1, 2, 3, 4\}$, $M=\{0, 1, 2, 3\}$, $N=\{0, 3, 4\}$, 则 $M\cap(\complement_U N)=$( ).

  A. $\{2, 4\}$ B. $\{1, 2\}$ C. $\{0, 1\}$ D. $\{0, 1, 2, 3\}$

4. 已知全集 $U=\{0, 1, 2, 3\}$, 且 $\complement_U A=\{0\}$, 则集合 A 的真子集共有( ).

  A. 5 个   B. 6 个   C. 7 个   D. 8 个

5. 已知 $A=\{x \mid x^2+mx+1=0\}$, 若 $A\cap \mathbf{R}=\varnothing$, 则实数 m 的取值范围是( ).

  A. $m<2$ B. $m>2$ C. $-2<m<2$ D. $0<m<2$

6. 下列命题中正确的有( ).

① 很小的实数可以构成集合；

② $\{y \mid y=x^2-1\}$ 与 $\{(x, y) \mid y=x^2-1\}$ 是同一个集合；

③ 1, 2, 3, 4, $|-1|$ 这些数组成的集合有 5 个元素.

  A. 0 个   B. 1 个   C. 2 个   D. 3 个

7. 若 $M=\{(x, y) \mid x+y=0\}$, $N=\{(x, y) \mid x^2+y^2=0\}$, 则( ).

  A. $M\cup N=M$ B. $M\cup N=N$ C. $M\cap N=M$ D. $M\cap N=\varnothing$

8. 设 $U=\{-1, 1, 2, 3\}$, $M=\{x \mid x^2+px+q=0\}$, $\complement_U M=\{-1, 1\}$, 则实数 $p+q$ 的值为( ).

  A. -1 B. -5 C. 5   D. 1

9. $A=\{-1, -2, 0, 1, 2\}$, $B=\{1, 2, 3, 4\}$, 则 $A\cup B=$( ).

  A. $\{-1, -2, 0, 1, 2, 3, 4\}$ B. $\{1, 2\}$

  C. $\varnothing$ D. $\{0, 1, 2, 3, 4\}$

10. $M=\{x \mid x<15\}$, $x=8$, 下列关系中正确的是( ).

  A. $x\in M$ B. $x\notin M$ C. $x\subseteq M$ D. $\{x\}\in M$

11. 若 $A=\{x \mid x$ 是直角三角形$\}$, $B=\{x \mid x$ 是等腰直角三角形$\}$, 则 A 是 B 的( ).

  A. 充分不必要条件   B. 必要不充分条件

  C. 充要条件   D. 既不充分也不必要条件

12. "$x^2+y^2=0$" 是 "$xy=0$" 的( ).

  A. 充分不必要条件   B. 必要不充分条件

  C. 充要条件   D. 既不充分也不必要条件

13. 已知 $A=\{(x, y) \mid x+y=0\}$, $B=\{(x, y) \mid y=x-2\}$, 则 $A\cap B=$( ).

  A. $(-1, 1)$ B. $x=1$, $y=-1$ C. $\{(1, -1)\}$ D. $\{-1, 1\}$

14. 设 $M=\{1, 2, x^2-3x-1\}$, $N=\{-1, 3\}$, 且 $M\cap N=\{3\}$, 则 x 的值为( ).

  A. -1 或 4   B. 1 或 -4 C. -1 D. 4

15. 设全集 $U=\{-1,0,1,2,5,9\}$，子集 $A=\{-1,2,5\}$，$\complement_U A=\{0,a^2,1\}$，则 a 的值为(　　).

  A. -3 B. 3   C. -3 或 3   D. 0

二、填空题(本大题共 15 个小题，每小题 2 分，共 30 分)

16. 设 $A=\{5,a+1\}$，$B=\{a,b\}$．若 $A\cap B=\{2\}$，则 $A\cup B=$ _____．

17. 已知 $A=\{-1,0\}$，$B=\{-1,3\}$，则 $A\cup B=$ _____．

18. 50 名同学参加跳远和铅球测验，跳远和铅球测验成绩分别为及格 40 人和 31 人，两项测验成绩均不及格的有 4 人，两项测验成绩都及格的人数是 _____．

19. 下列说法中正确的是 _____．

① 任何一个集合必有两个子集；

② 若 $A\cap B=\varnothing$，则 A、B 中至少有一个为 $\varnothing$；

③ 任何集合必有一个真子集；

④ 若 M 为全集，且 $A\cap B=M$，则 $A=B=M$．

20. 设 $P=\{x\mid x<4\}$，$Q=\{x\mid x^2<4\}$，则集合 P 和 Q 的关系为 _____．

21. $\{0,1\}$ 的子集是 _____．

22. 已知 $A=\{0,1,-1,2,-2,3\}$，$B=\{y\mid y=x^2-1, x\in A\}$，则 $B=$ _____．

23. 已知 $\varnothing\subsetneqq\{x\mid x^2-x+a=0\}$，则实数 a 的取值范围是 _____．

24. 已知 $A=\{-1,3,2m-1\}$，$B=\{3,m^2\}$．若 $B\subseteq A$，则实数 $m=$ _____．

25. 设 $A=\{x\mid x=2n+1, n\in \mathbf{Z}\}$，$B=\{x\mid x=2n, n\in \mathbf{Z}\}$，则 $A\cup B=$ _____．

26. $A=\{x\mid x>-1\}$，$B=\{x\mid -3<x<2\}$，则 $A\cup B=$ _____．

27. $A=\{x\mid 6<x<8\}$，则 $\complement_{\mathbf{R}}A=$ _____．

28. 已知 $\{a,b\}\cup A=\{a,b,c\}$，则符合条件的集合 A 的个数为 _____．

29. 已知 $M=\{(x,y)\mid x-y=1\}$，$N=\{(x,y)\mid x+y=3\}$，那么 $M\cap N=$ _____．

30. "$x=2$" 是 "$x^2-5x+6=0$" 的 _____ 条件．

三、解答题(本大题共 7 个小题，共 45 分)

31. (5 分) $A=\{x\mid 2x-5>7\}$，$B=\{x\mid 3x-8<4\}$，求 $A\cap B$，$A\cup B$．

32.(5分)设全集$U=\{2,3,5\}$,$A=\{2,|a-5|\}$,$\complement_U A=\{3\}$,求a的值.

33.(6分)设$A=\{x-2,2x^2+5x,12\}$,已知$-3\in A$,求x.

34.(7分)设$U=\{3,4,6\}$,已知$A=\{x\mid x^2-mx+n=0\}$,且$\complement_U A=\{6\}$.
(1)试写出U的所有子集;
(2)求m,n的值.

35.(7分)已知$A=\{a,b,2\}$,$B=\{2a,b^2,2\}$,且满足$A=B$,求a,b的值.

36. (7分)已知 $A=\{x \mid x^2=1\}$，$B=\{x \mid ax=1\}$. 若 $B\subseteq A$，求 a 的取值组成的集合.

37. (8分)已知 $A=\{a+2,(a+1)^2,a^2+3a+1\}$，且 $1\in A$，求实数 a 的值.

第 2 章

不等式

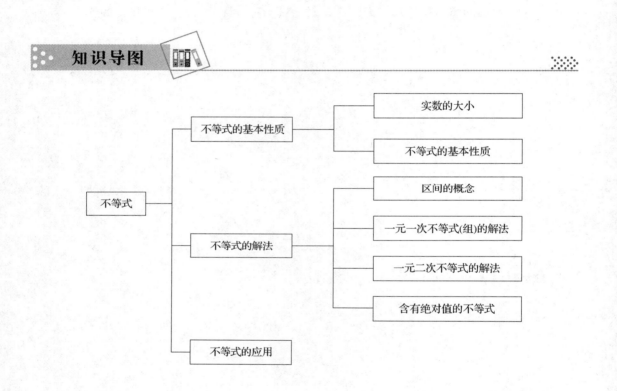

2.1 不等式的基本性质

【学习目标导航】

1. 理解比较两个实数大小的基本性质.
2. 会用作差比较法比较两个实数或代数值的大小.
3. 理解不等式的性质及其推论，会用不等式的性质解决相关问题.
4. 培养学生的数学思维能力和计算能力.

2.1.1 实数的大小

【知识要点预习】

1. 用数学符号_____连接两个数或代数式，以表示它们之间的不等关系，含有这些不等号的式子，称为_____.

2. _____与数轴上的_____之间可以建立_____关系，位于数轴上右边的点对应的实数_____左边的点对应的实数.

3. 如果 $a-b>0$，则_____；如果_____，则 $a=b$；如果 $a-b<0$，则_____.

【知识要点梳理】

一、数轴法比较两个实数的大小

将要比较的数在同一数轴上表示出，左边的点表示的数较小，右边的点表示的数较大.

要注意的是，放在同一个数轴上表示.

二、作差法比较两个实数的大小

关于实数 a 和 b 的大小关系有：

$$a-b>0 \Leftrightarrow a>b$$
$$a-b=0 \Leftrightarrow a=b$$
$$a-b<0 \Leftrightarrow a<b$$

比较两个实数的大小，只需要考察它们的差与 0 的相对大小即可.

【知识盲点提示】

1. 利用两个数在数轴上的位置比较它们的大小，右边的数总比左边的大.

2. 正实数都大于 0，负实数都小于 0，正实数大于一切负实数，两个负实数比较大小时绝对值大的反而小.

3. 在比较两个代数式的大小时，有时也可采用特殊值法进行比较.

【课堂基础训练】

一、选择题

1. 下列四个实数中，最小的实数是(　　).

    A. 0　　　　　B. $-\dfrac{1}{3}$　　　　　C. -3.14　　　　　D. π

2. 下面实数比较大小正确的是(　　).

    A. $3>7$　　　　　B. $\sqrt{9}>2$　　　　　C. $-3>0$　　　　　D. $2^2>5$

3. 下列四个实数中，比 -3 小的数是(　　).

    A. -2　　　　　B. 0　　　　　C. 3　　　　　D. -4

二、填空题

4. 比较实数的大小：3 ____ $\sqrt{5}$．（填">"，"<"或"="）

5. 已知实数 a，b 在数轴上的对应点的位置如图所示，则 $a+b$ ____ 0．（填">"，"<"或"="）

三、解答题

6. 用作差法比较 $\dfrac{\sqrt{5}-1}{4}$ 与 0.25 的大小关系．

【课堂拓展训练】

一、选择题

1. 下列 4 个数中绝对值最大的数是（　　）．

   A. $-\sqrt{3}$ 　　B. $-\dfrac{6}{5}$ 　　C. 0 　　D. $\sqrt[3]{1}$

2. 设 $a=(x+1)^2$，$b=2x^2+2x+1$，则 a 与 b 的大小关系是（　　）．

   A. $a>b$ 　　B. $a<b$ 　　C. $a\geqslant b$ 　　D. $a\leqslant b$

3. 若 $a>0>b$ 且 $a+b<0$，那么下面四个关系①$|a|>|b|$；②$|a|<|b|$；③$\dfrac{1}{a}>\dfrac{1}{b}$；④$\dfrac{1}{a}<\dfrac{1}{b}$ 中正确的是（　　）．

   A. ①③ 　　B. ①④ 　　C. ②④ 　　D. ②③

二、填空题

4. 比较实数的大小：$\sqrt{13}$ ____ 4．（填">"，"<"或"="）

5. 比较实数的大小：$\sqrt{2}+1$ ____ $3\sqrt{2}$．（填">"，"<"或"="）

三、解答题

6. 已知 $x\neq 2$，比较 $5x^2-7x+2$ 与 $4x^2-3x-2$ 的大小．

2.1.2 不等式的基本性质

【知识要点预习】

1. 传递性：如果 $a>b$，$b>c$，则 _____．
2. 加法法则：如果 $a>b$，则 _____．
3. 乘法法则：如果 $a>b$，$c>0$，则 _____；如果 $a>b$，$c<0$，则 _____．
4. 推论 1：如果 $a+b>c$，则 $a>$ _____．
5. 推论 2：如果 $a>b$，$c>d$，则 _____．
6. 推论 3：如果 $a>b>0$，$c>d>0$，则 _____．

【知识要点梳理】

不等式的基本性质：

1. 传递性：如果 $a>b$，$b>c$，则 $a>c$．
2. 加法法则：如果 $a>b$，则 $a+c>b+c$．
   （变形：如果 $a>b$，则 $a-c>b-c$．）
3. 乘法法则：如果 $a>b$，$c>0$，则 $ac>bc$；如果 $a>b$，$c<0$，则 $ac<bc$．
   $\left(\text{变形：如果 } a>b,\ c>0,\ \text{则 } \dfrac{a}{c}>\dfrac{b}{c};\ \text{如果 } a>b,\ c<0,\ \text{则 } \dfrac{a}{c}<\dfrac{b}{c}.\right)$
4. 移项性：如果 $a+b>c$，则 $a>c-b$．
5. 同向可加性：如果 $a>b$，$c>d$，则 $a+c>b+d$．
6. 同向同正可乘性：如果 $a>b>0$，$c>d>0$，则 $ac>bd$．

【知识盲点提示】

1. $ac^2>bc^2 \Rightarrow a>b$，反之不成立；$a>b \Rightarrow ac^2 \geqslant bc^2$，$\dfrac{a}{c^2}>\dfrac{b}{c^2} \Leftrightarrow a>b$．

2. 如果 $a>b>0$，那么 $\dfrac{1}{a}<\dfrac{1}{b}$；如果 $a<b<0$，那么 $\dfrac{1}{a}>\dfrac{1}{b}$；如果 $a<0<b$，那么 $\dfrac{1}{a}<\dfrac{1}{b}$．

3. 注意同向同正可乘性性质的灵活应用，如果 $a<b<0$，$c<d<0$，则 $ac>bd$．

【课堂基础训练】

一、选择题

1. 已知 $a>b$，则下列不等式中不成立的是（　　）．

   A. $a+2>b+2$ B. $3a>3b$ C. $-3a>-3b$ D. $\dfrac{a}{3}>\dfrac{b}{3}$

2. 实数 a、b 满足 $a-b\geqslant 0$，下列不等式中正确的是（　　）．

   A. $a>b$ B. $a\geqslant b$ C. $a\leqslant b$ D. $a<b$

3. 设 $a>b$，$c<d$，则（　　）．
   A. $ac^2>bc^2$
   B. $a+c>b+d$
   C. $a+d>b+c$
   D. $a-c<b-d$

4. $a>0$，$b>0$ 是 $a+b>0$ 的（　　）．
   A. 充分不必要条件
   B. 必要不充分条件
   C. 充要条件
   D. 既不充分也不必要条件

5. $a>0$，$b>0$ 是 $ab>0$ 的（　　）．
   A. 充分不必要条件
   B. 必要不充分条件
   C. 充要条件
   D. 既不充分也不必要条件

6. 如果 $a>b$，那么（　　）．
   A. $\dfrac{a}{-3}>\dfrac{b}{-3}$
   B. $a-b>1$
   C. $a+3>b+2$
   D. $a-3<b-3$

7. 下列说法中正确的是（　　）．
   A. a^2 一定是正数
   B. 若 $a<b$，则有 $a+b<2b$
   C. 若 $a<b$，则有 $a^2<b^2$
   D. a 的绝对值一定大于 a

8. 下列命题中不正确的是（　　）．
   A. 若 $a>bc$，$c\neq 0$，则 $ac^2>bc^3$
   B. 若 $a>b$，则 $a+c>b+c$
   C. 若 $a>b$ 且 $a+b<b$，则 $a>b$ 且 $a<0$
   D. 若 $a<b<0$，则 $a^2>b^2$

9. 下列结论中正确的是（　　）．
   A. 若 $a^2>b^2$，则 $a>b$
   B. 若 $\dfrac{a}{b}<c$ 且 $b>0$，则 $a<bc$
   C. 若 $a>b$，则 $ac^2>bc^2$
   D. 若 $a>b$，则 $a^2>b^2$

10. 若 a，b，$c\in\mathbf{R}$，且 $a>b$，则下列不等式中一定成立的是（　　）．
    A. $a+b>b-c$
    B. $ac>bc$
    C. $\dfrac{c^2}{a-b}>0$
    D. $(a-b)c^2\geq 0$

二、填空题

11. 已知 $2x+1>7$，则 $x>$ ＿＿＿＿＿．

12. 已知 $a>c$，$b>c$，则 $a+b$ ＿＿＿＿＿ $2c$．

13. 若 $\dfrac{a}{c^2}>\dfrac{b}{c^2}\Rightarrow a$ ＿＿＿＿＿ b．

14. 若 $a+b>0$ 且 $b<0$，则 $a-b$ ＿＿＿＿＿ 0．

15. 设 $a<b$，则 $a+\sqrt{2}$ ＿＿＿＿＿ $b+\sqrt{3}$．

16. 若 $(a+3)x<5(a+3)$ 的解集是 $(5，+\infty)$，则 a 的取值范围是 ＿＿＿＿＿．

三、解答题

17. 若代数式 $5x-4$ 与代数式 $2x+8$ 之差不小于 3，求 x 的取值范围.

18. 解下列不等式并指出应用了不等式的哪些性质.
(1) $2(3x-1) < 4-3x$；　　　　(2) $\dfrac{2x-1}{3} \geqslant x+1$.

19. 判断下列结论是否正确并说明理由.
(1) 如果 $a < b$ 且 $b < c$，那么 $a < c$；
(2) 如果 $a > b$，那么 $a^2 > b^2$；
(3) 如果 $a > b$ 且 $c > d$，那么 $a+c > b+d$；
(4) 如果 $a > 5$，$b < -5$，那么 $(5-a)(b+5) > 0$.

20. $\dfrac{x+5}{2}$ 的值是否可以同时小于 $x-1$ 和 $\dfrac{x-1}{3}$ 的值？

【课堂拓展训练】

一、填空题

1. 用">"或"<"填空.

(1) $\dfrac{3\pi}{5}$ _____ $\dfrac{2\pi}{3}$; (2) $-\dfrac{4\pi}{3}$ _____ $-\dfrac{6\pi}{5}$.

2. 若 $a>3$,$0>-3$,则 $(3-a)(b+3)$ _____ 0.

3. 若 $ac^2>bc^2$,则 a,b 的大小关系为 a _____ b.

4. 若 $a>b>0$,则 $\sqrt{5}a$ _____ $2b$.

5. 已知 x,y 是实数,则"$x>1$ 且 $y>1$"是"$x+y>2$ 且 $xy>1$"的 _____ 条件.(填"充分不必要","必要不充分","充要","既不充分也不必要").

6. 已知 $a>0>b$,则下列关系中正确的序号是 _____.

① $a^2<-ab$;   ② $|a|>|b|$;   ③ $\dfrac{1}{a}>\dfrac{1}{b}$;   ④ $-a>-b$.

二、解答题

7. 解不等式 $\dfrac{x-1}{3}+\dfrac{3x+2}{2}<1$.

8. 设 $a>b$ 且 $ab>0$,证明 $\dfrac{1}{a}<\dfrac{1}{b}$.

9. 解关于 x 的不等式 $2-kx<-4(k\neq 0)$.

10. 已知 $A=\{x \mid x<-2 \text{ 或 } x>6\}$，$B=\{x \mid 2a \leqslant x \leqslant a+4\}$，若 $B \subseteq A$，求实数 a 的取值范围.

2.2　不等式的解法

【学习目标导航】

1. 掌握区间的概念，能够用区间表示相关的集合；通过数形结合的学习过程，培养学生的观察能力和数学思维能力.

2. 掌握一元一次不等式(组)的解法.

3. 掌握一元二次不等式的图像解法.

4. 掌握含绝对值不等式 $|x|<a$ 或 $|x|>a$ 的解法；理解 $|ax+b|<c$ 或 $|ax+b|>c$ 的解法.

5. 了解方程、不等式、函数的图像之间的联系，通过对方程、不等式、函数的图像之间的联系的研究，培养学生的计算能力与数学思维能力.

2.2.1　区间的概念

【知识要点预习】

1. 设 a，b 是任意实数，且 $a<b$，

(1) 满足 $a \leqslant x \leqslant b$ 的实数 x 的集合称为_____，记作_____.

(2) 满足 $a<x<b$ 的实数 x 的集合称为_____，记作_____.

(3) 满足 $a \leqslant x<b$ 或 $a<x \leqslant b$ 的实数 x 的集合都称为_____，记作_____ 或_____.

a 和 b 称为区间的_____．在数轴上表示一个区间时，若区间包括端点，则端点用实心点表示；若区间不包括端点，则端点用_____表示.

2. 用_____表示"正无穷大"，用_____表示"负无穷大"，实数集 **R** 可表示为区间_____.

(1) 满足 $x \geqslant a$ 的实数 x 的集合，可记作_____.

(2) 满足 $x>a$ 的实数 x 的集合，可记作_____.

(3) 满足 $x \leqslant a$ 的实数 x 的集合，可记作_____.

(4)满足 $x<a$ 的实数 x 的集合,可记作_____.

【知识要点梳理】

一、区间的概念

1. 区间:由数轴上两点间的一切实数所组成的集合.这两个点叫作区间的端点.

2. 开区间:不含端点的区间,叫开区间.

3. 闭区间:含有两端点的区间,叫闭区间.

4. 半开半闭区间:满足 $a \leqslant x < b$ 或 $a < x \leqslant b$ 的实数 x 的集合都称为半开半闭区间,分别记作 $[a, b)$ 或 $(a, b]$.

5. 无限区间:满足 $x \geqslant a$ 或 $x > a$ 的实数 x 的集合,可记作 $[a, +\infty)$ 或 $(a, +\infty)$;满足 $x \leqslant a$ 或 $x < a$ 的实数 x 的集合,可记作 $(-\infty, a]$ 或 $(-\infty, a)$;当 $x \in \mathbf{R}$ 时,表示为 $(-\infty, +\infty)$.

二、区间、集合对照一览表

区间	(a, b)	$[a, b]$	$(a, b]$
集合	$\{x \mid a<x<b\}$	$\{x \mid a \leqslant x \leqslant b\}$	$\{x \mid a<x \leqslant b\}$
区间	$[a, b)$	$(-\infty, a)$	$(-\infty, a]$
集合	$\{x \mid a \leqslant x<b\}$	$\{x \mid x<a\}$	$\{x \mid x \leqslant a\}$
区间	$(a, +\infty)$	$[a, +\infty)$	$(-\infty, +\infty)$
集合	$\{x \mid x>a\}$	$\{x \mid x \geqslant a\}$	$\mathbf{R}$

其中 a, b 是任意实数,且 $a<b$.

【知识盲点提示】

1. 常用区间来表示数集,特别是不等式的解集.另外利用不等式来表示的集合,也常用区间来表示.

2. 在使用区间表示集合时,要特别关注端点的取舍.

3. "$-\infty$"与"$+\infty$"都是符号,而不是一个确切的数.

【课堂基础训练】

一、选择题

1. 若 $U=\mathbf{R}$,$\complement_U A = \{x \mid x-1<3\}$,则 $A=(\quad)$.
   A. $(-\infty, 4)$ B. $(4, +\infty)$ C. $[4, +\infty)$ D. $(-\infty, 4]$

2. 已知 $A=\{x \mid -1<x \leqslant 1\}$,$B=\{x \mid x>0\}$,则 $A \cap B=(\quad)$.
   A. $(-1, +\infty)$ B. $(0, 1]$ C. $(-1, 1)$ D. $(-1, 0)$

3. 已知 $A=(-\infty, 3)$,$B=[0, +\infty)$,则 $A \cup B (\quad)$.
   A. $(0, 3)$ B. $(-\infty, 0] \cup (3, +\infty)$
   C. $[0, 3)$ D. $\mathbf{R}$

二、填空题

4. 已知 x 在区间 $(-\infty, 3)$ 内, 则 $x-3$ 的取值范围为 _____ .(用区间表示)

5. 不等式 $3(x+1) > 2x-6$ 的解集用区间表示为 _____ .

三、解答题

6. 设全集 $U = \mathbf{R}$, $A = (-\infty, 0)$, $B = [3, +\infty)$, 求: (1) $A \cap B$; (2) $\complement_U B$; (3) $A \cap \complement_U B$.

【课堂拓展训练】

一、选择题

1. 若 $A = [1, +\infty)$, $B = (-\infty, 8)$, 则 $A \cap B = (\quad)$.
   A. $[1, +\infty)$ B. $(-\infty, 8]$ C. $[1, 8)$ D. $[1, 8]$

2. 设 $A = (3, 5)$, $B = (-\infty, 3]$, 则 $A \cup B (\quad)$.
   A. $(-\infty, 5)$ B. $(-\infty, 3]$
   C. $(-\infty, 3)$ D. $(-\infty, 3) \cup (3, 5)$

3. 设 $U = [-3, 5]$, $A = (0, 5]$, 则 $\complement_U A = (\quad)$.
   A. $[-3, 0)$ B. $[-3, 0]$ C. $[0, 5]$ D. $(0, 5]$

二、填空题

4. 若 $A = (-\infty, 3)$, $B = [-2, +\infty)$, 则 $A \cup B =$ _____ .

5. 设全集 $U = \{x \mid -1 < x \leqslant 12\}$, 集合 $A = \{x \mid 5 \leqslant x \leqslant 7\}$, 则 $\complement_U A =$ _____ .(用区间表示)

三、解答题

6. 已知全集 $U = [2, +\infty)$, $A = (3, 5]$, $B = (6, 7)$, 求 (1) $\complement_U A \cap B$; (2) $A \cap \complement_U B$.

2.2.2 一元一次不等式(组)的解法

【知识要点预习】

1. 未知数的个数是_____,且它的次数为_____,这样的整式不等式称为一元一次不等式.使不等式成立的未知数的值的集合,称为这个不等式的_____.

解一元一次不等式的步骤:①去分母;②去括号;③移项;

④合并同类项,化成不等式_____($a \neq 0$)的形式;

⑤不等式两边同时除以未知数的系数,得出不等式的解集_____或_____.

2. 由几个一元一次不等式所组成的不等式组,称为_____.

解一元一次不等式组的步骤:①求这个不等式组中各个不等式的解集;②求出这些不等式的解集的_____,即求出了这个不等式组的解集.

【知识要点梳理】

一、不等式的解集和解不等式

在含有未知数的不等式中,能使不等式成立的未知数所取的所有值的集合,称为该不等式的解集.求不等式的解集的过程,称为解不等式.

二、一元一次不等式及其解法

1. 未知数的个数是1,且它的次数为1,这样的整式不等式称为一元一次不等式.

2. 任何一元一次不等式最后都可写为 $ax > b$ 的形式,其中 $a, b \in \mathbf{R}$.

关于 $ax > b$ 的解的问题:

(1)当 $a > 0$ 时, $x > \dfrac{b}{a}$,解集为 $\left(\dfrac{b}{a}, +\infty\right)$.

(2)当 $a < 0$ 时, $x < \dfrac{b}{a}$,解集为 $\left(-\infty, \dfrac{b}{a}\right)$.

(3)当 $a = 0$ 时,若 $b < 0$,则不等式的解集为 $\mathbf{R}$;

若 $b \geqslant 0$,则不等式的解集为 $\varnothing$.

三、一元一次不等式组及其解的情况

1. 由几个一元一次不等式所组成的不等式组,称为一元一次不等式组.

2. 解一元一次不等式组的步骤:分别求出每一个不等式的解,然后利用数轴找出它们的公共部分.以两个一元一次不等式组成的不等式组为例,其解的情况如下(设 $a < b$):

不等式组的形式	$\begin{cases} x > a \\ x > b \end{cases}$	$\begin{cases} x > a \\ x < b \end{cases}$	$\begin{cases} x < a \\ x < b \end{cases}$	$\begin{cases} x < a \\ x > b \end{cases}$
解的范围	$x > b$	$a < x < b$	$x < a$	无解

【知识盲点提示】

1. 解一元一次不等式(组)的注意事项:(1)去分母时应注意:①不能漏乘;②不能漏

添括号.(2)去括号时应注意：①不能漏乘；②注意积的符号.(3)移项时应注意变号.

2. 不等式两边都乘以或除以同一个负数时，要改变不等号的方向.

3. 在数轴上表示解应注意的问题：方向、空心或实心.

【课堂基础训练】

一、选择题

1. 若关于 x 的不等式组 $\begin{cases} x > 2 \\ x > m \end{cases}$ 的解集为 $\{x \mid x > 2\}$，则 m 的取值范围是(　　).

   A. $m \geqslant 2$ 　　　　B. $m > 2$ 　　　　C. $m < 2$ 　　　　D. $m \leqslant 2$

2. 不等式 $4x - \dfrac{1}{4} < x + \dfrac{11}{4}$ 的最大的整数解为(　　).

   A. 1 　　　　　　　B. 0 　　　　　　　C. -1 　　　　　　D. 不存在

3. 不等式 $3(x-2) \leqslant x+4$ 的非负整数解有(　　)个.

   A. 4 　　　　　　　B. 5 　　　　　　　C. 6 　　　　　　　D. 无数

二、填空题

4. 设 $A = \{x \mid -6 < x < 6\}$，$B = \{x \mid x \geqslant 4\}$，则 $A \cap B = $ _____.

5. 不等式组 $\begin{cases} x-1 < 4 \\ 2x+3 \geqslant 0 \end{cases}$ 的解集是 _____.

三、解答题

6. 解不等式 $\dfrac{x-5}{2} > \dfrac{6-x}{3}$.

【课堂拓展训练】

一、选择题

1. 不等式组 $\begin{cases} 2x+3(x-2) < 4 \\ \dfrac{x+3}{2} \leqslant \dfrac{2x-5}{3}+3 \end{cases}$ 的解集是(　　).

   A. $(-\infty, 1] \cup (2, +\infty)$ 　　　　　　B. $(1, 2)$

   C. $[1, 2)$ 　　　　　　　　　　　　　　D. $(-\infty, -2) \cup [1, +\infty)$

2. 若关于 x 的一元一次不等式组 $\begin{cases} x-1 > 0 \\ 2x-a < 0 \end{cases}$ 有 2 个整数解，则 a 的取值范围是(　　).

   A. $(5, 8]$ 　　　　B. $[5, 8]$ 　　　　C. $(6, 8]$ 　　　　D. $[6, 8]$

3. 三个连续正偶数的和小于19，这样的正偶数一共有（　　）组.
   A. 1　　　　　B. 2　　　　　C. 3　　　　　D. 0

二、填空题

4. 不等式组 $\begin{cases} 2x+1>x-1 \\ x-8<3x+1 \end{cases}$ 的解集是_____.

5. 不等式组 $\begin{cases} 2x-1<3 \\ 3-x\geqslant 2 \\ x+3>0 \end{cases}$ 的解集是_____.

三、解答题

6. 若关于 x 的不等式组 $\begin{cases} \dfrac{x+4}{3}>\dfrac{x}{2}+1 \\ x+a<0 \end{cases}$ 的解集是 $\{x\mid x<2\}$，则 a 的取值范围是多少？

2.2.3　一元二次不等式的解法

【知识要点预习】

1. 只含有一个未知数，并且未知数的最高次数是2的整式不等式称为_____．它的一般形式是_____或_____（$a\neq 0$）.

满足一元二次不等式的未知数的取值集合，通常称为这个不等式的_____．

2. 一元二次方程 $ax^2+bx+c=0(a\neq 0)$ 的求根公式为_____．

3. 解一元二次不等式 $ax^2+bx+c>0$ 或 $ax^2+bx+c<0(a\neq 0)$ 的步骤：

(1) 求出方程 $ax^2+bx+c=0$ 的判别式 $\Delta=$_____的值.

(2) ① $\Delta>0$，则一元二次方程 $ax^2+bx+c=0(a>0)$ 有两个不相等的根 x_1，x_2（设 $x_1<x_2$），则 $ax^2+bx+c=a(x-x_1)(x-x_2)$．不等式 $a(x-x_1)(x-x_2)>0$ 的解集是_____；不等式 $a(x-x_1)(x-x_2)<0$ 的解集是_____．

② $\Delta=0$，ax^2+bx+c 通过配方得 $a\left(x+\dfrac{b}{2a}\right)^2+\dfrac{4ac-b^2}{4a}=a\left(x+\dfrac{b}{2a}\right)^2$．由此可知，$ax^2+bx+c>0$ 的解集是_____；$ax^2+bx+c<0$ 的解集是_____．

③ $\Delta<0$，ax^2+bx+c 通过配方得 $a\left(x+\dfrac{b}{2a}\right)^2+\dfrac{4ac-b^2}{4a}\left(\dfrac{4ac-b^2}{4a}>0\right)$．由此可知，$ax^2+bx+c>0$ 的解集是_____；$ax^2+bx+c<0$ 的解集是_____．

对于 $a<0$ 的情况，通过在已知不等式两端乘以_____，可化为二次项系数大于0的情况求解.

【知识要点梳理】

一、一元二次不等式

1. 只含有一个未知数,并且未知数的最高次数是 2 的整式不等式称为一元二次不等式. 满足一元二次不等式的未知数的取值集合,通常称为这个不等式的解集.

2. 一元二次不等式的一般形式是 $ax^2+bx+c>0$ 或 $ax^2+bx+c<0(a\neq 0)$.

二、一元二次不等式的解法

1. 因式分解法. 如果 ax^2+bx+c 容易分解因式,可以先将其分解因式,然后转化为一元一次不等式组求解.

2. 利用二次函数的图像及性质. 一元二次不等式的解集与二次函数的图像及一元二次方程的根有密切的关系,其解集情况见下表(以 $a>0$ 为例).

判别式: $\Delta=b^2-4ac$	$\Delta>0$	$\Delta=0$	$\Delta<0$
二次函数 $f(x)=ax^2+bx+c(a>0)$ 的图像			
一元二次方程 $ax^2+bx+c=0(a>0)$ 的根	有两不相等的实数根 $x_1,x_2(x_1<x_2)$ $x_1=\dfrac{-b-\sqrt{b^2-4ac}}{2a}$, $x_2=\dfrac{-b+\sqrt{b^2-4ac}}{2a}$	有两相等实数根 $x_1=x_2=-\dfrac{b}{2a}$	没有实数根
一元二次不等式 $ax^2+bx+c>0(a>0)$ 的解集	大于号取两边	$\left\{x\left\|x\neq -\dfrac{b}{2a}\right.\right\}$	**R**
$ax^2+bx+c\geq 0(a>0)$ 的解集	$(-\infty,x_1)\cup(x_2,+\infty)$	**R**	**R**
$ax^2+bx+c<0(a>0)$ 的解集	小于号取中间	$\varnothing$	$\varnothing$
$ax^2+bx+c\leq 0(a>0)$ 的解集	$[x_1,x_2]$	$\left\{x\left\|x=\dfrac{-b}{2a}\right.\right\}$	$\varnothing$

当 $a>0$ 时,$ax^2+bx+c>0$ 的解集在两边,$ax^2+bx+c<0$ 的解集在中间,即"大于取两边,小于取中间".

当 $a<0$ 时,要把不等式的两边同乘以 -1,转化为二次项系数大于 0 的情况求解.

【知识盲点提示】

1. 解一元二次不等式时,要先化成二次项系数为正的一般形式,再通过画图像求解集.

2. 以下四个不等式可以根据平方的意义求解：
(1) $x^2 > 0$ 的解集为 $\{x \mid x \neq 0\}$；(2) $x^2 \geq 0$ 的解集为 $\mathbf{R}$；
(3) $x^2 < 0$ 的解集为 $\varnothing$；(4) $x^2 \leq 0$ 的解集为 $\{0\}$.

【课堂基础训练】

一、选择题

1. 不等式 $x^2 \geq 3$ 的解集是( ).
   A. $[\sqrt{3}, +\infty)$ 　　　　　　　　B. $(-\infty, -\sqrt{3}]$
   C. $[-\sqrt{3}, \sqrt{3}]$ 　　　　　　　　D. $(-\infty, -\sqrt{3}] \cup [\sqrt{3}, +\infty)$

2. 不等式 $x^2 - 2x < 0$ 的解集是( ).
   A. $\{x \mid x < 0 \text{ 或 } x > 0\}$ 　　　B. $\{x \mid -2 < x < 0\}$
   C. $\{x \mid 0 < x < 2\}$ 　　　　　　　D. $\{x \mid x < -2 \text{ 或 } x > 0\}$

3. 不等式 $(x+5)(2-x) \geq 0$ 的解集是( ).
   A. $(-\infty, -5) \cup (2, +\infty)$ 　　　B. $[-5, 2]$
   C. $(-\infty, -2] \cup [5, +\infty)$ 　　　D. $[-2, 5]$

4. 若 $a > b$，则不等式 $(x-a)(b-x) < 0$ 的解集是( ).
   A. $(-\infty, b) \cup (a, +\infty)$ 　　　B. $(-\infty, a) \cup (b, +\infty)$
   C. (b, a) 　　　　　　　　　　　　D. $(a, +\infty)$

5. 不等式 $x^2 - 2x + 1 \leq 0$ 的解集是( ).
   A. $\{1\}$ 　　　　　　　　　　　　B. $(-\infty, 1) \cup (1, +\infty)$
   C. $\mathbf{R}$ 　　　　　　　　　　　　D. $\varnothing$

6. 不等式 $x^2 + ax + 4 < 0$ 的解集是 $\varnothing$，则( ).
   A. $a < 4$ 　　　　　　　　　　　　B. $a > -4$ 或 $a < 4$
   C. $-4 \leq a \leq 4$ 　　　　　　　　D. $a > 4$ 或 $a < -4$

7. $x > 3$ 是 $x^2 - x - 6 > 0$ 的( ).
   A. 充分不必要条件 　　　　　　　　B. 必要不充分条件
   C. 充要条件 　　　　　　　　　　　D. 既不充分也不必要条件

8. 以下关于不等式解集的表达，正确的个数是( ).
   ① $x^2 > 2$ 的解集是 $\{x \mid x > \pm\sqrt{2}\}$ 　　② $x^2 \geq 0$ 的解集是 $\mathbf{R}$
   ③ $x^2 - 2x < 0$ 的解集是 $\{x \mid x < 2\}$ 　　④ $x^2 - 4x + 4 \geq 0$ 的解集是 $\mathbf{R}$
   A. 4 　　　　　B. 3 　　　　　C. 2 　　　　　D. 1

9. 设 $M = \{-1, 0, 1, 2, 3\}$，$N = \{x \mid x^2 - 2x - 3 < 0\}$，则 $M \cap N = ($).
   A. $\{-1, 0, 1\}$ 　　B. $\{0, 1, 2\}$ 　　C. $\{1, 2, 3\}$ 　　D. $\{-1, 1, 3\}$

10. 设 $A = \{x \mid 6 - 5x - x^2 \geq 0\}$，$B = \left\{x \mid -\dfrac{x}{3} > 1\right\}$，则 $A \cap B = ($).
    A. $(-3, 1]$ 　　B. $[-6, -3)$ 　　C. $\left[-6, -\dfrac{1}{3}\right)$ 　　D. $\left(-\dfrac{1}{3}, 1\right]$

二、填空题

11. 不等式 $x^2 \geqslant 8$ 的解集是_____.

12. $x>1$ 是 $x^2-x>0$ 成立的_____条件.

13. 已知一元二次不等式 $x^2+ax+b<0$ 的解集是 $(3,4)$，则 $a=$ _____，$b=$ _____.

14. 不等式 $\dfrac{1}{x}<1$ 的解集是_____.

15. 不等式 $\dfrac{x^2-9x-36}{x^2+2}\leqslant 0$ 的解集是_____.

16. 不等式 $x^2-ax+b<0$ 的解集是 $\{x\mid -1<x<2\}$，则不等式 $bx^2+ax+1<0$ 的解集是_____.

三、解答题

17. 解不等式 $-x^2-5x+24<0$.

18. 求使 $\sqrt{x^2+x-12}$ 有意义的 x 的取值范围.

19. 比较 $(x-1)^2$ 与 $2x^2-2x+1$ 的大小.

20. 已知 $A=\{x \mid x^2-7x-18>0\}$，$B=\{x \mid 0<x+a<6\}$，若 $A\cap B=\varnothing$，求实数 a 的取值范围.

【课堂拓展训练】

一、填空题

1. 不等式 $x^4>4$ 的解集是_____.

2. 不等式 $(x+2)^2>-3$ 的解集是_____.

3. 不等式 $9x^2+12x+4<0$ 的解集是_____.

4. 不等式 $(5x+3)(x^2+4)>(2x-2)(x^2+4)$ 的解集是_____.

5. 设 $A=\{x \mid (x-1)(x-3)\leqslant 0\}$，$B=\{x \mid x-m<0\}$，如果 $A\cap B=\varnothing$，则实数 m 的取值范围是_____.

6. 不等式 $2x^2+x+6\leqslant 0$ 的解集是_____.

二、解答题

7. 方程 $x^2-(m+2)x+4=0$ 有实数根，求 m 的取值范围.

8. 已知 $A=\{x \mid x^2-13x+36\leqslant 0\}$，$B=\{x \mid x-a\leqslant 4\}$，若 $A\subseteq B$，求 a 的取值范围.

9. 已知 $A=\{x \mid 2x-x^2+24\geqslant 0\}$，$B=\{x \mid x^2-m^2<0\}(m>0)$，若 $A\cap B=B$，求实数 m 的取值范围.

10. 已知不等式 $(a-3)x^2+2(a-3)x-6<0$ 对一切 $x\in \mathbf{R}$ 恒成立，求实数 a 的取值范围.

2.2.4 含有绝对值的不等式

【知识要点预习】

1. 在实数集中，对任意实数 a，

$$|a|=\begin{cases} a, & a>0 \\ 0, & a=0 \\ -a, & a<0 \end{cases}$$

实数 a 的绝对值 $|a|$，在数轴上等于对应实数 a 的点到_____的距离.

2. 含有绝对值的不等式称为_____.

3. 当 $m>0$ 时，解关于 x 的不等式 $|x|>m$，得 $x<-m$ 或 $x>m$，因此解集为_____；解关于 x 的不等式 $|x|\leqslant m$，得 $-m\leqslant x\leqslant m$，因此解集为_____.

4. 如果 $a>0$，$b>0$，那么 $a^2>b^2\Leftrightarrow a>b$. 因此，当 $m>0$ 时，对于任意 $x\in \mathbf{R}$，都有 $x^2>m^2\Leftrightarrow$_____；$x^2<m^2\Leftrightarrow |x|<m\Leftrightarrow$_____.

一般地，一元二次不等式可以通过配方化为 $x^2>m^2$ 和 $x^2<m^2(m>0)$ 的形式，于是，我们可以将一元二次不等式化为含有_____的不等式进行求解.

【知识要点梳理】

一、绝对值的几何含义

实数 a 的绝对值 $|a|$，在数轴上等于对应实数 a 的点到原点的距离，因此 $|a|\geqslant 0$. 正数的绝对值是它本身，负数的绝对值是它的相反数，0 的绝对值是 0. 即

$$|a| = \begin{cases} a, & a>0 \\ 0, & a=0 \\ -a, & a<0 \end{cases}$$

二、绝对值不等式的解集

1. 含有绝对值的不等式称为绝对值不等式.

2. 绝对值不等式的解集表：

绝对值不等式	$a>0$	$a=0$	$a<0$
$|x|>a$	$(-\infty, -a) \cup (a, +\infty)$	$\{x \mid x \neq 0\}$	$\mathbf{R}$
$|x| \geqslant a$	$(-\infty, -a] \cup [a, +\infty)$	$\mathbf{R}$	$\mathbf{R}$
$|x|<a$	$(-a, a)$	$\varnothing$	$\varnothing$
$|x| \leqslant a$	$[-a, a]$	$\{0\}$	$\varnothing$

3. 不等式 $|ax+b| \geqslant c$ 和 $|ax+b| \leqslant c (c>0)$ 的解法.

$|ax+b| \geqslant c \Leftrightarrow ax+b \geqslant c$ 或 $ax+b \leqslant -c$；$|ax+b| \leqslant c \Leftrightarrow -c \leqslant ax+b \leqslant c$.

4. 当 $0<a<b$ 时，$a \leqslant |x| \leqslant b \Leftrightarrow -b \leqslant x \leqslant -a$ 或 $a \leqslant x \leqslant b$（连不等式）.

【知识盲点提示】

1. 绝对值的代数意义：正数和 0 的绝对值是它本身，负数的绝对值是它的相反数，即
$$|x| = \begin{cases} x, & x \geqslant 0 \\ -x, & x<0 \end{cases}.$$

2. 互为相反数的两个数的绝对值相等，即 $|x| = |-x|$.

3. 任何数的绝对值都是非负数，即 $|x| \geqslant 0$.

【课堂基础训练】

一、选择题

1. "$x>-1$"是"$|x|<1$"的（　　）.

　　A. 充分不必要条件　　　　　　B. 必要不充分条件
　　C. 充要条件　　　　　　　　　D. 既不充分也不必要条件

2. 不等式 $|x+2|>0$ 的解集是（　　）.

　　A. $\varnothing$　　　　B. $\mathbf{R}$　　　　C. $(-2, +\infty)$　　　　D. $\{x \mid x \neq -2\}$

3. 不等式 $|x-3|>2$ 的解集是（　　）.

　　A. $\{x \mid x>5$ 或 $x<1\}$　　　　B. $\{x \mid x<1\}$
　　C. $\{x \mid 1<x<5\}$　　　　　　D. $\{x \mid x>5\}$

4. 不等式 $|5x+1| \leqslant 0$ 的解集是（　　）.

　　A. $\varnothing$　　　　　　　　　　　　B. $\mathbf{R}$
　　C. $\left\{-\dfrac{1}{5}\right\}$　　　　　　　　D. $\left(-\infty, -\dfrac{1}{5}\right) \cup \left(-\dfrac{1}{5}, +\infty\right)$

5. 不等式 $|x-1|<1$ 的解集是( ).
   A. $(-\infty, 2)$ B. $(0, +\infty)$
   C. $(-\infty, 0) \cup (2, +\infty)$ D. $(0, 2)$

6. 不等式 $|2-3x|<1$ 的解集是( ).
   A. $\left(-\infty, -\dfrac{1}{3}\right)$ B. $\left(\dfrac{1}{3}, 1\right)$
   C. $(1, +\infty)$ D. $\left(-\infty, \dfrac{1}{3}\right) \cup (1, +\infty)$

7. 不等式 $\left|x+\dfrac{1}{2}\right|>\dfrac{1}{2}$ 的解集是( ).
   A. $\{x \mid x>0 \text{ 或 } x<-1\}$ B. $\{x \mid -1<x<0\}$
   C. $\{x \mid x>-1\}$ D. $\{x \mid x<0\}$

8. 不等式 $-|x-2|>-12$ 的解集是( ).
   A. $\{x \mid x<14\}$ B. $\{x \mid x<10 \text{ 或 } x>14\}$
   C. $\{x \mid x>-10\}$ D. $\{x \mid -10<x<14\}$

9. 不等式 $|2x-5|<7$ 的正整数解的个数是( ).
   A. 3 B. 4 C. 5 D. 6

10. 设 $M=\{x \mid |x-5| \leqslant 2, x \in \mathbf{Z}\}$，$N=\{x \mid x^2-10x+21<0, x \in \mathbf{Z}\}$，则 $M \cap N=$( ).
    A. $\{3, 4, 5\}$ B. $\{4, 5, 6\}$ C. $\{5, 6, 7\}$ D. $\{4, 6, 7\}$

二、填空题

11. 已知不等式 $|x-a|<b$ 的解集是 $(-1, 5)$，则 $b=$ _____.

12. 不等式 $|4x-1| \geqslant 10$ 的解集是 _____.

13. 设 $U=\mathbf{R}$，$A=\{x \mid |3x+2|>5\}$. 则 $\complement_U A=$ _____.

14. 不等式 $|2x-3|<5$ 的整数解的解集是 _____.

15. 不等式 $1 \leqslant |x-3|<2$ 的解集是 _____.

16. 不等式 $|3x-a|<b$ 的解集是 $(1, 2)$，则 $a=$ _____，$b=$ _____.

三、解答题

17. 解不等式：(1) $|3x-5| \leqslant 4$；(2) $|1-2x| \geqslant 3$.

18. 解不等式 $\left|\dfrac{2x-1}{3}\right|<5$.

19. 设 $A=\{x\mid |2x+3|<5\}$，$B=\{x\mid |x-2|\leqslant 2\}$，求 $A\cap B$，$A\cup B$.

20. 设 $A=\{x\mid |2x-3|<7\}$，$B=\{x\mid |x-1|\geqslant 2\}$，求 $A\cap B$，$A\cup B$.

【课堂拓展训练】

一、填空题

1. 已知不等式 $|x+a|<b$ 的解集是 $(-3,5)$，则 $a+b=$ _____.
2. 不等式 $|8-5x|>0$ 的解集是 _____.
3. 不等式 $|3-x|\leqslant a$ 的解集是 $\varnothing$，则 a 的取值范围是 _____.
4. 不等式 $|x|>x$ 的解集是 _____.
5. 不等式 $2\leqslant |x-1|<3$ 的解集是 _____.
6. 如果 $A=\{x\mid 1\leqslant |2x-1|\leqslant 3,\ x\in \mathbf{Z}\}$，那么用列举法表示为 _____.

二、解答题

7. 设 $A=\{x\mid |x-2|\leqslant 3\}$，$B=\{x\mid |x-1|\leqslant a\}$．(1)当 $a=2$ 时，求 $A\cap B$，$A\cup B$；(2)若 $B\subseteq A$，求实数 a 的取值范围.

8. 已知不等式 $|ax+b|<8$ 且 $a>0$ 的解集是 $\{x \mid -3<x<5\}$，求 a，b 的值.

9. 解不等式：(1) $|2x+3| \geqslant m$；(2) $|2x+3|<m$.

10. 已知 $A=\{x \mid x^2-4x \geqslant 0\}$，$B=\{x \mid |x-2|<a\}$，若 $A \cap B=\varnothing$，求实数 a 的取值范围.

2.3 不等式的应用

【学习目标导航】

1. 能够用作差法的方法比较两个实数的大小关系.
2. 能够灵活运用不等式的基本性质和不等式的解法等数学知识，根据实际问题中的数量关系，列一元一次不等式(组)、一元二次不等式来解决实际问题.
3. 重视建模、化归等数学思想的渗透和良好思维品质的培养，以提高学生解决实际问题的能力.
4. 通过对不等式、不等式解与解集的探究，引导学生在独立思考的基础上积极参与对数学问题的讨论，培养他们的合作交流意识，让学生充分体会到生活处处有数学，并能将它们应用到生活的各个领域.

【知识要点预习】

1. 作差法比较两个实数的大小：

如果 $a-b>0$，则_____；如果_____，则 $a=b$；如果 $a-b<0$，则_____．

2．未知数的个数是1，且它的次数为1，这样的整式不等式称为_____．

3．只含有一个未知数，并且未知数的最高次数是2的整式不等式称为_____．

4．解一元一次不等式（组）或一元二次不等式应用题的关键在于构造一元一次不等式（组），或一元二次不等式模型，选择其中起关键作用的未知量为 x，用_____来表示其他未知量，根据题意，列出不等关系再求解．

【知识要点梳理】

1．关于实数 a 和 b 的大小关系有：

$$a-b>0 \Leftrightarrow a>b$$
$$a-b=0 \Leftrightarrow a=b$$
$$a-b<0 \Leftrightarrow a<b$$

比较两个实数的大小，只需要考察它们的差即可．

2．未知数的个数是1，且它的次数为1，这样的整式不等式称为一元一次不等式．

3．只含有一个未知数，并且未知数的最高次数是2的整式不等式称为一元二次不等式．

4．用一元一次不等式（组）或一元二次不等式解决实际问题的操作步骤是：(1)理解题意，搞清量与量之间的关系；(2)设未知数，建立相应的不等关系，把实际问题抽象为数学中的一元一次不等式（组）或一元二次不等式问题；(3)解这个一元一次不等式（组）或一元二次不等式，得到实际问题的解．

【知识盲点提示】

1．不等式的应用非常广泛，解题的关键是把非不等式的问题借助不等式解决．这种化归和转化，是对学生基本能力和基本方法的考查．涉及的方面：求函数的定义域，讨论方程的实根分布，解决与不等式有关的实际应用问题，求参数的取值范围等．

2．解不等式的实际应用问题时，要注意数学模型中自变量的实际意义．

【课堂基础训练】

一、选择题

1．设 a 和 b 是两个不相等的实数，且 $m=ab-a^2$，$n=b^2-ab$，则 m 与 n 的大小关系为（　　）．

A．$m<n$　　　　B．$m>n$　　　　C．$m\leqslant n$　　　　D．$m\geqslant n$

2．关于 x 的不等式组 $\begin{cases}-5x+10>0\\x+1>2a\end{cases}$ 恰有四个正数解，则 a 的取值范围是（　　）．

A．$-1\leqslant a<0$　　B．$-1<a<-\dfrac{1}{2}$　　C．$-1\leqslant a\leqslant -\dfrac{1}{2}$　　D．$-1\leqslant a<-\dfrac{1}{2}$

3．数学竞赛一共15道题，规定每道题答对得8分，不答或者答错倒扣3分，如果小强的分数超过了90分，那他至少答对了（　　）道题．

A．10　　　　B．11　　　　C．12　　　　D．13

二、填空题

4. 商店出售甲、乙两种品牌的水泥，袋子上分别标注规格及误差范围是"(20±0.2)kg"和"(20±0.3)kg"，现从中任意拿出两袋，它们的质量最多差_____．

5. 把一些书分给几名同学，如果每个人 4 本，那么余 6 本；如果前面的每名同学分 6 本，那么最后一人分到了书但不足 5 本，则共有书_____本．

三、解答题

6. 小丽家的果园有 20 棵苹果树，每年平均每棵树结 300 个苹果，现在准备多种一些苹果树以提高果园产量，但是如果多种树，那么树之间的距离和每棵树所接收的阳光就会减少，每多种一棵树，平均每棵树就会少结 5 个苹果，如果想使苹果产量不少于 7 500 个，至少还要增种多少苹果树？

【课堂拓展训练】

一、选择题

1. 关于 x 的不等式组 $\begin{cases} x-a \geq 0 \\ 5-2x > 1 \end{cases}$ 恰有 5 个整数解，则 a 的取值范围是（　　）．

   A. $-4 \leq a < -3$ B. $-4 < a \leq -3$ C. $-4 \leq a \leq -3$ D. $-3 \leq a < 0$

2. 使得式子 $\dfrac{1}{\sqrt{24-5x-x^2}}$ 有意义的 x 的取值范围是（　　）．

   A. $[-8, 3]$ B. $(-\infty, -8) \cup (3, +\infty)$
   C. $(-\infty, -8] \cup [3, +\infty)$ D. $(-8, 3)$

3. 某校园内有一块长为 40 m，宽为 30 m 的长方形地面，现要对该地面进行绿化，规划四周种花卉（花卉带的宽度相同）．中间种草坪，若要求草坪的面积不小于总面积的一半，则花卉带宽度范围是（　　）．

   A. $(-\infty, 5] \cup [30, +\infty)$ B. $(0, 5)$
   C. $[5, 30]$ D. $(5, 30)$

二、填空题

4. 有一个长方形足球场的长为 x m，宽为 70 m．如果它的周长大于 350 m，面积小于 7 560 m²，则 x 的取值范围是_____．

5. 产品的总成本 y（万元）与产量 x（台）之间的函数关系式是 $y = 3\,000 + 20x - 0.1x^2$（$0 < x < 240$，$x \in \mathbf{N}$），若每台产品的售价为 25 万元，则生产不亏本（销售收入不小于总成

本)时的最低产量是_____台.

三、解答题

6. 对任意的 $x \in [-3, 5]$，不等式 $x^2 - 2x + 2 - a \geq 0$ 恒成立，求实数 a 的取值范围.

第2章单元测试题 A 卷

（满分 120 分，时间 120 分钟）

一、选择题（本大题共 15 个小题，每小题 3 分，共 45 分）

1. 如图所示，数轴上 A，B 两点分别对应实数 a，b，则下列结论中正确的是(　　).

   A. $a < b$ 　　B. $a = b$ 　　C. $a > b$ 　　D. $ab > 0$

2. 下列四个命题中正确的是(　　).

   A. 若 $a > b$，则 $ac > bc$
   B. 若 $ac^2 > bc^2$，则 $a > b$
   C. 若 $a > b$，$c > d$，则 $ac > bd$
   D. 若 $a < b < 0$，则 $|a| < |b|$

3. 设 $A = \left\{ x \mid -\dfrac{1}{2}x > 2 \right\}$，$B = \{x \mid x^2 + 4x - 12 < 0\}$，则 $A \cap B = $(　　).

   A. $(-6, -4)$ 　　B. $(-4, 6)$ 　　C. $(-4, 2)$ 　　D. $(-2, -4)$

4. 不等式 $|3x - 2| > 4$ 的解集是(　　).

   A. $\left\{ x \mid x < \dfrac{2}{3} \right\}$
   B. $\{x \mid x > 2\}$
   C. $\left\{ x \mid -\dfrac{2}{3} < x < 2 \right\}$
   D. $\left\{ x \mid x < -\dfrac{2}{3} \text{ 或 } x > 2 \right\}$

5. 不等式 $3x - 24x^2 > 0$ 的解集是(　　).

   A. $(0, 8)$
   B. $(-\infty, 0) \cup (8, +\infty)$
   C. $\left(0, \dfrac{1}{8} \right)$
   D. $(-\infty, 0) \cup \left(\dfrac{1}{8}, +\infty \right)$

6. 不等式 $\dfrac{x-2}{x-5} \geq 0$ 的解集是(　　).

   A. $\{x \mid x \leq 2\}$
   B. $\{x \mid x \leq 2 \text{ 或 } x \geq 5\}$
   C. $\{x \mid x \leq 2 \text{ 或 } x > 5\}$
   D. $\{x \mid 2 \leq x \leq 5\}$

第 2 章 不等式

7. 不等式 $(x^2+2)(x^2-4) \leq 0$ 的解集是（　　）．
   A. $[2, +\infty)$　　　　　　　　　　B. $\{x \mid x \neq 2\}$
   C. $(-\infty, -2] \cup [2, +\infty)$　　　D. $[-2, 2]$

8. 设甲：$x^2 = y^2$，乙：$x = y(x, y \in \mathbf{R})$，则甲是乙的（　　）条件．
   A. 充分不必要　　　　　　　　　　B. 必要不充分
   C. 充要　　　　　　　　　　　　　D. 既不充分也不必要

9. 设 $M = \{-2, -1, 0, 1, 2\}$，$N = \{x \mid x \leq 2\}$，则 $M \cap N = $（　　）．
   A. $\{-1, 0, 1\}$　　　　　　　　　B. $\{-2, -1, 0, 1, 2\}$
   C. $\{x \mid 0 < x \leq 2\}$　　　　　　D. $\{x \mid -1 < x < 2\}$

10. 设 a 为实数，且不等式 $|x+a| < 5$ 的解集是 $(-7, 3)$，则 $a = $（　　）．
    A. 1　　　　B. 2　　　　C. 3　　　　D. 4

11. 已知命题 p：$|x-1| < 12$，命题 q：$|x-2| \leq 5$，则 p 是 q 的（　　）．
    A. 充分不必要条件　　　　　　　　B. 必要不充分条件
    C. 充要条件　　　　　　　　　　　D. 既不充分也不必要条件

12. 若不等式 $(x+m)^2 > 0$ 的解集是 $\{x \mid x \neq -3\}$，则 m 的值是（　　）．
    A. 3　　　　B. 6　　　　C. -3　　　　D. 不确定

13. 若 $A = \{x \mid x^2 + x - 6 < 0\}$，$B = \{x \mid -4, 0, 1, 5\}$，则 $A \cap B = $（　　）．
    A. $\{-4, 0\}$　　B. $\{-4, 1\}$　　C. $\{0, 5\}$　　D. $\{0, 1\}$

14. 若 $\dfrac{-5-3a}{2} + 1$ 不小于 3，则实数 a 的取值范围是（　　）．
    A. $(-\infty, -3)$　　B. $(-\infty, -3]$　　C. $(-3, +\infty)$　　D. $[-3, +\infty)$

15. 下列不等式的解集是空集的是（　　）．
    A. $x^2 - 6x + 9 > 0$　　　　　　　B. $x^2 - 5x < 0$
    C. $x^2 + x + 8 < 0$　　　　　　　D. $x^2 + x - 6 > 0$

二、填空题(本大题共 15 个小题，每小题 2 分，共 30 分)

16. 若 a, b 满足 $-3 < a < b < 3$，则 $a - b$ 的取值范围是_____．

17. 已知 $a = x^2 - 3x$，$b = x - 5$，则 a 与 b 的大小关系是_____．

18. 设 $A = (-\infty, 3)$，$B = [a, 9]$，若 $A \cap B = \varnothing$，则实数 a 的取值范围是_____．

19. 不等式 $\dfrac{2x+1}{1-x} > 0$ 的解集是_____．

20. 不等式 $\dfrac{1}{x} > 2$ 的解集是_____．

21. 不等式 $x^2 + 6x + 9 < 0$ 的解集是_____．

22. 比较大小：$2x^2 + 3x - 4$ _____ $x^2 + 2x - 5$．

23. 关于 x 的方程 $x^2 + ax + 1 = 0$ 有两个不相等的实数解，则实数 a 的取值范围是_____．

24. 设 $A=(-\infty, 5)$, $B=[a, 9]$, 若 $A \cap B \neq \varnothing$, 则实数 a 的取值范围是 _____.

25. 已知一元二次不等式 $x^2+ax+b<0$ 的解集是 $(-3, 2)$, 则 $a+b=$ _____.

26. 已知 $A=\{x \mid 3 \leqslant x<6\}$, $B=\{x \mid x>a\}$, $A \subseteq B$, 则实数 a 的取值范围是 _____.

27. 不等式 $x^3+x^2+2x>0$ 的解集是 _____.

28. 不等式 $(x^2+2)|-x-3|>0$ 的解集是 _____.

29. 不等式 $x^2-|x|-6<0$ 的解集是 _____.

30. 已知不等式 $ax^2-ax+3>0$ 的解集为 **R**, 则 a 的取值范围是 _____.

三、解答题(本大题共 7 个小题,共 45 分)

31. (5 分)判断 $a=(x+1)(x+3)$, $b=(x+2)^2$ 的大小关系.

32. (8 分)解下列不等式:
(1) $x-3>\dfrac{x}{2}-\dfrac{1}{4}$; (2) $2x^2-5x+3<0$; (3) $x^2-3x+4\leqslant 0$; (4) $3|2x-1|\leqslant 2$.

33. (5 分)已知 $A=\{x \mid |x-1|<3\}$, $B=\{x \mid |x-2|>1\}$, 求 $A \cap B$.

34. (6分) 已知 $A=\{x \mid x^2+x-6>0\}$，$B=\{x \mid 0<x-a<2\}$，若 $A\cap B=\varnothing$，求 a 的取值范围．

35. (7分) 已知 $A=\{x \mid x^2+5x-6\leqslant 0\}$，$B=\{x \mid 2m-1\leqslant x\leqslant m+1\}$，若 $A\cap B=B$，且 $B\neq\varnothing$，求实数 m 的取值范围．

36. (7分) 对任意实数 x，不等式 $(m-2)x^2+2(m-2)x-4\leqslant 0$ 恒成立，求实数 m 的取值范围．

37. (7分) 已知 $A=\{x \mid x^2+5x-24\leqslant 0\}$，$B=\{x \mid |x+a|<3\}$，且 $A\supseteq B$，求 a 的取值范围．

第2章单元测试题B卷

（满分120分，时间120分钟）

一、选择题（本大题共15个小题，每小题3分，共45分）

1. 若 $a<b<0$，则下列不等式中不成立的是（　　）.
   A. $\dfrac{1}{a}>\dfrac{1}{b}$　　　B. $\dfrac{1}{a-b}>\dfrac{1}{a}$　　　C. $|a|>|b|$　　　D. $a^2>b^2$

2. 设 a,b,c 为实数，且 $a>b$，则（　　）.
   A. $a-c>b-c$　　　B. $|a|<|b|$　　　C. $a^2>b^2$　　　D. $ac>bc$

3. 若 $2a-1$ 不小于 $3a-5$，那么实数 a 的取值范围是（　　）.
   A. $\{a\mid a>4\}$　　　B. $\{a\mid a\leqslant 4\}$　　　C. $\{a\mid a\geqslant 4\}$　　　D. $\{a\mid a<4\}$

4. 用区间表示集合 $\{x\mid -3\leqslant x<1\}$，正确的是（　　）.
   A. $(-3,1)$　　　B. $[-3,1)$　　　C. $(-3,1]$　　　D. $[3,1]$

5. 不等式 $|2x-3|\leqslant 1$ 的解集是（　　）.
   A. $\{x\mid 1\leqslant x\leqslant 2\}$　　　　B. $\{x\mid x\leqslant -1\text{ 或 }x\geqslant 2\}$
   C. $\{x\mid 1\leqslant x\leqslant 3\}$　　　　D. $\{x\mid 2\leqslant x\leqslant 3\}$

6. 不等式 $|x+2|\geqslant 9$ 的解集是（　　）.
   A. $\{x\mid -11\leqslant x\leqslant 7\}$　　　B. $\{x\mid x>7\}$
   C. $\varnothing$　　　　D. $\{x\mid x<-11\text{ 或 }x>7\}$

7. 设甲：$a>b$，乙：$|a|>|b|$，则甲是乙的（　　）条件
   A. 充分不必要　　　B. 必要不充分
   C. 充要　　　　D. 既不充分也不必要

8. 已知 $U=\mathbf{R}$，$A=\{x\mid x\geqslant 1\}$，$B\{x\mid -1<x\leqslant 2\}$，则 $\complement_U A\cup B=$（　　）.
   A. $\{x\mid x<2\}$　　　　B. $\{x\mid x\leqslant 2\}$
   C. $\{x\mid -1<x\leqslant 2\}$　　　　D. $\{x\mid -1<x<1\}$

9. 不等式 $x^2+5x-24>0$ 的解集是（　　）.
   A. $(-3,8)$　　　　B. $(-\infty,-3)\cup(8,+\infty)$
   C. $(-8,3)$　　　　D. $(-\infty,-8)\cup(3,+\infty)$

10. 不等式 $(3-x)(5-x)>0$ 的解集是（　　）.
    A. $(3,5)$　　　　B. $(-5,-3)$
    C. $(-\infty,3)\cup(5,+\infty)$　　　　D. $(-\infty,-5)\cup(-3,+\infty)$

11. 设 $A=\{3,4,5,6,7\}$，$B=\{x\mid x^2-10x+21<0\}$，则 $A\cap B=$（　　）.
    A. $\{3,4,5\}$　　　　B. $\{4,5,6\}$
    C. $\{5,6,7\}\{5,6,7\}$　　　　D. $\{4,6,7\}$

12. 已知 $A=\{x\mid |x|<1\}$，$B=\{x\mid x(x-3)>0\}$，则 $A\cup B=($ $)$.
    A. $(0,1)$ B. $(-\infty,1)\cup(3,+\infty)$
    C. $(-1,0)$ D. $(-\infty,-3)\cup(-1,+\infty)$

13. 已知条件 p：$x^2-3x+2<0$，条件 q：$|x-2|<1$，则 p 是 q 成立的（   ）.
    A. 充分不必要条件   B. 必要不充分条件
    C. 充要条件   D. 既不充分也不必要条件

14. 若不等式 $ax^2-2x+3>0$ 的解集是 $\{x\mid -3<x<1\}$，则 $ax^2+7x+18>0$ 的解集是（   ）.
    A. $(-9,2)$ B. $(-\infty,-2)\cup(9,+\infty)$
    C. $(-2,9)$ D. $(-\infty,-9)\cup(2,+\infty)$

15. 当 $a<0$ 时，不等式 $x^2+ax-2a^2<0$ 的解集是（   ）.
    A. $(-\infty,-a)\cup(2a,+\infty)$ B. $(a,-2a)$
    C. $(2a,-a)$ D. $(-\infty,a)\cup(-2a,+\infty)$

二、填空题（本大题共 15 个小题，每小题 2 分，共 30 分）

16. 设全集为 **R**，$A=\{x\mid -4\leqslant x<3\}$，则 A 的补集是_____ .（用区间表示）

17. 若不等式 $|ax+1|<2$ 的解集是 $\left\{x\mid -\dfrac{3}{2}<x<\dfrac{1}{2}\right\}$，则 $a=$_____.

18. 若 $a>b$，则 $a(a-b)$ _____ $b(a-b)$.

19. 已知 $A=\{x\mid 3<x<9\}$，$B=\{x\mid x<4 \text{ 或 } x>8\}$，则 $A\cup B=$_____.

20. 设 a，b 是两个不相等的实数，且 $m=2ab-a^2$，$n=b^2-4ab$，则 m _____ n.

21. 不等式 $\dfrac{2x+1}{1-2x}<0$ 的解集是_____.

22. 不等式 $(|x|+1)(3x^2+2x-1)>0$ 的解集是_____.

23. 不等式 $2<|x+1|<3$ 的解集是_____.

24. 不等式 $\dfrac{2x+8}{|x+3|}>0$ 的解集是_____.

25. 已知关于 x 的一元二次不等式 $ax^2+x+b>0$ 的解集是 $(-\infty,-3)\cup(2,+\infty)$，则 $a-b=$_____.

26. 不等式 $x^2+ax+b<0$ 的解集是 $(-1,2)$，则不等式 $bx^2+ax+1<0$ 的解集是_____.

27. 若 $m>n$，则不等式 $-x^2+(m+n)x-mn>0$ 的解集是_____.

28. 不等式 $2x^2+2\sqrt{2}x+1>0$ 的解集是_____.

29. 已知不等式 $ax^2-2x+a>0$ 的解集是 **R**，则实数 a 的取值范围是_____.

30. 若不等式 $ax^2+ax+4>0$ 对任意的实数都成立，则实数 a 的取值范围是_____.

三、解答题(本大题共 7 个小题,共 45 分)

31. (6 分)解下列不等式:(1) $x^2-11x+18>0$;(2) $|2x-3|<5$.

32. (5 分)求使 $\sqrt{x^2-3x}$ 有意义的 x 的取值范围.

33. (6 分)m 取何值时,关于 x 的方程 $x^2-2(m+2)x+m^2+1=0$ 有实数根?

34. (7 分)已知 $A=\{x \mid |x-a| \leqslant 3\}$,$B=\left\{x \left| \dfrac{x+1}{x-3}>0 \right.\right\}$,且 $A \cup B = \mathbf{R}$,求实数 a 的取值范围.

35.(7分)设 $A=\{x\mid x^2-x-2>0\}$，$B=\{x\mid |x-a|<3\}$，且 $B\subseteq A$，求实数 a 的取值范围．

36.(7分)已知 $A=\{x\mid |x-a|\leqslant 2\}$，$B=\{x\mid x^2-x-6>0\}$，且 $A\cap B=\varnothing$，求实数 a 的取值范围．

37.(7分)已知 $A=\{x\mid x^2+2x-8\geqslant 0\}$，$B=\{x\mid |x-a|\leqslant 2\}$，若 $A\cap B\neq\varnothing$，求实数 a 的取值范围．

第 3 章 函 数

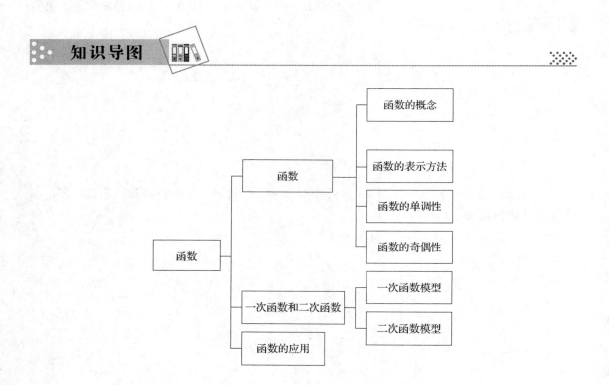

3.1 函 数

【学习目标导航】

1. 理解函数及相关概念，会求一些常见函数的定义域，学习规范书写数学过程，逐步提高逻辑推理的核心素养.

2. 理解函数的三种表示方法和分段函数的概念；掌握利用"描点法"作函数图像的方法．能利用分段函数解决一些简单的实际问题.

3. 理解函数的单调性与奇偶性的概念；通过利用函数图像研究函数性质，培养观察能力；通过函数单调性和奇偶性的判断，培养数学思维能力．

3.1.1 函数的概念

【知识要点预习】

1. _____称为函数的定义域，_____称为函数的值域．
2. 函数值的概念：函数 $y=f(x)$，在_____时对应的_____，记作_____，_____称为函数 $f(x)$ 在_____处的函数值．
3. 函数的两个要素为_____，_____．

【知识要点梳理】

一、函数的概念

设集合 A 是一个非空的实数集，对 A 内任意实数 x，按照某个确定的对应关系 f，有唯一确定的实数值 y 与它对应，则称这种对应关系 f 为集合 A 上的一个函数，记作

$$y=f(x), x\in A$$

其中，x 为自变量；y 为因变量．自变量 x 的取值集合 A 称为函数的定义域，对应的因变量值 y 的集合称为函数的值域．

二、同一函数

一般地，如果两个函数表达式表示的函数定义域相同，对应关系也相同（即对自变量的每一个值，两个函数表达式得到的函数值相等），则称这两个函数表达式表示的就是同一个函数．

三、函数的定义域是使这个函数有意义的所有实数组成的集合

1. 整式：定义域为全体实数 **R**；
2. 分式：分母 $\neq 0$；
3. 0 的 0 次幂无意义；
4. 偶次根式：被开方数 $\geqslant 0$；
5. 函数的定义域是所有基本函数定义域的交集．

【知识盲点提示】

1. 如果函数以实际问题给出，则函数的定义域由问题的实际意义确定；如果函数以解析式的形式给出，那么函数的定义域就是使得解析式各部分都有意义的自变量的取值集合．
2. 判定两个函数是否相同，主要看定义域和对应法则，定义域不同而解析式相同应视为不同的函数；对应法则反映的是 x 与 y 的关系，与它的形式无关，与所选取的字母无关．

【课堂基础训练】

一、选择题

1. 下列图像不可以表示函数的是（　　）.

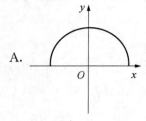

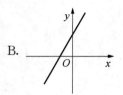

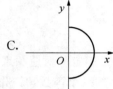

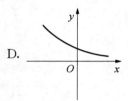

2. 函数 $y=\dfrac{2}{\sqrt{1-x}}$ 的定义域是（　　）.

　　A. $\{x\mid x<1\}$　　　　B. $\{x\mid x\neq 1\}$

　　C. $\{x\mid x>1\}$　　　　D. $\{x\mid x\leqslant 1\}$

3. 函数 $y=\sqrt{1-x^2}+\sqrt{x^2-1}$ 的定义域是（　　）.

　　A. $\{-1,1\}$　　　　B. $[-1,1]$

　　C. $(-1,1)$　　　　D. $(-\infty,-1]\cup[1,+\infty)$

4. 下列与函数 $y=|x|$ 有相同图像的一个函数是（　　）.

　　A. $y=\sqrt{x^2}$　　B. $y=\dfrac{x^2}{x}$　　C. $y=x$　　D. $y=(\sqrt{x})^2$

5. 设 $f(x-1)=2-x$，则 $f(x)=$（　　）.

　　A. $x+1$　　B. $x-3$　　C. $-x+1$　　D. $x+3$

6. 若函数 $f(x+1)$ 的定义域为 $[-1,1]$，则函数 $f(x)$ 的定义域为（　　）.

　　A. $[-2,2]$　　B. $[-2,0]$　　C. $[-1,1]$　　D. $[0,2]$

7. 已知函数 $f(x)=ax+b$，且 $f(0)=-1$，$f(-1)=0$，则 $f(2)=$（　　）.

　　A. -1　　B. 0　　C. 1　　D. -3

8. 下列各组函数中，表示同一个函数的是（　　）.

　　A. $y=x^0$ 与 $y=1$　　　　B. $y=1$ 与 $y=\dfrac{x+1}{x+1}$

　　C. $y=x$ 与 $y=|x|$　　　　D. $s=t^2-t$ 与 $y=x(x-1)$

9. 函数 $y=3x+1(0<x\leqslant 5)$ 的值域是（　　）.

　　A. $(-\infty,+\infty)$　　B. $[1,16)$　　C. $(1,16)$　　D. $(1,16]$

10. 若一次函数 $y=3x+2$ 与反比例函数 $y=\dfrac{1}{x}$ 有相等的函数值，则 $x=$（　　）.

　　A. 1　　　　　B. $\dfrac{1}{3}$　　　　　C. -1　　　　　D. -1 或 $\dfrac{1}{3}$

二、填空题

11. 在函数式 $S=\pi r^2$ 中，自变量是_____，因变量是_____.

12. 函数 $f(x)=x^2+1$ 的定义域为_____，值域为_____.

13. 已知函数 $f(x+1)=-2x+1$，则 $f(x)$ 的解析式为_____.

14. 函数 $y=-x^2+1$，$x\in\{-2,-1,0,1,2\}$ 的值域为_____.

15. 若函数 $f(x)=-2x+b$，$g(x)=kx-1$ 为同一函数，则 $k+b=$_____.

16. 如果函数 $f(x)=ax+2$ 的图像经过点 $(1,0)$，则 $f(3)=$_____.

三、解答题

17. 已知 $f(x)=x^2-x+2$. 求：(1) $f(-1)$，$f(x+1)$；(2) 若 $f(a)=8$，求 a 的值.

18. 求下列函数的定义域.

(1) $f(x)=\dfrac{|x|}{x}$；　　　　(2) $f(x)=\sqrt{x^2-2x}$；　　　　(3) $f(x)=\dfrac{1}{\sqrt{x^2}}$.

19. 设函数 $f(x-1)=x^2-3x+2$，求 $f(x)$，$f(-2)$ 的值.

20. 已知 $f(x)=x^2$,$g(x)=2x-3$. 求 $f[g(x)]$,$g[f(x)]$.

【课堂拓展训练】

一、填空题

1. 若函数 $f(x)=-\pi$,则 $f[f(-1)]=$ _____.

2. 若函数 $f(x)=\sqrt{x^2}$,则 $f(-3)=$ _____,$f(1-\pi)=$ _____.

3. 已知函数 $f(x)=\dfrac{x+1}{x-1}$,则 $f(-x)=$ _____.

4. 已知函数 $f(x)=x-\dfrac{2}{x}$,则 $f(2)$ 与 $f(-2)$ 的乘积为 _____.

5. 若函数 $f(x)=\dfrac{|x|}{x}$,当 $x<0$ 时,$f(x)=$ _____.

6. 某景点出售门票,每张门票售价为 10 元,应付款 y 元是购买门票数 x 张的函数,则其函数关系式可以表示为 _____,其定义域为 _____.

二、解答题

7. 设函数 $f(x)=\dfrac{-x}{\sqrt{x^2-1}}$,求 $f(-\sqrt{2})$ 和 $f\left(\dfrac{3}{2}\right)$ 的值.

8. 已知 $f(x+1)=x^2-3x+2$. 求:(1)$f(3)$;(2)$f(x)$.

9. 求函数 $y=\sqrt{x^2-6x+9}+\dfrac{1}{x-2}$ 的定义域.

10. 若函数 $y=ax^2+bx+c$ 的图像经过点 $O(0,0)$，$A(1,1)$，$B(2,0)$，求 a，b，c 的值.

3.1.2　函数的表示方法

【知识要点预习】

1. 函数的三种表示方法：_____，_____，_____.
2. 自变量 x 的不同取值范围，有着不同的_____，这样的函数称为分段函数.

【知识要点梳理】

一、函数的表示方法：列表法、图像法和解析法三种

1. 用列表法表示函数关系的优点：不需要计算就可以直接看出与自变量的值相对应的函数值.
2. 用图像法表示函数关系的优点：能直观形象地表示出自变量和相应的函数值变化的趋势.
3. 用解析式表示函数关系的优点：一是简明、全面地概括了变量间的关系；二是可以通过解析式求出任意一个自变量的值所对应的函数值.

二、已知函数的解析式，作函数图像的具体步骤

1. 确定函数的定义域；
2. 选取自变量 x 的若干值（一般选取某些代表性的值）计算出它们对应的函数值 y，列出表格；
3. 以表格中 x 值为横坐标，对应的 y 值为纵坐标，在直角坐标系中描出相应的点 (x,y)；
4. 根据题意确定是否将描出的点连接成光滑的曲线.

这种作函数图像的方法叫作描点法.

三、分段函数的定义域及指定的函数值

1. 分段函数的定义域是自变量的各个不同取值范围的并集.

2. 求分段函数的函数值,首先判断自变量所属的范围,然后再把自变量代入相应解析式中进行计算.

【知识盲点提示】

1. 分段函数是一个函数,而不是几个函数.

2. 分段函数的定义域是自变量的各个不同取值范围的并集.

【课堂基础训练】

一、选择题

1. 反比例函数 $y=\dfrac{k}{x}(k\neq 0)$ 的图像是( ).

   A. 直线　　　　　B. 双曲线　　　　　C. 抛物线　　　　　D. 无法确定

2. 下列是函数 $y=3x-3$ 的图像上的点是( ).

   A.（0,3）　　　　B.（1,0）　　　　C.（-1,0）　　　　D.（-2,-3）

3. 函数 $f(x)=\begin{cases}-x, & x\in(-3,0] \\ 1+x^2, & x\in(0,3)\end{cases}$ 的定义域为( ).

   A.（-3,0］　　　B.［0,3）　　　　C.（0,3）　　　　D.（-3,3）

4. 函数 $y=-x^2+1,x\in\{-2,-1,0,1,2\}$ 的图像是( ).

   A. 直线　　　　　B. 双曲线　　　　　C. 抛物线　　　　　D. 五个离散的点

5. 已知某函数 $f(x)$ 的图像经过点（-1,-1）,则它的解析式可能是( ).

   A. $y=-|x|$　　　B. $y=-\dfrac{1}{x}$　　　C. $y=(-x)^2$　　　D. $y=-x$

6. 函数 $f(x)=\sqrt{x-1}$ 的值域为( ).

   A.［1,+∞)　　　B.［0,+∞)　　　C.（0,+∞)　　　D. **R**

7. 下列各点中,在函数 $y=3x^2+x-5$ 的图像上的是( ).

   A.（1,1）　　　　B.（-1,-3）　　　C.（1,-7）　　　　D.（1,7）

8. 已知 $f(x)=\begin{cases}x^2+1, & x\in(-5,0] \\ -x+3, & x\in(0,5)\end{cases}$,则 $f[f(-1)]=$( ).

   A. 1　　　　　　B. -1　　　　　　C. 2　　　　　　D. 5

9. 在函数 $f(x)=\begin{cases}x^3-3, & x\in[0,+\infty) \\ 3x-3, & x\in(-\infty,0)\end{cases}$ 的图像上的点是( ).

   A.（2,3）　　　　B.（-2,3）　　　C.（1,-2）　　　　D.（2,6）

10. 下列命题中错误的是( ).

    A. 函数 $y=x+1$ 的定义域是（-∞,+∞）

    B. 函数 $y=\dfrac{2}{x}$ 的图像位于第一、三象限

C. 正比例函数 $y=kx(k\neq 0)$ 的图像过原点

D. 二次函数 $y=x^2-x+2$ 的图像与 x 轴有两个交点

二、填空题

11. 已知 $f(x)=\begin{cases} x^2-1, & x\in[0,+\infty) \\ 2x+3, & x\in(-\infty,0) \end{cases}$，则 $f[f(0)]=$ _____.

12. 设 $f(x)=\dfrac{x^2-5}{2x}$，则 $f(-2)=$ _____.

13. 若 $f(x)=3x-5$，$g(x)=2x$，则 $f[g(2)]=$ _____.

14. 函数 $f(x)=-\dfrac{2}{x}$ 的值域为 _____.

15. 已知函数 $f(x)$ 的定义域为 $[-1,2)$，则函数 $f(-2x+1)$ 的定义域为 _____.

16. 函数 $f(x)=-3x+1$，$x\in[0,4]$ 的值域为 _____.

三、解答题

17. 画出函数 $f(x)=|x|$ 的图像.

18. 画出函数 $f(x)=\sqrt{x-1}$ 的图像.

19. 已知二次函数 $f(x)=ax^2+bx+c$ 的图像经过点 $(0,2)$，$(-2,2)$，$(1,6)$，求此函数的解析式.

20. 设 $g(x)=\begin{cases} \dfrac{2}{x}, & x\in(-\infty,-1] \\ -2, & x\in(-1,1) \\ 3x-5, & x\in[1,+\infty) \end{cases}$. (1)写出函数的定义域；(2)求 $g(2)$ 的值；(3)作出 $g(x)$ 的图像.

【课堂拓展训练】

一、填空题

1. 函数 $f(x)=\begin{cases} x^2-4, & x\in(-\infty,2] \\ x-3, & x\in(2,+\infty) \end{cases}$，且 $f(a)=5$，则 $a=$ _____ .

2. 已知函数 $f(x-2)=\dfrac{x}{x+1}$，则 $f(x)=$ _____ .

3. 市场上某食品 2 kg 价格为 30 元，则该食品价格 y 元与重量 x kg 之间的函数关系式为 _____ .

4. 某函数 $f(x)$ 用列表法可表示为

x	0	1	2	3
y	-1	0	3	8

则该函数的定义域为 _____ ，值域为 _____ .

5. 若 $f(x)$ 的定义域为 $[1,4]$，则 $f(x+2)$ 的定义域为 _____ .

6. 利用函数 $f(x)=-x+5$ 的图像可以比较大小：$f(-1)$ _____ $f(1)$.

二、解答题

7. 画出函数 $f(x)=\dfrac{1}{x+2}$ 的图像.

8. 文具店搞活动,一套学习用具每套 12 元,王老师预算 100 元买 x 套文具,设剩下的钱数为 y 元,求 y 与 x 的函数解析式,并列表、画图且指出其定义域.

9. 甲骑车从家出门,他离家的路程 s(km)与时间 t(min)的关系如图所示. 写出路程 s 与时间 t 的函数关系式.

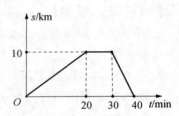

10. 小王同学社会实践打算开网店卖文具,零售价每件 2 元,10 件及 10 件以上按批发价,每件 1.5 元;50 件及 50 件以上可再优惠,每件 1.2 元. 请为小王同学列出他卖出文具件数 x 和收入 y 的函数关系式.

3.1.3 函数的单调性

【知识要点预习】

1. $y=f(x)$ 在给定的区间上,Δx 表示_____,Δy 表示_____.
2. $y=f(x)$ 是增函数的充要条件是_____;$y=f(x)$ 是减函数的充要条件是_____.

【知识要点梳理】

1. 如果在给定的区间 (a,b) 内自变量增大(减小),函数值也随着增大(减小),这时称函数在这个区间 (a,b) 内是增函数.

   如果在给定的区间 (a,b) 内自变量增大(减小)时,函数值也随着减小(增大),这时称函数在这个区间(a,b)内是减函数.

函数$f(x)$在某个区间(a,b)内是增函数或者减函数,就说这个函数在这个区间上具有单调性.这个区间(a,b)叫作函数$f(x)$的单调区间.

2.判断函数在某个区间上是增函数还是减函数的步骤:

(1)取Δx,计算Δy.

(2)计算$k=\dfrac{\Delta y}{\Delta x}$.当$k>0$时,函数$y=f(x)$在这个区间上是增函数;当$k<0$时,函数$y=f(x)$在这个区间上是增函数.

【知识盲点提示】

1.由函数图像判断单调性时,图像在区间(a,b)内自左至右呈上升趋势的是增函数,呈下降趋势的是减函数.

2.函数单调性体现了函数值随自变量的变化趋势,是区间上的性质,因此在研究函数的单调性时必须说明它的单调区间.

【课堂基础训练】

一、选择题

1.函数$y=\dfrac{3}{x}$的单调减区间为(   ).

  A.$(0,+\infty)$ B.$(-\infty,0)\cup(0,+\infty)$

  C.$(-\infty,0)$ D.$(-\infty,0),(0,+\infty)$

2.函数$y=x(x-1)$的增区间为(   ).

  A.$\left(-\infty,\dfrac{1}{2}\right)$ B.$\left(\dfrac{1}{2},+\infty\right)$ C.$\left(-\infty,-\dfrac{1}{2}\right)$ D.$\left(-\dfrac{1}{2},+\infty\right)$

3.函数$f(x)=\begin{cases}x^2-3, & x\in(-\infty,0] \\ x-3, & x\in(0,+\infty)\end{cases}$在区间$(-5,-2)$内是(   ).

  A.增函数   B.减函数

  C.增函数或减函数   D.无法确定

4.下列函数中,在$(0,+\infty)$内不是增函数的是(   ).

  A.$y=x^2$ B.$y=-\dfrac{1}{x}$ C.$y=2x$ D.$y=-\dfrac{1}{2}x$

5.已知函数$y=f(x)$在$[-3,2)$内为减函数,则一定有(   ).

  A.$f(-1)<f(1)$ B.$f(-1)=f(1)$

  C.$f(-1)>f(1)$ D.不能确定

6.下列函数中在定义域上为减函数的是(   ).

  A.$y=3x^2$ B.$y=-2x$ C.$y=\dfrac{2}{3}x$ D.$y=\dfrac{1}{x}$

7. 图所示为函数 $y=f(x)$ 的图像，则下列结论中正确的是（　　）．

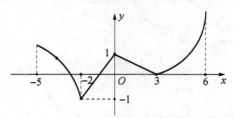

　　A. 函数 $f(x)$ 在区间 $(-2,0)\cup(3,6)$ 内为增函数
　　B. 函数 $f(x)$ 在 $(-5,6)$ 内既是增函数又是减函数
　　C. 函数 $f(x)$ 的增区间为 $(-2,0)$ 和 $(3,6)$
　　D. 函数的最大值为 1，最小值为 -1

8. 若函数 $f(x)=-\dfrac{2}{x}$ 在区间 $(1,3)$ 内是（　　）．

　　A. 增函数　　　　　　　　　　B. 减函数
　　C. 增函数或减函数　　　　　　D. 无法确定

9. 若函数 $f(x)$ 在 $(-2,6)$ 内是增函数，则有（　　）．
　　A. $f(0)<f(3)$　　　　　　　　B. $f(0)>f(3)$
　　C. $f(0)=f(3)$　　　　　　　　D. 不能确定

10. 函数 $f(x)=|x|$ 在区间 $(-\infty,0]$ 上为（　　）．
　　A. 增函数　　　B. 减函数　　　C. 常函数　　　D. 无法确定

二、填空题

11. 函数 $y=2x^2+3$ 的增区间为_____．

12. 函数 $f(x)=-x^2-2$ 在区间 $(0,+\infty)$ 内是_____函数（填"增"或"减"）．

13. 已知函数 $y=-x+3$ 的图像可以判断大小：$f(0)$_____$f(-1)$．

14. 函数 $f(x)=(\sqrt{x})^2$ 在定义域内为单调_____函数．（填"增"或"减"）

15. 已知函数 $f(x)$ 在区间 $(-\infty,1]$ 上为增函数，则 $f\left(-\dfrac{3}{2}\right)$_____$f(-\sqrt{2})$．

16. 函数 $f(x)=2x^2-(m+1)x-3$ 在 $(2,+\infty)$ 内是增函数，则 m 的取值范围是_____．

三、解答题

17. 证明：$f(x)=3x^2-2x$ 在 $\left(-\infty,\dfrac{1}{3}\right)$ 内为减函数．

18. 求函数 $f(x)=x+\dfrac{1}{x}$ 在 $(0,1)$ 内的单调性.

19. 二次函数 $f(x)=x^2+2(a-1)x-1$ 在 $(-\infty,2)$ 内为增函数,在 $(2,+\infty)$ 内为减函数,求 a 的值.

20. 二次函数 $f(x)=-x^2+2(a-1)x-1$ 在 $(-\infty,2)$ 内为增函数,求 a 的范围.

【课堂拓展训练】

一、填空题

1. 函数 $f(x)=-\dfrac{1}{x}$ 的单调增区间是_____.

2. 函数 $f(x)=1-x^2$ 的单调减区间为_____.

3. 若反比例函数 $y=\dfrac{k}{x}$ 在 $(-\infty,0)$ 内是增函数,则 k 的取值范围是_____.

4. 若函数 $f(x)=m-mx$ 的图像经过点 $(0,5)$,则函数 $f(x)$ 在定义域内为_____函数.(填"增"或"减")

5. 已知 $f(x)$ 是定义在 $(0,+\infty)$ 内的单调递增函数,且满足 $f(3x-2)\geqslant f(1)$,则实数 x 的取值范围是_____.

6. 图中函数 $f(x)$ 的单调增区间为_____.

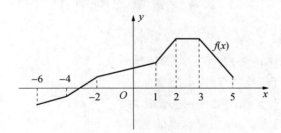

二、解答题

7. 判断函数 $f(x)=(x-2)^2+1$ 在区间 $(-\infty,2)$ 内的单调性.

8. 判断函数 $f(x)=\dfrac{1}{1-x}$ 在区间 $(1,+\infty)$ 内的单调性.

9. 若函数 $f(x)=ax^2-2(a-1)$ 在区间 $(3,+\infty)$ 内为减函数,求实数 a 的取值范围.

10. 函数 $f(x)$ 在 $(-\infty,0)$ 内是增函数且 $f(-x^2)>f(4x-5)$,求 x 的取值范围.

3.1.4 函数的奇偶性

【知识要点预习】

1. 一般地，设点 $P(a,b)$ 为平面内的任意一点，则
   (1) 点 $P(a,b)$ 关于 x 轴的对称点的坐标为 _____．
   (2) 点 $P(a,b)$ 关于 y 轴的对称点的坐标为 _____．
   (3) 点 $P(a,b)$ 关于原点 O 的对称点的坐标为 _____．
2. 一个函数是奇函数的充要条件是 _____，它的图像是以 _____ 为 _____ 的 _____ 图形．
3. 一个函数是偶函数的充要条件是 _____，它的图像是以 _____ 为 _____ 的 _____ 图形．

【知识要点梳理】

一、设函数的定义域为数集 A

1. 如果对于任意的 $x \in A$，都有 $-x \in A$，并且 $f(-x) = f(x)$，那么函数 $f(x)$ 叫作偶函数，其图像关于 y 轴对称．
2. 如果对于任意的 $x \in A$，都有 $-x \in A$，并且 $f(-x) = -f(x)$，那么函数 $f(x)$ 叫作奇函数，其图像关于原点 O 对称．

如果一个函数是奇函数或偶函数，那么就说这个函数具有奇偶性．不具有奇偶性的函数叫作非奇非偶函数．

二、判断一个函数是否具有奇偶性的基本步骤

1. 求出函数的定义域，并判断定义域是否关于原点对称，即当 $x \in A$ 时，$-x \in A$ 是否成立．
2. 当第(1)步不成立时，函数既不是奇函数也不是偶函数．

当第(1)步成立时，对于任意一个 $x \in A$，
若 $f(-x) = -f(x)$，则函数 $f(x)$ 是奇函数；
若 $f(-x) = f(x)$，则函数是偶函数；
若 $f(-x) \neq f(x)$，且 $f(-x) \neq -f(x)$，则函数既不是奇函数也不是偶函数．

【知识盲点提示】

1. 函数的定义域关于原点对称是函数具有奇偶性的前提条件．若定义域不关于原点对称，则函数既不是奇函数也不是偶函数．
2. 由 $f(-x) = -f(x)$ 可得 $f(-x) + f(x) = 0$．因此在定义域关于原点对称的条件下，若 $f(-x) + f(x) = 0$ 也可以判断函数是奇函数．

【课堂基础训练】

一、选择题

1. 点 $(-a, b)$ 关于 x 轴的对称点的坐标为（　　）．

A. (a, b) B. $(a, -b)$ C. $(-a, -b)$ D. $(-b, a)$

2. 点 $(3, -1)$ 关于 y 轴的对称点的坐标为(   ).

   A. $(3, 1)$ B. $(3, -1)$ C. $(-3, -1)$ D. $(-3, 1)$

3. 下列函数中是偶函数的是(   ).

   A. $y = -2x^2 - 1, x \in [-2, 0]$ B. $y = \pi, x \in [-2, 2)$

   C. $y = x - 1, x \in \mathbf{R}$ D. $y = x^2, x \in (-3, 3)$

4. 下列函数中既是奇函数又是增函数的是(   ).

   A. $y = x$ B. $y = -\dfrac{1}{x}$ C. $y = x^2$ D. $y = -0.5x$

5. 如果奇函数在区间 $(-3, -1)$ 内是增函数,且最小值为 -5,那么 $f(x)$ 在区间 $(1, 3)$ 内是(   ).

   A. 增函数且最大值为 5   B. 减函数且最大值为 5

   C. 增函数且最小值为 5   D. 减函数且最小值为 5

6. 下列函数中不是奇函数的是(   ).

   A. $y = x$ B. $y = x^2 + x$ C. $y = \dfrac{1}{x}$ D. $y = x^3 - x$

7. 已知函数 $f(x) = (k+1)x^3 - (k^2-1)x + 1$ 为偶函数,则 k 的值为(   ).

   A. 1   B. -1 C. ± 1 D. 4

8. 下列说法中正确的是(   ).

   A. 偶函数图像一定与 y 轴相交

   B. 奇函数图像一定过原点

   C. 函数图像关于原点对称,那么此函数就是奇函数

   D. 既是奇函数又是偶函数的函数不存在

9. 若函数 $f(x) = -x^2 - bx + c$ 对任意实数 t 都有 $f(-1+t) = f(-1-t)$ 成立,则(   ).

   A. $f(2) < f(0) < f(-1)$ B. $f(0) < f(2) < f(-1)$

   C. $f(-1) < f(0) < f(2)$ D. $f(0) < f(-1) < f(2)$

10. 已知定义在 $\mathbf{R}$ 上的偶函数 $f(x)$ 在 $[0, +\infty)$ 内是增函数且 $f(1) = 0$,则不等式 $f(x) > 0$ 的解集为(   ).

    A. $(-\infty, 1)$ B. $(-1, +\infty)$

    C. $(-1, 1)$ D. $(-\infty, -1) \cup (1, +\infty)$

二、填空题

11. 点 $(2, 3)$ 关于坐标原点对称的点的坐标为_____.

12. 偶函数的图像关于_____对称,奇函数的图像关于_____对称.

13. 设 $f(x)$ 是奇函数,且 $f(-1) = -4$,则 $f(1) =$ _____.

14. 设函数 $f(x)$ 为奇函数,且 $f(0)$ 存在,则 $f(0) =$ _____.

15. 下列函数中既不是奇函数又不是偶函数的是_____.(填序号). ① $y = \sqrt{x^2 + 1}$;

② $y=\dfrac{|x|}{x^3}$；③ $y=x^2+3x-4$；④ $y=\dfrac{1}{x-1}$；⑤ $f(x)=0$.

16. 已知偶函数 $f(x)$ 在 $(-\infty,-1)$ 内是增函数，则 $f\left(\dfrac{5}{2}\right)$，$f(-2)$，$f(-3)$ 按从小到大的顺序排列为_____．

三、解答题

17. 判断函数 $f(x)=x^3-\dfrac{3}{x}$ 的奇偶性．

18. 判断函数 $f(x)=\dfrac{2x}{1+3x^2}$ 的奇偶性．

19. 已知偶函数 $f(x)$ 为在 y 轴左边的一部分图像，根据偶函数的性质，画出它在 y 轴右边的图像．

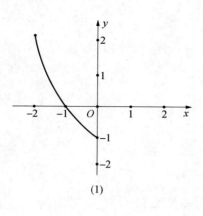

(1)

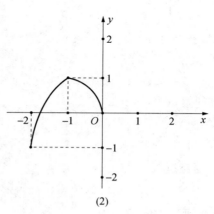

(2)

20. 若 $f(x)$ 为偶函数, 当 $x<0$ 时, $f(x)=3x-\dfrac{1}{x^2}$, 求 $x>0$ 时, $f(x)$ 的解析式.

【课堂拓展训练】

一、填空题

1. 已知函数 $f(x)=ax^3-bx+2$, 且 $f(-3)=17$, 则 $f(3)=$ _____.

2. 函数 $f(x)=\dfrac{1}{x-1}$ 的定义域为 _____, 由此可知函数的奇偶性是 _____.

3. 若关于 x 的函数 $f(x)=mx^2-(m+1)x+2$ 是偶函数, 则该函数在区间 _____ 内是增函数.

4. 偶函数 $f(x)$ 在区间 $[0, 5]$ 上单调递增, 则 $f(-\sqrt{2})$ 与 $f(1)$ 的大小关系是 _____.

5. 已知函数 $f(x)$ 是奇函数, $g(x)$ 是偶函数, 它们有共同的定义域, 且 $f(x)\neq 0$, $g(x)\neq 0$, 则 $\dfrac{f(x)}{g(x)}$ 的奇偶性为 _____.

6. 若定义域在 $[m+3, 7]$ 上的函数 $f(x)$ 为偶函数, 则 $m=$ _____.

二、解答题

7. 判断函数 $f(x)=-\sqrt{1-x^2}$ 的奇偶性.

8. 已知 $f(x)=(m^2-1)x^2+(m-1)x+(n+2)$ 为奇函数, 求 mn 的值.

9. 已知函数 $g(x)=x+f(x)$，且 $f(x)$ 为奇函数，$g(2)=8$，求 $g(-2)$ 的值.

10. 已知 $y=f(x)$ 是奇函数，且 $x\geqslant 0$ 时，$f(x)=2x-x^2$，求当 $x<0$ 时，$f(x)$ 的解析式.

3.2 一次函数和二次函数

【学习目标导航】
1. 掌握一次函数图像与性质，能灵活运用一次函数的知识解决一些简单的实际问题.
2. 掌握二次函数图像与性质，能灵活运用二次函数的知识解决一些简单的实际问题.

3.2.1 一次函数模型

【知识要点预习】
1. 正比例函数 $y=kx$ 的图像是一条_____的直线，是_____函数（填"奇"或"偶"）.
2. 一次函数的解析式为_____.

【知识要点梳理】
1. 一次函数的解析式为 $y=kx+b(k\neq 0)$，其图像是由 $y=kx(k\neq 0)$ 的图像沿 y 轴方向平移 $|b|$ 个单位得到的. 当 $b>0$ 时，沿 y 轴正方向平移 b 个单位；当 $b<0$ 时，沿 y 轴负方向平移 $-b$ 个单位.
2. 当 $k>0$ 时，一次函数是增函数；当 $k<0$ 时，一次函数是减函数.

【知识盲点提示】
1. 函数 $y=kx+b(k\neq 0)$，当 $b=0$ 时，函数是奇函数.
2. 函数 $y=kx+b$，当 $k=0$ 时，函数是偶函数.

【课堂基础训练】

一、选择题

1. 正比例函数的图像一定过点( ).
   A. $(1, 1)$ B. $(1, -1)$ C. $(1, 0)$ D. $(0, 0)$

2. 函数 $f(x)=kx+b$ 在定义域上是增函数,下列说法中正确的是( ).
   A. $k>0$ B. $k<0$ C. $b>0$ D. $b<0$

3. 在函数 $y=-7x+2$ 的图像上的点是( ).
   A. $(2, -16)$ B. $(-2, -16)$ C. $(2, -12)$ D. $(-2, 12)$

4. 一次函数 $f(x)=3x-2$ 不经过第( )象限.
   A. 一   B. 二   C. 三   D. 四

5. 函数 $f(x)=-2x+11$, $x\in[-2, 3)$ 的值域为( ).
   A. $[7, 17]$ B. $[5, 15]$ C. $(7, 17]$ D. $(5, 15]$

6. 函数 $f(x)=2x$ 可以由函数 $f(x)=2x-4$( )得到.
   A. 向上平移 4 个单位长度   B. 向下平移 4 个单位长度
   C. 向左平移 4 个单位长度   D. 向右平移 4 个单位长度

7. 已知函数 $f(x)=2x+3$ 经过点 (x_1, y_1),(x_2, y_2),则( ).
   A. $\Delta y>0$ B. $\Delta y=2\Delta x$ C. $\Delta y<0$ D. $\Delta x=2\Delta y$

8. 已知 y 与 $x+1$ 成正比例,且 $x=2$ 时,$y=-6$,则 $x=-2$ 时,$y=$( ).
   A. 2   B. -2 C. 4   D. -4

9. 关于函数 $f(x)=kx+b$ 下列说法中不正确的是( ).
   A. 当 $k=0$ 时,此函数是偶函数
   B. 当 $b>0$ 时,此函数的图像必不经过第四象限
   C. 当 $b=0$ 时,此函数是奇函数
   D. 当 $k>0$ 时,此函数的图像必经过第一、三象限

10. 函数 $f(x)=kx+b$ 的图像在 **R** 上是减函数,且与 y 轴的交点的纵坐标为 -2,则该函数可能是( ).
    A. $y=x-2$ B. $y=-x-2$ C. $y=-2x+4$ D. $y=2x-4$

二、填空题

11. 一次函数的图像经过点 $(1, 1)$ 和 $(0, -3)$,则其解析式为_____.

12. 一次函数 $y=kx+b(k\neq 0)$ 为奇函数的充要条件是_____.

13. 已知 $f(x)=2x-5$,则 $f(-1)=$_____,$f(3)=$_____.

14. 已知函数 $f(x-2)=3x+1$,则 $f(-3)=$_____.

15. 若函数 $f(x)=kx+b$ 满足 $f(1)=2$,$f(-1)=-1$,则 $f(3)=$_____.

16. 已知 $f(x)=-\dfrac{1}{2}x-b$,则 $f(2)$_____$f(-3)$.

三、解答题

17. 已知一次函数 $f(x)$ 经过点 $(-1, 2)$，$(0, 6)$，求 $f(x)$ 的解析式．

18. 求直线 $y = 3x - 2$ 和 $y = x + 4$ 的交点坐标 P．

19. 已知一次函数 $f(x)$ 满足 $2f(1) + f(-1) = 3$，$f(0) + 3f(1) = -1$，求 $f(x)$ 的解析式．

20. 求函数 $f(x) = 2x + 6$ 图像与 x 轴和 y 轴围成的三角形的面积．

【课堂拓展训练】

一、填空题

1. 若一次函数 $f(x) = kx + b$ 的图像过点 $(-1, -5)$ 和 $(1, 1)$，则该函数解析式为 _____．

2. 点 $(2, -1)$ 关于直线 $y = x$ 的对称点为 _____．

3. 图像过点 $A(2, 1)$ 关于 x 轴的对称点和原点的函数解析式为 _____．

4. 已知一次函数 $f(x)=(m^2-1)x+(m^2-3m-4)$ 是奇函数，则 $m=$ _____.

5. 由函数 $y=kx+b$ 的图像可知 $f(2)>f(-1)>0$，则 k ____ 0，b ____ 0.

6. 一次函数 $y=-2x+5$ 的图像与坐标轴形成的三角形的面积为 _____.

二、解答题

7. 已知一次函数的图像经过点 $(3,-1)$ 与 $(-2,-6)$，求其解析式.

8. 已知 $f(x)$ 是一次函数，且 $f[f(x)]=25x-12$，求 $f(x)$ 的解析式.

9. 已知一次函数 $f(x)$ 满足 $3f(x+1)-2f(x-1)=2x+17$，求 $f(x)$ 的解析式.

10. 一次函数 $y=(2m+1)x+b$ 在 **R** 上是增函数，其图像与反比例函数 $y=\dfrac{m}{x}$ 的图像交于点 $(1,4)$，求一次函数与反比例函数.

3.2.2 二次函数模型

【知识要点预习】

1. 二次函数的一般解析式为_____.
2. 二次函数解析式的顶点式为_____.

【知识要点梳理】

二次函数解析式的一般形式为 $f(x)=ax^2+bx+c(a\neq 0)$，其图像与性质如下：

1. 二次函数的图像是一条抛物线，当 $a>0$ 时，抛物线的开口向上；当 $a<0$ 时，抛物线的开口向下．

2. 抛物线的对称轴是一条过顶点且垂直于 x 轴的直线 $x=-\dfrac{b}{2a}$．

3. 二次函数解析式通过配方可化为顶点形式：$f(x)=a\left(x+\dfrac{b}{2a}\right)^2+\dfrac{4ac-b^2}{4a}(a\neq 0)$，顶点坐标为 $\left(-\dfrac{b}{2a},\dfrac{4ac-b^2}{4a}\right)$，简记为 $f(x)=a(x+h)^2+k(a\neq 0)$，顶点坐标为 $(-h,k)$，其中 $h=\dfrac{b}{2a}$，$k=\dfrac{4ac-b^2}{4a}$，抛物线的对称轴是直线 $x=-h$．

4. 当 $a>0$ 时，函数在 $x=-h$ 处取得最小值 k；在区间 $(-\infty,-h]$ 上是减函数，在区间 $[-h,+\infty)$ 内是增函数；

当 $a<0$ 时，函数在 $x=-h$ 处取得最大值 k；在区间 $(-\infty,-h]$ 上是增函数，在区间 $[-h,+\infty)$ 内是减函数．

【知识盲点提示】

1. 设函数 $f(x)=ax^2+bx+c(a\neq 0)$，当 $b=0$ 时，函数的对称轴为 $x=0$ 即 y 轴，因此 $f(x)$ 是偶函数．

2. 求二次函数的值域要先判断二次项系数的正负．当 $a>0$ 时，有最小值，值域为 $\left[\dfrac{4ac-b^2}{4a},+\infty\right)$；当 $a<0$ 时，有最大值，值域为 $\left(-\infty,\dfrac{4ac-b^2}{4a}\right]$．

【课堂基础训练】

一、选择题

1. 函数 $y=x^2-6x-1$（   ）．
   A. 在 $(-\infty,3)$ 内是减函数 B. 在 $(-\infty,6)$ 内是减函数
   C. 在 $(3,+\infty)$ 内是减函数 D. 在 $(-\infty,+\infty)$ 内是减函数

2. 已知函数 $y=x^2+mx+4$ 在区间 $(3,+\infty)$ 内是增函数，在区间 $(-\infty,3)$ 内是减函数，则 $m=$（   ）．
   A. -6 B. 3   C. 6   D. 不能确定

3. 关于二次函数 $y=2(x+1)^2-1$ 下列描述中正确的是( ).
   A. 顶点坐标为 $(1,1)$，最大值为 1
   B. 顶点坐标为 $(1,-1)$，最小值为 -1
   C. 顶点坐标为 $(-1,1)$，最大值为 1
   D. 顶点坐标为 $(-1,-1)$，最小值为 -1

4. 抛物线 $y=2x^2-x-1$ 与 x 轴交点的个数是( ).
   A. 0   B. 1   C. 2   D. 不能确定

5. 函数 $y=x^2+2x-3$ 满足( ).
   A. 顶点坐标为 $(-1,-4)$，且在 $(-\infty,-1]$ 上递增
   B. 顶点坐标为 $(-1,-4)$，且在 $(-\infty,-1]$ 上递减
   C. 有最大值 -4，且在 $[-1,+\infty)$ 内递增
   D. 有最大值 -4，且图像关于 $x=-1$ 对称

6. 若一次函数 $f(x)=ax+b$ 为减函数，则函数 $f(x)=ax^2+b$ 在 $(-\infty,0]$ 上为( ).
   A. 增函数   B. 减函数
   C. 增函数或减函数   D. 无法确定

7. 若函数 $y=\sqrt{kx^2-6x+k+8}$ 的定义域为一切实数，则 k 的取值范围是( ).
   A. $\{k\mid k\geqslant 1$ 或 $k\leqslant -9\}$ B. $\{k\mid k\geqslant 1\}$
   C. $\{k\mid -9\leqslant k\leqslant 1\}$ D. $\{k\mid 0<k\leqslant 1\}$

8. 函数 $y=2-x-2x^2$ 的最大值是( ).
   A. $\dfrac{17}{8}$ B. $-\dfrac{17}{8}$ C. $-\dfrac{15}{8}$ D. $\dfrac{15}{8}$

9. 已知一次函数 $y=kx+b$ 的图像关于原点对称，则二次函数 $y=ax^2+bx+c$ 的图像关于( )对称.
   A. x 轴   B. y 轴   C. 直线 $y=x$ D. 原点

10. 已知二次函数 $y=ax^2-4x-2$ 有最大值 -1，则常数 a 的值为( ).
    A. -4 B. -2 C. -1 D. 4

二、填空题

11. 二次函数 $f(x)=ax^2+bx+c(a\neq 0)$ 为偶函数的充要条件是_____.

12. 若 $f(x)=mx^2+(m+2)x-1$ 是偶函数，则 $f(x)$ 的图像开口向_____.

13. 函数 $y=x^2-2x+5$，$x\in[0,2]$ 的值域为_____.

14. 二次函数图像的顶点为 $(-2,1)$，且过点 $(0,-1)$，则此函数解析式为_____.

15. 若函数 $f(x)=x^2-2(a-1)x+1$ 在 $(-\infty,3)$ 内是减函数，则实数 a 的取值范围是_____.

16. 如果二次函数 $f(x)=x^2+2mx+n$ 满足 $f(-2+x)=f(-2-x)$，$x\in \mathbf{R}$，且其图像经过点 $(0,1)$，则该函数解析式为_____.

三、解答题

17. 若二次函数 $f(x)$ 在 $x=-1,0,1$ 处的函数值分别为 $7,-1,-3$,求 $f(x)$ 解析式.

18. 若二次函数 $f(x)$ 图像顶点坐标为 $(1,2)$ 并且过点 $M(3,-4)$,求 $f(x)$ 的解析式.

19. 小王要用 48 m 长的篱笆靠墙围成一个如图所示的矩形养鸡场,问:与墙平行的一边长为多少时,养鸡场的面积最大?最大面积为多少?

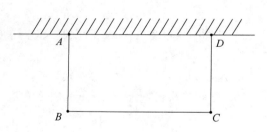

20. 已知二次函数 $f(x)=mx^2-2mx+1$ 在区间 $[-1,3]$ 上的最大值是 2,求 m 的值.

【课堂拓展训练】

一、填空题

1. 函数 $y=\sqrt{-x^2+2x-1}$ 的定义域是 _____.

2. 函数 $y=\sqrt{-x^2+4x+5}$ 的值域为 _____.

3. 二次函数满足 $f(-3+x)=f(-3-x)$ 且 $f(x)=0$ 有两个实数根 x_1,x_2,则 $x_1+x_2=$ _____.

4. 二次函数 $y=-x^2+2x+m$ 的图像的顶点在 x 轴上,则 $m=$ _____.

5. 已知定义域为 **R** 的二次函数 $f(x)$ 在区间 $(-\infty,5)$ 内单调递减,且对任意实数 t,都有 $f(5+t)=f(5-t)$,那么 $f(-1)$,$f(9)$,$f(13)$ 按照从小到大的顺序排列为 _____.

6. 二次函数 $y=-x^2-3x+4$ 和 x 轴、y 轴的交点连接成的三角形的面积为 _____.

二、解答题

7. 已知二次函数 $f(x)$ 的图像交 x 轴于点 $(2,0)$ 和点 $(5,0)$,且抛物线经过点 $(1,4)$,求 $f(x)$ 的解析式.

8. 已知二次函数 $f(x)=x^2+bx+c$,当 $x=-1$ 时,函数有最小值 $y=-2$,求 $f(x)$ 的解析式.

9. 二次函数 $f(x)=ax^2-4x+a-3$ 对任何 x 值总有 $f(x)$ 为负值,求实数 a 的取值范围.

10. 二次函数 $f(x)$ 的图像与 x 轴两个交点间的距离为 6，对称轴为 $x=1$，且过点 $(-1,5)$，求 $f(x)$ 的值域.

3.3 函数的应用

【学习目标导航】

1. 初步掌握建立函数模型（函数关系式）的一般方法．会运用常见的函数模型来求解一些简单的实际问题．

2. 学习建立实际问题的函数模型，培养提高分析问题与解决问题的能力．

【知识要点预习】

1. 一次函数模型为_____．

2. 二次函数模型为_____．

3. 分段函数模型为_____．

【知识要点梳理】

建立函数模型求解实际问题的方法与步骤：

1. 理解题意：认真审题，准确理解题意，熟悉问题的实际背景，弄清问题中已知的是什么，要解决的是什么．

2. 建立函数模型：引进数学符号，用数学式子来表达问题中各个变量之间的相互关系，将实际问题转化为数学问题，即建立问题的函数模型．

3. 计算变量的取值范围．

4. 求解函数模型：运用所学知识求出结果，并进行检验，得到符合问题的实际意义的解．

【知识盲点提示】

注意定义域的取值范围，必须符合实际意义．

【课堂基础训练】

一、选择题

1. 某种商品每件价值 10.5 元，买 x 件需付款 $y=10.5x$ 元，则这个函数的定义域为（　　）．

A. **R**   B. **Z**   C. **N***   D. **N**

2. 某种商品减价 20% 后销售趋旺，若想恢复原价，应提价（   ）．

    A. 20%   B. 25%   C. 30%   D. 40%

3. 将 10 000 元现金以活期储蓄的方式存入银行，若年利率为 0.03%，则存款 5 年的本利和（按单利计算）是（   ）元．

    A. 10 015   B. 10 150   C. 10 180   D. 11 500

4. 若矩形的长比宽多 5 m，则矩形的面积 y（m²）与长 x（m）的关系式是（   ）．

    A. $y=5x$ B. $y=x(x+5)$

    C. $y=x(x-5)$ D. $y=x^2$

5. 挖一个长为 a m，宽为 b m 的长方形水池，四周留有宽 1 m 的道路，则总占地 y 为（   ）．

    A. $(a+2)b\,\text{m}^2$ B. $a(b+2)\,\text{m}^2$

    C. $(a+2)(b+2)\,\text{m}^2$ D. $(ab+2^2)\,\text{m}^2$

6. 周长为 100 cm 的矩形，当矩形的面积最大时，矩形的长 x 为（   ）cm．

    A. 20   B. 25   C. 40   D. 50

7. 正方形的边长是 a，若边长增加 x，面积增加 y，则 y 与 x 的函数关系式为（   ）．

    A. $y=x^2+2ax\ (x\geqslant 0)$ B. $y=(x+a)^2\ (x\geqslant 0)$

    C. $y=x^2\ (x\geqslant 0)$ D. $y=x^2+2ax\ (0\leqslant x<a)$

8. 某市出租车收费如下：4 km 以内（包括 4 km）起步价为 7 元，每超过 1 km 加 3 元．则某人乘车 x km 与乘车费用 y 元的关系为（   ）．

    A. $y=3x-5\ (x>0)$ B. $y=\begin{cases}7, & 0<x\leqslant 4\\ 3x+5, & x>4\end{cases}$

    C. $y=\begin{cases}7, & 0<x<4\\ 3x+5, & x\geqslant 4\end{cases}$ D. $y=\begin{cases}7, & 0<x\leqslant 4\\ 3x-5, & x>4\end{cases}$

9. 已知小明家里和城市图书馆相距 50 km，小明骑电瓶车以 40 km/h 匀速从家里出发去图书馆，到达图书馆后，看了一小时书，再以 25 km/h 匀速返回家里，电瓶车从家里出发时刻 x(h) 记为 0，在电瓶车从家里出发返回家里这段时间内，该电瓶车距离家里的距离 y(km) 表示成时间 x(h) 的函数为（   ）．

    A. $y=\begin{cases}40x, & 0\leqslant x\leqslant 1.25\\ 25x, & x>1.25\end{cases}$

    B. $y=\begin{cases}40x, & 0\leqslant x\leqslant 1.25\\ 50-25x, & x>1.25\end{cases}$

    C. $y=\begin{cases}40x, & 0\leqslant x\leqslant 1.25\\ 50, & 1.25<x\leqslant 2.25\\ 50-25(x-2.25), & 2.25<x\leqslant 4.25\end{cases}$

    D. $y=\begin{cases}40x, & 0\leqslant x\leqslant 1.25\\ 50, & 1.25<x\leqslant 2.25\\ 25x, & 2.25<x\leqslant 4.25\end{cases}$

10. 小亮每天从家去学校上学行走的路为 900 m，某天他从家去学校上学时以 30 m/min 的速度行走了 450 m，为了不迟到他加快了速度，以 45 m/min 的速度行走完剩下的路程，那么小亮行走过的路 s(m) 与他行走的时间 t(min) 之间的函数关系用图像表示正确的是（　　）．

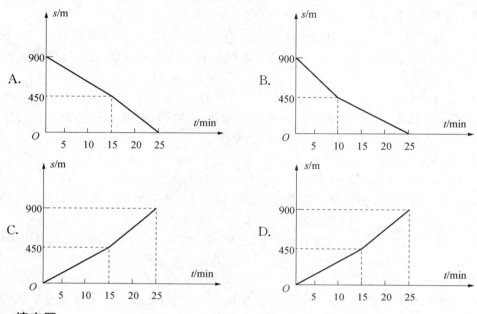

二、填空题

11. 每瓶饮料的单价为 2.5 元，用解析法表示应付款 y 和购买饮料瓶数 x 之间的函数关系式为＿＿＿＿＿＿．

12. 长方形的面积为 20 cm，则它的长 y(cm) 和宽 x(cm) 之间的函数关系式是＿＿＿＿＿＿．

13. 长为 20 cm 的钢条围成一个长方体的框架，且长方体底面的长是宽的 3 倍，则此长方体的体积 y 与底面的宽 x 的函数关系式是＿＿＿＿＿＿．

14. 某种材料要支付固定的手续费 50 元，设这种原料的价格为 20 元/kg，请写出采购费 y(元) 与采购量 x(kg) 之间的函数解析式＿＿＿＿＿＿．

15. 以半径为 R 的半圆上任一点 P 为顶点，以直径 AB 为底边的△PAB 的面积 S 与高 PD＝x 的函数关系是＿＿＿＿＿＿．

16. 灌溉渠的横断面是等腰梯形，底宽 2 m，边坡的倾斜角为 45°，水深 h m，则横断面中有水面积 y m² 与水深 h 的函数关系为＿＿＿＿＿＿．

三、解答题

17. 用长 6 m 的铝材做一个日字形窗框，试问：高和宽各为多少米时，窗户的透光面积最大？最大面积是多少？

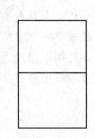

18. 某广告公司设计一块周长为 8 m 的矩形广告牌，广告设计费为每平方米 1 000 元，设矩形一边长为 x m，面积为 s m².

(1) 求 s 与 x 的函数关系式及 P 的取值范围.

(2) 为使广告牌费用最多，广告牌的长和宽分别为多少米？求此时的广告费.

19. 某玩具每件成本 10 元，每件产品的单价 x(元)与产品的日销量 y(件)之间的关系如下表所示：

x/元	15	20	30	…
y/件	25	20	10	…

若日销量是单价的一次函数：

(1) 求出日销量 y 与单价 x 之间的函数关系式；

(2) 若使日销售利润最大，每件产品的单价应定为多少元？此时，日最大利润为多少？

20. 为了鼓励居民节约用电，我市采用阶梯电价的计费方法，每月的收费标准如下：第一档：月用电量不超过 180 度时，按 0.52 元/度收费；第二档：月用电量超过 180 度但不超过 280 度时，其中的 180 度按 0.52 元/度收费，超过部分按 0.57 元/度收费；第三档：月用电量超过 280 度时，其中的 280 度按第二档收费，超过 280 度的部分按 0.82 元/度收费，设用户月用电量为 x 度，应交电费为 y 元.

(1) 求 y 与 x 的函数表达式；

(2) 小明家 3 月份用电量 150 度，应交电费多少元？

(3) 小明家 7 月份缴电费 105 元，求这个月的用电量.

【课堂拓展训练】

一、填空题

1. 某产品的总成本 y 元与产量 x 件之间的函数关系式为 $y=3+2.25x-x^2$，若每件产品销售价格为 0.25 元，则销售收入不低于总成本的最低产量为 _____ 台.

2. 一种商品，如果单价不变，购买 4 件商品需付 60 元，写出这种商品件数 x 和总价值 y 之间的函数关系式 _____.

3. 某城市固定电话市内通话的收费标准如下：每次通话 3 min 以内，每分钟收费 0.25 元；超过 3 min 后，每分钟（不足 1 min 按 1 min 计算）收费 0.15 元. 如果一用户通话时间为 7.2 min，那么应付费 _____ 元.

4. 长度为 30 的材料围成一个矩形场地，中间有 3 道相同材料的隔墙，要使矩形的面积最大，则隔墙的长度为 _____.

5. 已知等腰三角形的周长是 30，底边长 y 与腰长 x 的函数关系式为 _____.

6. 建造一个溶剂为 8 m³，深为 2 m 的水池，形状为长方体且无盖，若池底和池壁的造价每平方米分别为 120 元和 80 元，则水池的造价 y(元)与水池的长 x(m)间的函数关系式为 _____.

二、解答题

7. 康辉旅行社为某旅游团包飞机去旅游，其中旅行社的包机费为 15 000 元，旅游团中每人的飞机票按以下方式与旅行团结算：若旅游团的人数不超过 30 人，则飞机票每张收费 900 元；若旅游团的人数多于 30 人，则给予每多 1 人，每张机票减少 10 元的优惠，但旅游团最多 75 人.

(1)求出每张飞机票收费 y 与旅游团人数 x 之间的函数关系式；

(2)设旅行社可获得的利润为 S，则旅游团人数为多少时，旅行社可获得的利润最大？最大利润为多少？

8. 某企业根据以往对某产品的生产和销售经验得到下面的统计规律：每生产产品 x（百台），其销售利润为 $f(x)=\begin{cases}-0.4x^2+3.2x-2.8, & 0\leqslant x\leqslant 5\\ 8.2-x, & x>5\end{cases}$ 万元，

(1)要使企业有盈利，产量应控制在什么范围？

(2)问：产量为多少时企业盈利最大？最大盈利是多少？

9. 某景区某旅游客船租赁公司有小型客舱 40 只，经过一段时间的经营发现，每只客船每天的租金为 260 元时，恰好全部租出. 在此基础上，每只客船的日租金每提高 10 元，就少租出一只客船. 求：(1)该公司的日收益 y(元)与每只客船的日租金 x(元)间的函数关系式；(2)x 为何值时，该公司的日收益最大？最大收益为多少元？

10. 设 $f(t)$ 表示某物体温度(℃)随时间 t(min)的变化规律，通过实验分析得出：

$$f(t)=\begin{cases}-\dfrac{1}{10}t^2+2t+10, & t\in[0,10]\\ 20, & t\in(10,20]\\ -\dfrac{3}{5}t+32, & t\in(20,60]\end{cases}$$

(1) 比较 5 min 与 25 min 时该物体温度值的大小.

(2) 在什么时候该物体温度最高？最高温度是多少？

第 3 章单元测试题 A 卷

（满分 120 分，时间 120 分钟）

一、选择题（本大题共 15 个小题，每小题 3 分，共 45 分）

1. 若 $f(x)=x^2+2x$，则 $f(-1)=$（　　）.
   A. 3　　　　　　B. -1　　　　　　C. -3　　　　　　D. 1

2. 下列各组函数中，表示同一个函数的是（　　）.
   A. $f(x)=x$，$g(x)=\sqrt{x^2}$　　　　　　B. $f(x)=x$，$g(x)=\sqrt[3]{x^3}$
   C. $f(x)=x$，$g(x)=\dfrac{x^2}{x}$　　　　　　D. $f(x)=x^0$，$g(x)=1$

3. 某函数经过点 $(1,1)$ 和 $(-1,-1)$，则它的解析式不可能是（　　）.
   A. $f(x)=\dfrac{1}{x}$　　　　　　B. $f(x)=x$
   C. $f(x)=x^3$　　　　　　D. $f(x)=\sqrt{x}$

4. 下列函数中，图像关于原点对称的是（　　）.
   A. $f(x)=\dfrac{3}{x}$　　　　　　B. $f(x)=3x-5$
   C. $f(x)=x^2$　　　　　　D. $f(x)=\sqrt{x}$

5. 下列函数中为偶函数的是（　　）.
   A. $f(x)=2x^2-x$　　　　　　B. $f(x)=3x+1$
   C. $f(x)=x^3+x$　　　　　　D. $f(x)=x^{-2}$

6. 下列函数中既是奇函数又是减函数的是( ).

   A. $y = \dfrac{1}{3}x$　　C. $y = 2x^2$　　C. $y = -x^3$　　D. $y = \dfrac{1}{x}$

7. 已知一次函数 $f(x) = ax + b$ 为减函数,则函数 $g(x) = ax^2$ 在 $(-\infty, 0)$ 内为( ).

   A. 增函数　　　　　　　　　　B. 减函数
   C. 增函数或减函数　　　　　　D. 无法确定

8. 若奇函数 $f(x)$ 在区间 $[-3, -1]$ 上是减函数,且 $f(x) > 0$,则函数 $f(x)$ 在区间 $[1, 3]$ 上( ).

   A. 是增函数且 $f(x) > 0$　　　　B. 是增函数且 $f(x) < 0$
   C. 是减函数且 $f(x) > 0$　　　　D. 是减函数且 $f(x) < 0$

9. 已知一次函数 $y = kx + b$ 的图像关于原点对称,则二次函数 $y = 2x^2 + bx + c$ 的图像( ).

   A. 关于 x 轴对称　　　　　　B. 关于 y 轴对称
   C. 关于 $y = x$ 对称　　　　　D. 关于原点对称

10. 已知函数 $f(x) = ax^5 - bx^3 + 2$. 若 $f(-2) = 10$,则 $f(2) = ($).

    A. -6　　　B. -10　　　C. 12　　　D. 14

11. 已知二次函数 $f(x) = 2x^2 + bx + c$,满足 $f(2+t) = f(2-t)$,则 $f(1)$ 与 $f(5)$ 的大小关系为( ).

    A. $f(1) > f(5)$　　　　　　B. $f(1) < f(5)$
    C. $f(1) = f(5)$　　　　　　D. 不能确定

12. 对于函数 $y = -x^2 + 2x + 3$,下列描述中正确的是( ).

    A. 有最小值 4,且在 $(1, +\infty)$ 内单调递增
    B. 有最大值 4,且在 $(1, +\infty)$ 内单调递增
    C. 有最小值 4,且在 $(-\infty, 1)$ 内单调递增
    D. 有最大值 4,且在 $(-\infty, 1)$ 内单调递增

13. 已知函数 $f(x) = 3 - x$,则 $f(1-x) = ($).

    A. $3 + x$　　　B. $x + 2$　　　C. x　　　D. $x - 2$

14. 若函数 $y = \sqrt{kx^2 - 6x + k + 8}$ 的定义域为一切实数,则 k 的取值范围是( ).

    A. $\{k \mid k \geqslant 1 \text{ 或 } k \leqslant -9\}$　　B. $\{k \mid k \geqslant 1\}$
    C. $\{k \mid -9 \leqslant k \leqslant 1\}$　　　　　　D. $\{k \mid 0 < k \leqslant 1\}$

15. 设 $f(x)$ 的定义域是 $[4, 9]$,则 $f(x-1)$ 的定义域为( ).

    A. $[3, 8]$　　　B. $[4, 9]$　　　C. $[5, 10]$　　　D. $[3, 9]$

二、填空题(本大题共 15 个小题,每小题 2 分,共 30 分)

16. 已知 $f(x) = \begin{cases} x^2 - 5, & x \geqslant 0 \\ 3 + x^2, & x < 0 \end{cases}$,则 $f[f(2)] = $ _____.

17. 已知二次函数 $f(x) = x^2 + mx + m + 3$ 的图像位于 x 轴上方,则实数 m 的取值范

围是_____.

18. 函数 $f(x)=\dfrac{1}{x-3}+\sqrt{x-1}$ 的定义域为_____.

19. 函数 $f(x)=-x^2+2x$ 在区间 $[2,4]$ 上的最大值为_____.

20. 二次函数 $y=3x^2+2(a-1)x+b$ 在 $(-\infty,1)$ 内是减函数,在 $(1,+\infty)$ 内是增函数,则 a 的值为_____.

21. 函数 $y=\sqrt{x^2-4x-5}$ 的单调减区间是_____.

22. 已知函数 $f(x)=2ax-x^2+a$ 的图像经过点 $(1,3)$,则 a 的值是_____.

23. 若二次函数 $f(x)=px^2-(p+2)x-3$ 是偶函数,则该函数在区间_____是增函数.

24. 函数 $f(x)=(2x+a)(x^2-x)$ 是奇函数,则 $a=$_____.

25. 二次函数 $f(x)$ 的顶点坐标为 $(1,-2)$.且过点 $(-1,2)$,则 $f(x)$ 解析式为_____.

26. 函数 $y=f(x)$ 是奇函数且在 $(0,+\infty)$ 内是增函数,则 $y=f(x)$ 函数在 $(-\infty,0)$ 内的单调性为_____函数.(填增减性)

27. 函数 $f(x)=\sqrt{x^2-2x+2}$ 的值域为_____.

28. 已知抛物线 $y=x^2+ax-2$ 的对称轴方程为 $x=1$,则其顶点坐标为_____.

29. 已知函数 $f(x)=ax^5+bx^3+cx-5$,且 $f(2)=15$,则 $f(-2)=$_____.

30. 若函数 $y=x^2-(a+3)x+2$ 在区间 $(-\infty,3)$ 内是减函数,则 a 的取值范围是_____.

三、解答题(本大题共 7 个小题,共 45 分)

31. (6 分) 求函数 $y=\sqrt{x^2-3x-4}+\dfrac{1}{x-4}$ 的定义域.

32.(6分)已知二次函数 $f(x)=ax^2+bx$ 满足条件 $f(2)=0$,且方程 $f(x)=x$ 有两个相等的实数根.

(1)求 $f(x)$ 的解析式;

(2)判断 $f(x)$ 在其定义域内存在的最值,并求出该值.

33.(6分)判断下列函数的奇偶性:

(1) $f(x)=4x^3-2x$; (2) $f(x)=(x+1)\sqrt{\dfrac{x-1}{x+1}}$.

34.(6分)已知函数 $f(x)=\begin{cases} 2x+1, & x\leqslant 0 \\ 3-x^2, & 0<x\leqslant 3 \end{cases}$.

(1)求 $f(x)$ 的定义域;(2)求 $f(-2)$,$f(0)$,$f(3)$,$f[f(0)]$ 的值.

35.(7分)某市自来水公司为限制单位用水,每月只给某单位计划内用水3 000 t,计划内用水每吨收费5.8元,超计划部分每吨按6元收费.

(1)写出该单位消费y(元)与每月用水量x(t)之间的函数关系式;

(2)若该单位7月份缴纳消费18 600元,8月份实行全面节水措施后,节约用水300 t,问:8月份比7月份节约消费支出多少元?

36.(7分)某宾馆有50套房间供游客居住,当每个房间定价为每天180元时,房间会全部住满,当每个房间每天的定价增加10元时,就会有一个房间空闲,如果游客居住的房间每间每天花费20元的各种费用,定价为多少元时,宾馆的收入最大?最大值是多少?

37.(7分)某养鸡场生产鸡蛋的综合成本平均为每斤3元钱,若按每斤5元的价格销售,每天可以卖出800斤,根据市场规律,售价每上涨一角则每天少销售100斤,售价每下降一角则多销售100斤,为了争取最大利润,请问:应该涨价还是降价,价格应定为多少才能有最大利润?最大利润是多少?

第3章单元测试题 B 卷

（满分120分，时间120分钟）

一、选择题（本大题共15个小题，每小题3分，共45分）

1. 点 $M(3,4)$ 关于 x 轴对称点的坐标为（　　）．
   A．$(-3,4)$　　　B．$(3,-4)$　　　C．$(3,4)$　　　D．$(-3,-4)$

2. 函数 $y=x^2+1$，$x\in\{1,2,3,4,5\}$ 的图像是（　　）．
   A．直线　　　B．线段　　　C．抛物线　　　D．五个离散的点

3. 下列函数中，在区间 $(0,+\infty)$ 内单调递减的函数为（　　）．
   A．$y=x^2$　　　B．$y=x^{-1}$　　　C．$y=x^3$　　　D．$y=x^{\frac{1}{3}}$

4. 设 $f(2x-1)=\sqrt{4x^2-1}$，则 $f(1)=$（　　）．
   A．0　　　B．4　　　C．$\sqrt{15}$　　　D．$\sqrt{3}$

5. 函数 $y=x^2-2x-3$，$x\in[0,5]$ 的值域是（　　）．
   A．$[-3,12]$　　　B．$[-4,12]$　　　C．$[-3,+\infty)$　　　D．$[-4,+\infty)$

6. 下列关于函数 $f(x)=\dfrac{1}{x}$ 的叙述中，正确的是（　　）．
   A．在 $(0,+\infty)$ 内单调递增　　　B．在 $(0,+\infty)$ 内单调递减
   C．在 $(-\infty,+\infty)$ 内单调递增　　　D．在 $(-\infty,+\infty)$ 内单调递减

7. 下列函数中，既是偶函数，又在区间 $(0,+\infty)$ 内是单调减函数的是（　　）．
   A．$y=|x|$　　　B．$y=x^2$　　　C．$y=9-x^2$　　　D．$y=x^3$

8. 下列各函数中，与函数 $y=x^2$ 为同一个函数的是（　　）．
   A．$y=\sqrt{x^4}$　　　B．$y=(\sqrt{x})^4$　　　C．$y=x|x|$　　　D．$y=\dfrac{x^3}{x}$

9. 函数 $f(x)=\dfrac{x^3+x}{2}$ 的图像关于（　　）对称．
   A．x 轴　　　B．y 轴　　　C．原点　　　D．直线 $y=1$

10. 若奇函数 $f(x)$ 在区间 $[a,b]$（$b>a>0$）上为增函数，且最小值为 m，那么 $f(x)$ 在区间 $[-b,-a]$ 上是（　　）．
    A．增函数且最小值为 m　　　B．增函数且最大值为 $-m$
    C．减函数且最小值为 m　　　D．减函数且最大值为 $-m$

11. 设定义域在 $\mathbf{R}$ 上的函数 $f(x)=x|x|$，则 $f(x)$ 是（　　）．
    A．奇函数，增函数　　　B．偶函数，增函数
    C．奇函数，减函数　　　D．偶函数，减函数

12. 设函数 $f(x)$ 是一次函数，且 $3f(1)-2f(2)=2$，$2f(-1)+f(0)=-2$，则 $f(x)=$（　　）．

A. $-8x+6$ B. $6x-6$ C. $8x+6$ D. $-8x-6$

13. 函数 $F(x)=xf(x)$ 是偶函数，则函数 $f(x)$ 是（   ）.

　　A. 偶函数   B. 奇函数

　　C. 非奇非偶函数   D. 既是奇函数又是偶函数

14. 函数 $y=\sqrt{3+2x-x^2}$ 的值域为（   ）.

　　A. $(-\infty, 2]$ B. $[2, +\infty)$ C. $[0, 2]$ D. $(0, 2)$

15. 若 $f(x)$ 为定义在 **R** 上的奇函数，则 $3^{1+f(0)}$ 的值为（   ）.

　　A. 9   B. -9 C. 3   D. -3

二、填空题（本大题共 15 个小题，每小题 2 分，共 30 分）

16. 已知函数 $f(x)=\dfrac{x}{|x|}$ $(x\neq 0)$，则 $f(-\sqrt{3})=$ _____．

17. 已知函数 $f(x-2)=\dfrac{x}{x+1}$，则 $f(x)=$ _____．

18. 已知函数 $f(x+1)$ 的定义域为 $(-2, -1)$，则函数 $f(x)$ 的定义域为 _____．

19. 若 $f(x)=\dfrac{x-1}{x}$，则 $f\left(\dfrac{1}{x}\right)=$ _____．

20. 函数 $f(x)=\dfrac{\sqrt{1-x}}{x}$ 的定义域是 _____．

21. 已知 $f(x)=\begin{cases} x^2+1, & x\in[0, +\infty) \\ 3-x, & x\in(-\infty, 0) \end{cases}$，则 $f[f(-2)]=$ _____．

22. 已知 $f(x)$，$g(x)$ 都是 **R** 上的奇函数，且 $F(x)=f(x)+g(x)+3$，若 $F(5)=9$，则 $F(-5)=$ _____．

23. 二次函数 $y=x^2+px+q$ 的图像过原点和点 $(-4, 0)$，则其最小值是 _____．

24. $y=(x+1)(x-m)$ 是偶函数，则 $m=$ _____．

25. 函数 $y=x^2+2(a-1)x+2$ 在区间 $(-\infty, 4)$ 内是减函数，则 a 的取值范围为 _____．

26. 一次函数 $y=f(x)$ 满足 $f(1)=1$，$f(2)=3$，则 $f(5)=$ _____．

27. 已知偶函数 $f(x)$ 在 $(-\infty, -1)$ 内是增函数，则 $f\left(\dfrac{5}{2}\right)$，$f(-2)$，$f(-3)$ 按从小到大的顺序排列为 _____．

28. 点 $P(0, 1)$ 在函数 $y=x^2+ax+a$ 的图像上，则该函数在区间 $[-1, 1]$ 上的值域是 _____．

29. 如果函数 $f(x)=x^2+bx$ 对任意的实数 t 都有 $f(1+t)=f(1-t)$，则 $f(-1)$，$f(1)$，$f(2)$ 从小到大排列为 _____．

30. $f(x)=\dfrac{1}{3^x+1}+m$ 是奇函数，则 $f(-1)$ 的值为 _____．

三、解答题(本大题共 7 个小题，共 45 分)

31. (6 分) 已知函数 $f(x)=\sqrt{mx^2+mx+2}$ 的定义域是全体实数，求实数 m 的取值范围.

32. (6 分) 设 $f(x)$ 是定义在区间 $(-a, a)$ 内的奇函数，$g(x)$ 是定义在 $(-a, a)$ 内的偶函数，若 $f(x)$，$g(x)$ 满足 $f(x)+g(x)=x^2-x+1$，求 $f(x)$，$g(x)$ 的表达式.

33. (6 分) 已知二次函数满足 $f(x)=x^2+bx+c$ 且 $f(2-t)=f(2+t)$，函数的最小值为 5.
   (1) 求 $f(x)$ 的解析式；
   (2) 讨论 $f(x)$ 的单调性.

34. (6 分) 已知函数 $f(x)$ 在定义域 $(-3, 3)$ 内是减函数，且 $f(a-2)-f(2-3a)>0$，求实数 a 的取值范围.

35.（7分）某人从 A 地到 B 地乘坐出租车，有两种方案．第一种方案：租用起步价为 10 元，1.2 元/km 的汽车；第二种方案：租用起步价为 8 元，1.4 元/km 的汽车；按规定，在起步价内，不同型号的出租车行驶的里程都是 2 km，问：该人从 A 地到 B 地选择哪一种方案较划算？

36.（7分）用一块宽为 60 cm 的长方形铝板，两边折起做成一个横截面为等腰梯形的水槽（上口敞开）．已知梯形的腰与底边的夹角为 60°，求每边折起的长度为多少时，才能使水槽的横截面面积最大？最大面积是多少？

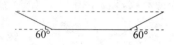

37.（7分）我省某工艺品厂为延庆世园会设计了一款每件成本为 20 元的工艺品，投放市场进行试销后发现每天的销售量 y（件）是售价 x（元/件）的一次函数，当售价为 22 元/件时，每天销售量为 780 件；当售价为 25 元/件时，每天销售量为 750 件.

(1)求 y 与 x 的函数关系式；

(2)如果该工艺品售价最高不能超过 30 元/件，那么售价定为多少元时，工艺厂销售该工艺品每天获得的利润最大？最大利润是多少元？（利润＝售价－成本）

指数函数与对数函数

知识导图

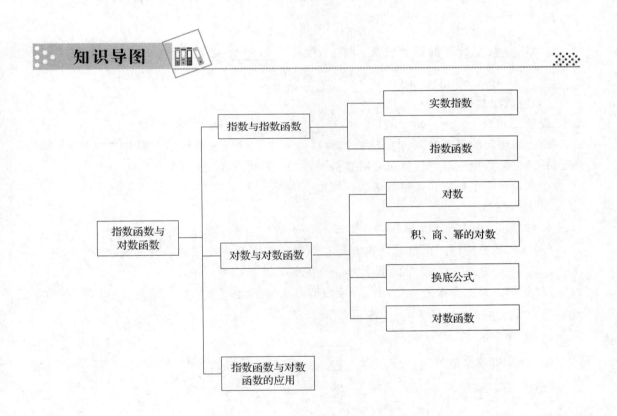

4.1 指数与指数函数

【学习目标导航】
1. 掌握 n 次根式的概念和性质,能够进行根式与分数指数幂之间的转化.
2. 会利用实数指数幂的运算法则进行幂的运算.
3. 理解负整数指数幂和分数指数幂的含义.

4. 理解指数函数的定义、图像及性质，能画出指数函数的简图，能判断指数函数的单调性.

5. 能利用指数函数的性质来比较两个值的大小.

4.1.1 实数指数

【知识要点预习】

1. 整数指数.

(1) 正整数指数幂：一般地，$a^n = a \times a \times \cdots \times a$（$n$ 个 a 连乘）称为 a 的_____，a 称为幂的_____，n 称为幂的_____（其中 $n \in \mathbf{N}_+$），这样的幂称为正整数指数幂. 规定 $a^1 = a$.

(2) 正整数指数幂的运算法则：① $a^m a^n =$ _____；② $(a^m)^n =$ _____；③ $\dfrac{a^m}{a^n} =$ _____（$m > n$，$a \neq 0$）；④ $(ab)^m =$ _____.

(3) 整数指数幂：

规定：$a^0 =$ _____（$a \neq 0$）；$a^{-n} =$ _____（$a \neq 0$，$n \in \mathbf{N}_+$）.

由上面规定的零指数幂和负整数指数幂的意义，就把正整数指数幂推广到整数指数幂，并且正整数指数幂的运算法则对整数指数幂运算仍然成立.

注意：对于零指数和负整数指数，底数不能为 0.

2. 分数指数.

(1) 如果 $x^n = a$（$n > 1$，$n \in \mathbf{N}$），则 x 称为 a 的_____.

(2) 在实数范围内，正数的偶次方根有两个，它们互为相反数，分别表示为_____和_____（n 为偶数）；负数的偶次方根没有意义.

(3) 正数的奇次方根是一个正数，负数的奇次方根是一个负数，都表示为_____（n 为奇数）. 0 的任何方根都是 0，记作 $\sqrt[n]{0} = 0$.

(4) 正数 a 的正 n 次方根称为 a 的_____.

(5) 当 $\sqrt[n]{a}$ 有意义的时候，$\sqrt[n]{a}$ 称为_____，n 称为根指数.

(6) 根式具有性质：① $(\sqrt[n]{a})^n =$ _____；② 当 n 为奇数时，$\sqrt[n]{a^n} =$ _____；当 n 为偶数时，$\sqrt[n]{a^n} = |a| = \begin{cases} a, & a \geq 0 \\ -a, & a < 0 \end{cases}$.

(7) 正分数指数幂：当 $a > 0$ 时，定义：① $a^{\frac{1}{n}} =$ _____；② $a^{\frac{m}{n}} =$ _____ = _____ $\left(n, m \in \mathbf{N}_+，且 \dfrac{m}{n} 为既约分数 \right)$.

(8) 负分数指数幂：当 $a > 0$ 时，定义：$a^{-\frac{m}{n}} =$ _____ $\left(n, m \in \mathbf{N}_+，且 \dfrac{m}{n} 为既约分数 \right)$.

3. 实数指数幂的运算法则：(1) $a^\alpha a^\beta =$ _____；(2) $(a^\alpha)^\beta =$ _____；(3) $(ab)^\alpha =$ _____. 其中 $a > 0$，$b > 0$，α，β 为任意实数.

【知识要点梳理】

一、幂的有关概念

1. 正整数指数幂：$a^n = a \times a \times \cdots \times a$（$n$ 个 a 连乘）称为 a 的 n 次幂.

2. 零指数幂：$a^0 = 1 (a \neq 0).(0^0$ 无意义$)$

3. 负整数指数幂：$a^{-n} = \dfrac{1}{a^n} = \left(\dfrac{1}{a}\right)^n (a \neq 0, n \in \mathbf{N}_+).$

4. 正分数指数幂：当 $a > 0$ 时，定义：① $a^{\frac{1}{n}} = \sqrt[n]{a}$；② $a^{\frac{m}{n}} = (\sqrt[n]{a})^m = \sqrt[n]{a^m}$（$n,\ m \in \mathbf{N}_+$，且 $\dfrac{m}{n}$ 为既约分数）.

5. 负分数指数幂：当 $a > 0$ 时，定义：$a^{-\frac{m}{n}} = \dfrac{1}{a^{\frac{m}{n}}} = \dfrac{1}{\sqrt[n]{a^m}} = \left(\dfrac{1}{a}\right)^{\frac{m}{n}}$（$n,\ m \in \mathbf{N}_+$，且 $\dfrac{m}{n}$ 为既约分数）.

二、n 次方根

1. 定义：如果 $x^n = a(n > 1, n \in \mathbf{N})$，则 x 称为 a 的 n 次方根.

2. 在实数范围内，正数的偶次方根有两个，它们互为相反数，分别表示为 $\sqrt[n]{a}$ 和 $-\sqrt[n]{a}$（n 为偶数）；负数的偶次方根没有意义.

3. 正数的奇次方根是一个正数，负数的奇次方根是一个负数，都表示为 $\sqrt[n]{a}$（n 为奇数）. 0 的任何方根都是 0，记作 $\sqrt[n]{0} = 0$.

4. 正数 a 的正 n 次方根称为 a 的 n 次算术根.

5. 当 $\sqrt[n]{a}$ 有意义的时候，$\sqrt[n]{a}$ 称为根式，n 称为根指数.

6. 根式具有性质：① $(\sqrt[n]{a})^n = a$；② 当 n 为奇数时，$\sqrt[n]{a^n} = a$；当 n 为偶数时，$\sqrt[n]{a^n} = |a| = \begin{cases} a, & a \geq 0 \\ -a, & a < 0 \end{cases}.$

三、实数指数幂的运算法则

1. $a^\alpha a^\beta = a^{\alpha+\beta}$；2. $(a^\alpha)^\beta = (a^\beta)^\alpha = a^{\alpha\beta}$；3. $(ab)^\alpha = a^\alpha b^\alpha$；4. $\dfrac{a^\alpha}{a^\beta} = a^{\alpha-\beta}$；5. $\left(\dfrac{a}{b}\right)^\alpha = \dfrac{a^\alpha}{b^\alpha}.$

其中 $a > 0$，$b > 0$，α，β 为任意实数.

【知识盲点提示】

1. 负指数幂的化简口诀：底数变倒数，指数变相反，$a^{-n} = \left(\dfrac{1}{a}\right)^n$，$a^{-\frac{m}{n}} = \left(\dfrac{1}{a}\right)^{\frac{m}{n}}.$

2. 根式与分数指数幂互化口诀：底数不变，指数里出外，$a^{\frac{m}{n}} = \sqrt[n]{a^m}.$

【课堂基础训练】

一、选择题

1. 12 的平方根是（　　）.

A. $\pm\sqrt{3}$ B. $-\sqrt{3}$ C. $\pm 2\sqrt{3}$ D. $2\sqrt{3}$

2. 下列运算中正确的是(　　).

   A. $(-a^3)^4=(-a^4)^3$ B. $(-a^3)^4=-a^{4+3}$

   C. $(-a^3)^4=a^{4+3}$ D. $(-a^3)^4=a^{12}$

3. 下列运算中错误的是(　　).

   A. $\sqrt[3]{(-6)^3}=-6$ B. $\sqrt[4]{(3-\pi)^4}=3-\pi$

   C. $\sqrt{(-5)^2}=5$ D. $\sqrt{(a-b)^2}=|a-b|$

4. 如果 $a\neq 0$，那么 $a^{\frac{2}{3}}\cdot a^{-\frac{2}{3}}=$ (　　).

   A. 0   B. 1   C. $a^{\frac{4}{3}}$ D. $a^{-\frac{4}{3}}$

5. 若 $3^m\cdot 9^n=27$，则必有(　　).

   A. $mn=2$ B. $mn=3$ C. $m+2n=3$ D. $m+2n=4$

6. $\dfrac{a^{-1}\cdot b^{-2}}{a^{-3}\cdot b^{-5}}=$ (　　).

   A. a^2b^3 B. $a^{-4}b^3$ C. a^2b^{-7} D. $a^{-4}b^{-7}$

7. 化简 $(a^3b^{\frac{1}{2}})^{\frac{1}{2}}\div(a^{\frac{1}{2}}b^{\frac{1}{4}})$ $(a>0,b>0)$ 的结果为(　　).

   A. a B. b C. $\dfrac{a}{b}$ D. $\dfrac{b}{a}$

8. 下列各式中正确的是(　　).

   A. $a^m\cdot a^n=a^{mn}$ B. $\dfrac{a^m}{a^n}=a^{\frac{m}{n}}$

   C. $(a^n)^m=a^{mn}$ D. $(ab)^m=a^mb$

9. 把分数指数幂 $5^{-\frac{2}{3}}$ 化成根式为(　　).

   A. $\sqrt[3]{5^2}$ B. $\dfrac{1}{\sqrt[3]{5^2}}$ C. $-\sqrt[3]{5^2}$ D. $-\dfrac{1}{\sqrt[3]{5^2}}$

10. 下列说法中正确的是(　　).

    A. 正数的 n 次方根是正数   B. 负数的 n 次方根是负数

    C. 0 的 n 次方根是 0   D. $\sqrt[n]{a}$ 是无理数

二、填空题

11. 16 的 4 次算术根可以表示为_____，其中根指数是_____，被开方数是_____.

12. $\sqrt[6]{(-\sqrt{3})^6}=$ _____.

13. $[(a^3b^2)^{\frac{1}{2}}]^{\frac{1}{3}}=$ _____.

14. 化简 $a^{\frac{1}{3}}\cdot a^{\frac{3}{4}}\div a^{\frac{1}{2}}=$ _____.

15. 已知 $2^a=7$，$2^b=5$，则 $2^{a-2b}=$ _____.

16. 计算：$\left(\dfrac{81}{16}\right)^{\frac{1}{4}}+\sqrt[2]{(-3)^2}-\left(\dfrac{1}{e}\right)^0=$ _____.

三、解答题

17. 将下列各分数指数幂表示成根式的形式.

(1) $a^{\frac{4}{7}}$;　　(2) $\sqrt{a^{\frac{3}{2}}}$;　　(3) $a^{-\frac{2}{5}}$.

18. 用分数指数幂表示下列各式：

(1) $\sqrt[3]{a^2}$;　　(2) $\dfrac{1}{\sqrt[3]{a^4}}$;　　(3) $\sqrt[3]{\dfrac{b^2}{a}}$.

19. 化简下列各式：

(1) $\left(\dfrac{7}{2}\right)^5 \times \left(\dfrac{8}{49}\right)^0 \div \left(\dfrac{7}{4}\right)^4$;　　(2) $0.25^{-\frac{1}{2}} + (3+\sqrt{2})^0 + \left(\dfrac{1}{27}\right)^{-\frac{1}{3}}$.

20. 化简：$5a^{\frac{2}{3}}b^{-\frac{1}{3}} \div \left(-\dfrac{5}{2}a^{-\frac{1}{3}}b^{-\frac{4}{3}}\right)$.

【课堂拓展训练】

一、填空题

1. 若 $\sqrt{4a^2-12a+9}=3-2a$,则实数 a 的取值范围是_____.

2. 设 $a>0$,则 $\dfrac{\sqrt{a^4}\sqrt{a^3}}{\sqrt[3]{a^6}\sqrt{a^5}\sqrt[6]{a}}=$ _____.

3. $[(-\sqrt{5})^2]^{-\frac{1}{2}} \cdot 5^{\frac{1}{2}} =$ _____.

4. $\sqrt{2} \cdot \sqrt[3]{8} \cdot \sqrt[4]{32} =$ _____.

5. $(-1)^{-3}+\sqrt{(-3)^2}-(2+\sqrt{3})^{-1}=$ _____.

6. $[(\sqrt{3}-1)^2]^{\frac{1}{2}}-(2+\sqrt{3})^{-1}=$ _____.

二、解答题

7. 若 $3^{2x-1}=\left(\dfrac{1}{27}\right)^{-1}$,求 $(x-3)^{2023}$ 的值.

8. 设 $a>0$,化简 $\dfrac{\sqrt[3]{a^4}\cdot\sqrt{a}}{\sqrt[3]{a}\cdot\sqrt[6]{a^5}\cdot\sqrt[12]{a}}$.

9. 计算下列各式的值:
(1) $\sqrt{2}\times\sqrt[3]{4}\times\sqrt[4]{8}$; (2) $27^{\frac{2}{3}}\times3^{-1}+0.002^{-\frac{1}{2}}\times\pi^0$.

10. 已知 $a+a^{-1}=5$. 求：(1) a^2+a^{-2}；(2) $a^{\frac{1}{2}}+a^{-\frac{1}{2}}$.

4.1.2 指数函数

【知识要点预习】

1. 指数函数：一般地，函数_____（$a>0$，$a\neq1$，$x\in\mathbf{R}$）称为指数函数.

2. 指数函数的性质：一般地，指数函数 $y=a^x$（$a>0$，$a\neq1$）具有下列性质：

(1) 定义域是_____，值域是_____，这说明对任意实数 x，都有 $a^x>0$，也就是说函数图像一定在 x 轴的_____；

(2) 当 $x=0$ 时，$y=1$，即函数的图像都经过点_____；

(3) 当 $a>1$ 时，这个函数是_____；当 $0<a<1$ 时，这个函数是_____.

【知识要点梳理】

一、指数函数定义

一般地，形如 $y=a^x$ 的函数叫作指数函数，其中 a 叫底数；x 叫指数，为任意实数；y 叫幂，为正实数.

二、指数函数的图像与性质

函数 $y=a^x$	图像	定义域	值域	必过点	奇偶性	单调性	函数值变化
$a>1$		R	$(0,+\infty)$	$(0,1)$	非奇非偶	在 $(-\infty,+\infty)$ 内是增函数	$x>0$，$y>1$
							$x=0$，$y=1$
							$x<0$，$0<y<1$
$0<a<1$						在 $(-\infty,+\infty)$ 内是减函数	$x>0$，$0<y<1$
							$x=0$，$y=1$
							$x<0$，$y>1$

【知识盲点提示】

1. 指数函数 $y=a^x$ 与 $y=\left(\dfrac{1}{a}\right)^x$ 的图像关于 y 轴对称；指数函数 $y=a^x$ 与 $y=a^{-x}$ 的图像关于 y 轴对称．

2. 指数函数 $y=a^{|x|}$ $(a>0,a\neq 1)$，不论 $0<a<1$ 还是 $a>1$，该函数均是偶函数，且图像都关于 y 轴对称．

3. 在指数函数中，讨论自变量 $x>0$ 还是 $x<0$，都是为了把函数值 y 和 1 比较大小．1 常作为指数式比较大小时的中间量．

【课堂基础训练】

一、选择题

1. 下列各函数中，为指数函数的是（　　）．

   A. $y=3x^2$ B. $y=x^{-3}$ C. $y=\pi^x$ D. $y=(-2)^x$

2. 函数 $y=0.008^x$ 的图像经过点（　　）．

   A. $(0,1)$ B. $(1,0)$ C. $(1,1)$ D. $(0.008,1)$

3. 函数 $y=a^x$ 在 $(-\infty,+\infty)$ 内为增函数时，a 的取值范围是（　　）．

   A. $a>0$ B. $a\in\mathbf{R}$ C. $0<a<1$ D. $a>1$

4. 下列函数中，在 $(-\infty,+\infty)$ 内为减函数的是（　　）．

   A. $y=\pi^x$ B. $y=2x$ C. $y=5^{-x}$ D. $y=-2x^2$

5. 已知函数 $y=\left(\dfrac{5}{4}\right)^x$，当 $x\in(-\infty,0)$ 时，y 的取值范围是（　　）．

   A. $\left(0,\dfrac{5}{4}\right)$ B. $(0,+\infty)$ C. $(0,1)$ D. $(1,+\infty)$

6. 若函数 $y=(3a-5)^x$，则 a 的取值范围是（　　）．

   A. $\left\{a\mid a>\dfrac{5}{3}\right\}$ B. $\left\{a\mid a>\dfrac{5}{3}\text{且}a\neq 2\right\}$

   C. $\left\{a\mid a<\dfrac{5}{3}\right\}$ D. $\{a\mid a\neq 2\}$

7. 若指数函数的图像过点 $\left(\dfrac{2}{3},9\right)$，则其解析式是（　　）．

   A. $y=9^x$ B. $y=\left(\dfrac{1}{9}\right)^x$ C. $y=27^x$ D. $y=\left(\dfrac{1}{27}\right)^x$

8. 若 $5^x<1$，则 x 的取值范围是（　　）．

   A. $x>0$ B. $x=0$ C. $x<0$ D. $0<x<1$

9. 设 $a=5^{0.6}$，$b=\left(\dfrac{1}{5}\right)^{-0.7}$，$c=0.2^{0.5}$，则 a,b,c 的大小关系为（　　）．

   A. $a<b<c$ B. $b<a<c$ C. $c<a<b$ D. $c<b<a$

10. 设 $f(x)=\left(\dfrac{1}{3}\right)^{|x|}$,$x\in \mathbf{R}$,那么 $f(x)$ 是( ).

    A. 奇函数且在 $(0,+\infty)$ 内是增函数   B. 奇函数且在 $(0,+\infty)$ 内是减函数

    C. 偶函数且在 $(0,+\infty)$ 内是增函数   D. 偶函数且在 $(0,+\infty)$ 内是减函数

二、填空题

11. 用"<"或">"填空. (1) 0.3^5 _____ 0.3^5;(2) e _____ $e^{0.2}$.

12. 设函数 $f(x)=2^x-3$,则 $f(4)=$ _____.

13. 函数 $y=a^{x+2}-1$ 的图像恒过点 _____.

14. 函数 $y=\left(\dfrac{1}{3}\right)^x$ 与函数 $y=3^x$ 的图像关于 _____ 对称.

15. 已知 $5<\left(\dfrac{1}{5}\right)^{-x}<125$,则 x 的取值范围是 _____.

16. 当 $a>0$ 且 $a\neq 1$ 时,如果 $a^{-\frac{1}{2}}<a^{-1}$,那么 a 的取值范围是 _____.

三、解答题

17. 若指数函数的图像经过点 $\left(-3,\dfrac{27}{8}\right)$,求该函数的解析式及 $f(2)$ 的值.

18. 求函数 $y=\dfrac{\sqrt{2^x-8}}{5-x}$ 的定义域.

19. 若 $y=(a^2-4)^x$ 是一个指数函数,求 a 的取值范围.

20. 解不等式 $3^{x^2-x-6}<1$.

【课堂拓展训练】

一、填空题

1. 不等式 $\left(\dfrac{1}{2}\right)^{x^2-6}<2^{-5x}$ 的解集是_____.

2. 函数 $y=3^{2-3x}$ 的定义域为_____，值域为_____.

3. 已知 $A=\{x\mid x^2-4>0\}$，$B=\{y\mid y=4^x\}$，则 $A\cap B=$_____.

4. 函数 $f(x)=\left(\dfrac{1}{3}\right)^{x^2-2x}$ 的单调递减区间是_____.

5. 函数 $f(x)=a^x+b(0<a<1,b<-1)$ 不经过第_____象限.

6. 函数 $y=\sqrt{1-\left(\dfrac{1}{3}\right)^x}$ 的值域是_____.

二、解答题

7. 设函数 $f(x)=\left(\dfrac{1}{5}\right)^{x^2-3x+1}$，$g(x)=5^{5-2x}$，求使得 $f(x)>g(x)$ 的 x 的取值范围.

8. 求函数 $y=\sqrt{1-3^{x+1}}+(3-x)^{-\frac{1}{2}}$ 的定义域.

9. 解指数方程 $9^x + 5 \times 3^x - 24 = 0$.

10. 求函数 $y = 2^{-x^2+2x-1}$ 的值域.

4.2 对数与对数函数

【学习目标导航】
1. 理解对数的概念,理解常用对数和自然对数的概念.
2. 能熟练地将指数式和对数式进行互化.
3. 知道对数的性质并会应用,掌握积、商、幂的对数,可以利用对数运算法则进行对数的化简、求值等运算.
4. 能够熟练运用换底公式.
5. 观察对数函数的图像,总结对数函数的性质,培养观察能力.
6. 知道对数函数的定义,会求一些较复杂函数的定义域,会判断对数函数的单调性,并能利用单调性比较两个对数值的大小.

4.2.1 对数

【知识要点预习】
1. 定义:一般地,若 $a^b = N(a>0,$ 且 $a \neq 1, N>0)$,则称幂指数 b 是以 a 为底 N 的对数,记作 $b = $ _____, a 称为 _____, N 称为 _____, b 是以 a 为底 N 的 _____.
2. 指数式与对数式的互化:当 $a>0$,且 $a \neq 1$ 时,有 $a^b = N \Leftrightarrow$ _____.
3. 对数的基本性质:设 $a>0$,且 $a \neq 1$,则
(1) $\log_a a = $ _____,即底的对数等于 _____;

(2)$\log_a 1 =$ _____，即 1 的对数为 _____；

(3)_____ 和 _____ 没有对数.

4. 对数恒等式：$a^{\log_a N} =$ _____$(N>0)$.

5. 常用对数与自然对数：把底是 _____ 的对数称为常用对数，把 $\log_{10} N$ 记作 _____．

以无理数 _____ 为底的对数称为自然对数，把 $\log_e N$ 记作 _____．

【知识要点梳理】

1. 定义：一般地，若 $a^b = N (a>0,$ 且 $a \neq 1, N>0)$，则称幂指数 b 是以 a 为底 N 的对数，记作 $b = \log_a N (a>0,$ 且 $a \neq 1)$．

2. 指数式与对数式的互化：

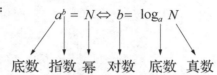

字母的范围：$a>0$，且 $a \neq 1$，$b \in \mathbf{R}$，$N>0$．

零和负数没有对数，即 $N>0$，真数必须大于 0．

3. 对数的基本性质：设 $a>0$，且 $a \neq 1$，则

(1)底的对数等于 1，$\log_a a = 1$，$\lg 10 = 1$，$\ln e = 1$．

(2)1 的对数等于 0，$\log_a 1 = 0$，$\lg 1 = 0$，$\ln 1 = 0$．

4. 对数恒等式：$a^{\log_a N} = N (N>0)$．

5. 常用对数与自然对数：把底是 10 的对数称为常用对数，$\log_{10} N$ 简记为 $\lg N$．

以无理数 e 为底的对数称为自然对数，$\log_e N$ 简记为 $\ln N$．

【知识盲点提示】

对数式 $\log_a N = b$ 与指数式 $a^b = N$ 表示的是 a，b，N 三个量之间的同一关系，故它们之间的相互转化很重要，它既可以把对数问题转化为指数问题来解决，又可以把指数问题转化为对数问题来处理．

【课堂基础训练】

一、选择题

1. 将 $4^x = 9$ 化成对数式可表示为( )．

　　A. $\log_9 4 = x$ 　　　　　　　　　　B. $\log_4 x = 9$

　　C. $\log_9 x = 4$ 　　　　　　　　　　D. $\log_4 9 = x$

2. 设 $\log_x \dfrac{1}{27} = 3$，则底数 x 的值为( )．

　　A. 2 　　　　B. $\dfrac{1}{2}$ 　　　　C. 4 　　　　D. $\dfrac{1}{3}$

3. $\lg 8$ 是以( )为底的对数．

　　A. 1 　　　　B. 5 　　　　C. 10 　　　　D. e

4. $\ln 3$ 是以( )为底的对数.

　　A. 1　　　　　　B. 3　　　　　　C. 10　　　　　　D. e

5. 已知 $\lg x = -3$，则 $x = ($ 　　).

　　A. -3　　　　B. $(-3)^{10}$　　　C. 1 000　　　　D. $\dfrac{1}{1\,000}$

6. 下列指数式中，可以写成对数式的个数有( )个.

　　① $(-4)^2 = 16$；② $3^0 = 1$；③ $3^{-3} = \dfrac{1}{27}$；④ $9^b = -5$.

　　A. 1　　　　　　B. 2　　　　　　C. 3　　　　　　D. 4

7. 下列说法中正确的是( ).

　　A. 负数没有对数

　　B. $3^x = 2$ 的对数式为 $\log_2 3 = x$

　　C. 以 a（$a > 0$ 且 $a \neq 1$）为底，-1 为真数的对数等于 0

　　D. 以 3 为底，9 为真数的对数等于 ± 2

8. 下列书写形式中错误的是( ).

　　A. $\ln 3$　　　B. $\log 11$　　　C. $\lg 10$　　　D. $\log_3 11$

9. $\log_2 16 - \log_3 9 = ($ 　　).

　　A. 2　　　　　　B. -2　　　　　C. 4　　　　　　D. 9

10. 若 $\log_m 3 = a$，$\log_m 7 = b$，则 $m^{a-2b} = ($ 　　).

　　A. $\dfrac{3}{49}$　　　B. -1　　　　C. 1　　　　D. $\dfrac{49}{3}$

二、填空题

11. $2^{\log_2 11} = $ _____；$e^{\ln 0.3} = $ _____.

12. $\log_3 x = \log_3 y$ 是 $x = y$ 成立的 _____ 条件.

13. y 是以 a 为底 x 的对数，记作 _____.

14. $\log_{0.1} 10 = $ _____.

15. $\log_2 \dfrac{2 + 4x}{7} = 3$，则 $x = $ _____.

16. $\ln \sqrt[3]{e} = $ _____.

三、解答题

17. 把下列各指数式化成对数式.

　　(1) $71^x = 195$；　　　(2) $64^{-\frac{1}{2}} = \dfrac{1}{8}$.

18. 计算 $\log_{30} 1 + \log_7 49 - \log_3 3 + 2^{1+\log_2 3}$.

19. 解方程：$\log_3 x^2 = 2$.

20. 计算：(1) $\log_{15} 1 + 2\log_7 7 - e^{\ln 2}$；　　(2) $2^{3+\log_2 27}$.

【课堂拓展训练】

一、填空题

1. $\lg(7x-1) = 1$，则 $x = $ _____.
2. $(2-e)^{\ln 1} + 3^{\log_3 8} = $ _____.
3. $\left(\dfrac{1}{3}\right)^{\left|\log_{\frac{1}{3}} 3\right|} - 5 = $ _____.
4. $10^{2-\lg 10} - 20\ln e + 2\,023^{\lg 1} - (0.25)^{-\frac{1}{2}} = $ _____.
5. 若 $\log_3[\log_5(\log_2 x)] = 0$，则 $x = $ _____.
6. 已知 $\lg^2 x - 3\lg x + 2 = 0\,(x > 0)$，则 $x = $ _____.

二、解答题

7. 计算：$10^{1+\lg 2}+(x-1)^0-8^{\frac{1}{3}}-\ln e+0.5^{-2}(x\neq 1)$.

8. 解方程：$e^{\ln 9^x}=3^{x+1}$.

9. 已知 $\log_a 8=m$，$\log_a 3=n$，求 $a^{\frac{1}{3}m-n}$ 的值.

10. 已知对数式 $\log_{(a-1)}(5a-4)$，求 a 的取值范围.

4.2.2 积、商、幂的对数

【知识要点预习】

1. 积的对数：$\log_a(MN)=$ _____.
2. 商的对数：$\log_a \dfrac{M}{N}=$ _____.
3. 幂的对数：$\log_a M^b=$ _____.

【知识要点梳理】

1. 积、商、幂的对数（设 $M>0$，$N>0$）.

(1)积的对数：$\log_a(MN)=\log_a M+\log_a N$.

正因数积的对数等于各因数对数的和.

(2)商的对数：$\log_a \dfrac{M}{N}=\log_a M-\log_a N$.

两个正数商的对数等于被除数的对数减去除数的对数.

(3)幂的对数：$\log_a M^b=b\log_a M$.

正数幂的对数等于幂的指数乘幂的底的对数.

2. 方根的对数：$\log_a \sqrt[n]{M}=\dfrac{1}{n}\log_a M\ (M>0)$.

3. 对数恒等式（二）：$\log_a a^N=N\ (N\in \mathbf{R})$.

【知识盲点提示】

两个正数的对数和等于两个正数积的对数，两个正数的对数差等于两个正数商的对数，幂的指数乘以幂的底数的对数等于真数幂的对数，口诀为：加乘，减除，顶在外.

【课堂基础训练】

一、选择题

1. 若 $\lg a=7$，$\lg b=3$，则 $ab=(\quad)$.

   A. 10   B. 100   C. $\dfrac{1}{10}$ D. 10^{10}

2. $\log_2 \sqrt{64}+\log_{\frac{1}{2}} 8=(\quad)$.

   A. $-\dfrac{1}{2}$ B. $\dfrac{1}{2}$ C. 1   D. 0

3. 设 $\log_4 3=a$，则 $\log_4 24=(\quad)$.

   A. a B. $a-\dfrac{3}{2}$ C. $a+\dfrac{3}{2}$ D. $2a$

4. 若 $\lg x=m$，$\lg y=n$，则 $\lg \sqrt[3]{x}-\lg \dfrac{y}{100}=(\quad)$.

   A. $2m-n$ B. $\dfrac{1}{3}m-n+2$

   C. $2m-n+1$ D. $m+n-10$

5. $(\lg 4)^2+(\lg 25)^2+\lg 16 \cdot \lg 25=(\quad)$.

   A. 4   B. 2   C. 10   D. 100

6. 若 $3^a=2$，则 $2\log_3 6-\log_3 8=(\quad)$.

   A. $2-a$ B. a^2-a+1 C. $2-5a$ D. a^2-5

7. 下列各式子中，正确的有（   ）个.

① $\log_a x+\log_a y=\log_a(x+y)$；② $\lg \dfrac{a}{b}=\dfrac{\lg a}{\lg b}$；

③ $\log_a\left(\dfrac{x}{y}\right)=\log_a x \div \log_a y$；　④ $\log_a(x\cdot y)=\log_a x+\log_a y$；

⑤ $\log_a x^b=b\log_a x$；　　　　⑥ $\log_a\left(\dfrac{x}{y}\right)=\log_a x-\log_a y$.

A. 1　　　　　B. 2　　　　　C. 3　　　　　D. 4

8. 若 $\ln 2x-3=-2\ln 4$，则 $x=(\quad)$.

A. 3　　　　　B. $\dfrac{3}{4}$　　　　C. $\dfrac{e^3}{32}$　　　　D. $\dfrac{e^3}{23}$

9. 已知 $\lg a=7$，$\lg b=8$，则 $\lg(a^2 b^3)$ 可表示为（　　）.

A. 38　　　　B. 36　　　　C. 89　　　　D. 21

10. 下列关于 $\ln 10$ 和 $\ln\dfrac{1}{10}$ 的说法中正确的是（　　）.

A. 它们互为相反数　　　　　　B. 它们的积为 0

C. 它们互为倒数　　　　　　　D. 它们的积为 -1

二、填空题

11. 计算 $\log_2(2\sqrt{2})=$ _____.

12. 已知 $\log_{14}7=a$，$14^b=5$，用 a，b 表示 $\log_{28}35=$ _____.

13. 计算：$\lg 40+\lg 25=$ _____.

14. 计算：$\lg 8+3\lg 5=$ _____.

15. 计算：$\lg\sqrt{5}+\lg\sqrt{200}=$ _____.

16. 计算：$\log_2(4^7\times 2^5)=$ _____.

三、解答题

17. 已知 $\lg 2=a$，$\lg 3=b$，用 a 和 b 表示下列各式：

(1) $\lg 24$；　　　　(2) $\lg 36$；　　　　(3) $\lg\dfrac{81}{4}$.

18. 用 $\lg x$，$\lg y$，$\lg z$ 表示下列各式：

(1) $\lg\dfrac{x^{\frac{1}{5}}y^6}{z^3}$；　　　　(2) $\lg(x^3\cdot\sqrt[8]{y^3}\cdot z^{-3})$.

19. 求 $\lg 80 + \lg 125 - 10^{\lg 9}$ 的值.

20. 求 $\dfrac{\lg\sqrt{4} + \lg 3 - \lg\sqrt{36}}{\lg\dfrac{3}{5}}$ 的值.

【课堂拓展训练】

一、填空题

1. 如果点 $P(\lg a, \lg b)$ 关于 x 轴的对称点的坐标为 $(2, -2)$，则 $ab = $ _____.
2. $\lg 12 - \lg\dfrac{6}{7} + \lg\dfrac{1}{2} = $ _____.
3. $(\lg 5)^2 + \lg 2(\lg 25 + \lg 2) = $ _____.
4. $(\log_8 32)^2 - \log_8 32^2 = $ _____.
5. 已知 a 和 b 是方程 $x^2 - 6x + 7 = 0$ 的两个不相等的实根，则 $\lg a + \lg b = $ _____.
6. $\lg 2^3 + 2\lg 5 - \lg 2 - (8-e)^{\ln 1} + 5^{\log_5 7} = $ _____.

二、解答题

7. 求值：$\lg 2^3 + 10^{1-\lg 2} - 6^{\log_6 7} + \lg 7 + \lg\dfrac{125}{7}$.

8. 求值：$e^{2\ln 3}+\lg 0.001+\lg 4+2\lg 5+\lg 30-\lg 3$.

9. 求值：$(\lg 2)^2+(\lg 5)^2+\lg 4 \cdot \lg 5$.

10. 已知 $\log_{28} 4=0.2359$，求 $\log_{28} 49$.

4.2.3　换底公式

【知识要点预习】

1. 换底公式：$\log_b N=$ ＿＿＿＿．（换成以 a 为底，$a>0$ 且 $a\neq 1$）
2. $\log_a b$ 与 $\log_b a$ 互为倒数（$a>0$，$b>0$，且均不等于 1），即 $\log_a b=$ ＿＿＿＿．
即 $\log_a b \cdot \log_b a=$ ＿＿＿＿．
3. $\log_{a^n} b=$ ＿＿＿＿；$\log_{a^m} b^n=$ ＿＿＿＿；$\log_{a^m} a^n=$ ＿＿＿＿．
4. $\log_a b \cdot \log_b c \cdot \log_c d=$ ＿＿＿＿．（a，b，c 均大于 0，且不等于 1；d 大于 0）
5. 若 $ab=1$，则 $\log_a b=$ ＿＿＿＿．

【知识要点梳理】

1. 换底公式：$\log_b N=\dfrac{\log_a N}{\log_a b}$．（$a>0$，$b>0$，$a\neq 1$，$b\neq 1$，$N>0$）．

2. 推论(1)：$\log_a b$ 与 $\log_b a$ 互为倒数（$a>0$，$b>0$，且均不等于1），即 $\log_a b = \dfrac{1}{\log_b a}$.

即 $\log_a b \cdot \log_b a = 1$.

推论(2)：$\log_a b \cdot \log_b c \cdot \log_c d = \log_a d$.（$a$，$b$，$c$ 均大于0，且不等于1；d 大于0）

推论(3)：$\log_{a^n} b = \dfrac{1}{n}\log_a b$.

推论(4)：$\log_{a^m} b^n = \dfrac{n}{m}\log_a b$.

推论(5)：$\log_{a^m} a^n = \dfrac{n}{m}$.

推论(6)：若 $ab=1$，则 $\log_a b = -1$.

【知识盲点提示】

利用换底公式时要表示成分式，分子分母的底数是欲换成的新的底数，分子的真数是原来对数的真数，分母的真数是原来对数的底数，其中 N，b 的相对位置上下是不变的.

【课堂基础训练】

一、选择题

1. 利用换底公式表示 $\log_3 4$ 不正确的是（　　）.

　　A. $\dfrac{\lg 4}{\lg 3}$　　B. $\dfrac{\log_2 4}{\log_2 3}$　　C. $\dfrac{\log_{0.125} 4}{\log_{0.125} 3}$　　D. $\dfrac{\ln 3}{\ln 4}$

2. $\log_3 4 \log_{25} 9 \log_{16} 5 = ($　　$)$.

　　A. 2　　B. 3　　C. $\dfrac{1}{2}$　　D. $\dfrac{2}{3}$

3. 若 $\lg 2 = a$，$\lg 7 = b$，则 $\log_5 14 = ($　　$)$.

　　A. $\dfrac{ab}{2a+3}$　　B. $\dfrac{a+b}{1-a}$　　C. $\dfrac{a-b}{a+b}$　　D. $\dfrac{ab}{a+b}$

二、填空题

4. 求值：$\log_{\frac{1}{2}} 2 = $ _____.

5. 求值：$\log_{\sqrt{2}}(\sqrt{2})^{50} = $ _____.

三、解答题

6. 若 $\log_5(\log_9 x) = 0$，求 $\log_x 9$ 的值.

【课堂拓展训练】

一、选择题

1. 设 $\lg 2=a$，$\lg 3=b$，则 $\log_5 24=(\quad)$.

   A. $\dfrac{2a+b}{1+a}$ B. $\dfrac{a+2b}{1+a}$ C. $\dfrac{a+3b}{1-a}$ D. $\dfrac{3a+b}{1-a}$

2. $\dfrac{\log_4 27}{\log_3 2}$ 的值为（　　）.

   A. $\dfrac{2}{3}$ B. $\dfrac{3}{2}$ C. $\dfrac{3}{2} \cdot \dfrac{\log_2 3}{\log_3 2}$ D. 3

3. 设 $\log_9 4 \cdot \log_2 5 \cdot \log_5 x = 3$，则 $x=(\quad)$.

   A. 17 B. 27 C. 10 D. 3

二、填空题

4. 计算：$\log_{(2-\sqrt{3})}(2+\sqrt{3})=$ _____.

5. 计算：$4\log_{\frac{1}{2}}\dfrac{\sqrt{3}}{2}=$ _____.

三、解答题

6. 已知 $\log_2 3=a$，$\log_3 7=b$，用 a，b 表示 $\log_{21} 56$.

4.2.4　对数函数

【知识要点预习】

1. 定义：一般地，函数_____（$a>0$，$a\neq 1$，$x>0$）称为对数函数.
2. 对数函数的性质：(1)定义域是_____，值域是_____；

   (2)当 $x=1$ 时，_____，即函数的图像都经过点_____；

   (3)在其定义域内，当 $a>1$ 时这个函数是_____函数，当 $0<a<1$ 时这个函数是_____函数.

【知识要点梳理】

1. 定义：一般地，函数 $y=\log_a x$（$a>0$，$a\neq 1$，$x>0$）称为对数函数.
2. 对数函数的图像及性质：

函数	对数函数 $y=\log_a x$ ($a>0$ 且 $a\neq 1$)	
	$a>1$	$0<a<1$
图像	(图像：过(1,0)的递增曲线)	(图像：过(1,0)的递减曲线)
定义域	$(0,+\infty)$	
值域	R	
奇偶性	非奇非偶	
单调性	在$(0,+\infty)$内是增函数	在$(0,+\infty)$内是减函数
函数值变化	$\log_a x \begin{cases} >0, & x>1 \\ =0, & x=1 \\ <0, & 0<x<1 \end{cases}$	$\log_a x \begin{cases} <0, & x>1 \\ =0, & x=1 \\ >0, & 0<x<1 \end{cases}$
定点	因为 $\log_a 1=0$，所以恒过定点 $(1,0)$	
图像特征	因为 $x>0$，所以图像在 y 轴右侧	

3. 特殊性质：(1) $y=\log_a x$ 与 $y=\log_{\frac{1}{a}} x$ 的图像关于 x 轴对称.

(2) $y=a^x$ 与 $y=\log_a x$ 的图像关于直线 $y=x$ 对称.

(3) $0<a<1$ 时或 $a>1$ 时，在直线 $x=1$ 的右侧，大底在下.

【知识盲点提示】

对于底数不确定的对数函数问题，要对底数 a 分 $a>1$ 和 $0<a<1$ 两种情况进行讨论.

【课堂基础训练】

一、选择题

1. 下列函数中是对数函数的是( ).

    A. $y=\log_x 3$ B. $y=\log_{0.7} x$

    C. $y=\log_{-2} x$ D. $y=\log_x(-3)$

2. 若函数 $y=\log_a x$ 的图像过点 $\left(\dfrac{1}{16}, 4\right)$，则底数 $a=$( ).

    A. 2   B. -2 C. $\dfrac{1}{2}$ D. $-\dfrac{1}{2}$

3. 函数 $y=\log_{0.3} x$ ( ).

    A. 在区间 $(0,+\infty)$ 内是增函数   B. 在区间 $(-\infty,+\infty)$ 内是增函数

C. 在区间$(0,+\infty)$内是减函数　　　D. 在区间$(-\infty,+\infty)$内是减函数

4. 所有对数函数都经过点(　　).

　　A. $(0,1)$　　　　B. $(1,0)$　　　　C. $(1,1)$　　　　D. $(0,0)$

5. 若函数$f(x)=\log_5 x$，则$f(\sqrt[2]{125})=$(　　).

　　A. $\dfrac{3}{7}$　　　B. 1　　　C. $\dfrac{2}{3}$　　　D. $\dfrac{3}{2}$

6. 当$0<a<1$时，函数$y=a^{-x}$和$y=\log_a x$在同一直角坐标系中的图像只能是(　　).

A. 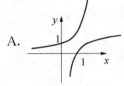　　　B.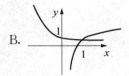

C. 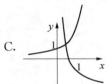　　　D.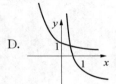

7. 下列函数的图像完全相同的是(　　).

　　A. $y=\ln x^2$与$y=(\ln x)^2$　　　　B. $y=|\log_3 x|$与$y=\sqrt{(\log_3 x)^2}$

　　C. $y=(x+1)^0$与$y=\dfrac{x^2-1}{x+1}$　　　D. $y=x^{-2}$与$y=\sqrt{x}$

8. 函数$y=\log_{\frac{1}{3}}(9-x^2)$的值域为(　　).

　　A. $(-2,+\infty)$　　B. $(-\infty,-2)$　　C. $(-\infty,-2]$　　D. $[-2,+\infty)$

9. 下列函数既是增函数又是奇函数的是(　　).

　　A. $y=\left(\dfrac{3}{7}\right)^x$　　B. $y=\left(\dfrac{7}{2}\right)^x$　　C. $y=-x^2$　　D. $y=\log_5 5^x$

10. 函数$y=\log_2 x$在区间$\left[\dfrac{1}{8},8\right]$上的最值之积为(　　).

　　A. -4　　　B. -9　　　C. 0　　　D. 1

二、填空题

11. 比较大小：$\log_5 0.6$ _____ $\log_5 0.2$；$\log_{0.7} 8$ _____ $\log_{0.7} 2$.

12. 已知$M=\{0,1,2,3\}$，$N=\{x\mid \log_3 x<1\}$，则$M\cap N=$ _____ .

13. 函数$y=\log_3 x$与函数$y=3^x$的图像关于 _____ 对称.

14. 设$f(x)=\lg x-9$，则$f(100)=$ _____ .

15. 若$\log_{0.8} x\geqslant 1$，则x的取值范围是 _____ .

16. 已知$f(x)=\begin{cases}\log_2 x,&x\in(0,+\infty)\\ x^2+9,&x\in(-\infty,0)\end{cases}$，则$f[f(-\sqrt{23})]=$ _____ .

三、解答题

17. 求下列函数的定义域.

(1) $y=\log_7(5-2x)$;

(2) $y=\log_{0.8}|x|$;

(3) $y=\dfrac{1}{\log_{\frac{1}{2}}x-1}$;

(4) $y=\log_{(x-2)}\sqrt{9-x^2}$.

18. 求函数 $y=\log_2(x^2-5x+6)$ 的单调递减区间.

19. 已知函数 $f(x)=\log_3(x^2-a)$,若 $f(3)=1$,求 a 的值.

20. 已知函数 $f(x)=\log_2(ax+b)$,且 $f(2)=2$,$f(3)=3$,求 a,b 的值.

【课堂拓展训练】

一、填空题

1. 函数 $y=\log_3 x$ 与函数 $y=\log_{\frac{1}{3}} x$ 的图像关于_____对称.

2. 方程 $\log_2(x-1)+\log_2(x+1)=3$ 的解集是_____.

3. 不等式 $\log_x(2x+1)>1$ 的解集是_____.

4. 若 $\log_7[\log_8(\log_2 x)]<0$，则 x 的取值范围是_____.

5. 若 $a=\log_{0.5} 0.4$，$b=0.4^{\frac{7}{4}}$，$c=\log_{\frac{5}{3}} 0.9$，则 a，b，c 按从小到大的顺序为_____.

6. 函数 $y=\log_3(x+1)+2$ 的图像必过点_____.

二、解答题

7. 求下列函数的定义域：

(1) $y=\sqrt{\lg x-3}$；

(2) $y=\dfrac{\sqrt{\log_{0.2}(x-3)}}{2-x}$.

8. 解下列方程：

(1) $\lg(x+1)+\lg(x-2)=1$；

(2) $\log_{(x-1)}(x^2+x-6)=2$.

9. 解下列对数不等式：

(1) $\log_8(x^2-8)>\log_8(-2x)$；

(2) $\log_{0.6}(x^2-2x-3)<\log_{0.6}(2x^2+x-1)$.

10. 求下列各对数不等式中 x 的取值范围：

(1) $\log_x 7 < \log_x 9$；

(2) $\log_x 7 > 1$.

4.3 指数函数与对数函数的应用

【学习目标导航】

1. 能够运用指数函数、对数函数知识解决某些简单的实际应用问题.
2. 培养分析、解决问题的能力和运用数学的意识，渗透数学建模的思想.

【知识要点预习】

1. 指数函数的解析式为_____.
2. 对数函数的解析式为_____.
3. 指数式与对数式的互化：_____.

【知识要点梳理】

一、指数函数

一般地，函数 $y = a^x (a > 0$，且 $a \neq 1)$ 叫作指数函数.

二、对数函数

一般地，函数 $y = \log_a x (a > 0$，且 $a \neq 1)$ 叫作对数函数.

三、指数式与对数式的互化

$$a^b = N \Leftrightarrow \log_a N = b$$

【知识盲点提示】

1. 根据实际问题建立正确的指数函数和对数函数的模型.
2. 求解时注意正确使用指对互化.

【课堂基础训练】

一、选择题

1. 容器中现有纯硫酸 100 L，每次从中倒出一半后再加满水，则操作 6 次后，容器中纯硫酸的含量为(　　).

A. $100 \times \left(\dfrac{1}{2}\right)^6$

B. $\left(100 \times \dfrac{1}{2}\right)^6$

C. $100\times\left(\dfrac{1}{2}\right)^7$ D. $\left(100\times\dfrac{1}{2}\right)^7$

2. 某单位的生产总值经过 5 年翻了两番（即是原来的 4 倍），则每年比上一年平均增长的百分比为（   ）．（已知 $2^{\frac{2}{5}}=1.32$）

  A. 50%　　　　　　B. 40%　　　　　　C. 32%　　　　　　D. 20%

3. 某城市的人口自然增长率为 1.2%，则该城市人口的倍增期为（   ）．（已知：$\lg 2=0.301\,0$，$\lg 1.012=0.005\,2$）

  A. 57　　　　　　　B. 58　　　　　　　C. 59　　　　　　　D. 60

二、填空题

4. 某种细胞每 15 min 分裂一次（一个分裂成两个），则经过 _____ h 后，这种细胞由一个分裂成 1 024 个．

5. 已知镭 - 226 是最稳定的同位素，经过 200 年剩留的质量约是初始质量的 91.8%，则镭 - 226 的半衰期为 _____．（已知 $\lg 0.5=-0.301\,0$，$\lg 0.918=-0.037\,2$）

三、解答题

6. 根据建设有中国特色的社会主义的战略方针政策，我国工农业生产总值从 2003 年，经过 20 年，到 2023 年将要翻两番，年平均增长率应为多少？（已知 $\lg 2=0.301\,0$，$\lg 3=0.477\,1$，$\lg 1.072=0.030\,1$）

【课堂拓展训练】

一、选择题

1. 近些年随着电子技术的迅猛发展，计算机的成本不断降低，若每隔 4 年计算机的价格降低 $\dfrac{1}{4}$，则现在价格 6 400 元的计算机经过 12 年后价格降为（   ）．

  A. 2 700 元　　　　B. 1 600 元　　　　C. 2 400 元　　　　D. 1 800 元

2. 某湖泊中的蓝藻每天以 6.25% 的增长率呈指数增长，经过 30 天后，该湖泊的蓝藻数约为原来的 6 倍，则经过 60 天后该湖泊的蓝藻数大约为原来的（   ）．

  A. 18 倍　　　　　B. 24 倍　　　　　C. 32 倍　　　　　D. 36 倍

3. 人类用分贝来划分声音的等级，声音的等级 $f(x)$ 与声音强度 x 满足 $f(x)=9\lg\dfrac{x}{10^{-3}}$．一般两人小声交谈时，声音的等级为 54 dB，在有 50 人的课堂上讲课时，老师声音的强度为两人交谈时声音强度的 10 倍，则老师声音的等级为（   ）．

A. 36 dB　　　　B. 63 dB　　　　C. 72 dB　　　　D. 81 dB

二、填空题

4. 某台机床出厂价为 60 万元，按每年 3% 折旧，10 年后的价格为_____（用代数式表示）．

5. 某产品的成本价为 2 元，由于物价上涨，该产品的成本价以 5% 的幅度增长，_____年后该产品的成本价涨到 8 元．

三、解答题

6. 现有一台抽水泵每次可以抽出蓄水池内水的 60%，要使蓄水池中的水少于原来的 0.1%，则至少需要抽几次．（$\lg 2 = 0.3010$）

第 4 章单元测试题 A 卷

（满分 120 分，时间 120 分钟）

一、选择题（本大题共 15 个小题，每小题 3 分，共 45 分）

1. 下列式子中不成立的是（　　）．

　　A. $\sqrt{a^2} = \pm a$　　　　　　　　B. $\sqrt{a^2} = |a|$

　　C. $\sqrt{a^2} = a$　　　　　　　　　D. $\sqrt{a^2} = \begin{cases} a, & a \geq 0 \\ -a, & a < 0 \end{cases}$

2. 若 $2^m \cdot 4^n = 16$，则必有（　　）．

　　A. $mn = 4$　　B. $mn = 2$　　C. $m + 2n = 2$　　D. $m + 2n = 4$

3. 已知 $a = 2^{1.5}$，$b = 1.5^0$，$c = \left(\dfrac{1}{3}\right)^{1.5}$，则 a，b，c 的大小关系是（　　）．

　　A. $a > c > b$　　B. $c > a > b$　　C. $b > a > c$　　D. $a > b > c$

4. 如果 $a > b$，那么下列各不等式中恒成立的是（　　）．

　　A. $a^2 > b^2$　　　　　　　　　　B. $ac > bc$

　　C. $\lg (a - b) > 0$　　　　　　　　D. $2^{-a} < 2^{-b}$

5. 若函数 $y = (2a - 3)^x$ 是指数函数，则 a 的取值范围是（　　）．

　　A. $\left\{ a \,\middle|\, a > \dfrac{3}{2} \right\}$　　　　　　B. $\left\{ a \,\middle|\, a > \dfrac{3}{2} \text{ 且 } a \neq 2 \right\}$

C. $\{a \mid a < \frac{3}{2}\}$ D. $\{a \mid a \neq 2\}$

6. 函数 $y = \log_{\frac{1}{2}}(x+1)$ 的图像是( ).

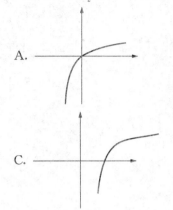

7. 若函数 $y = -a^x$ 的图像过点 $\left(3, -\frac{1}{8}\right)$，则 a 的值为( ).

   A. 2   B. -2 C. $-\frac{1}{2}$ D. $\frac{1}{2}$

8. 已知 $A = \left\{x \mid \frac{1}{8} < 2^x < 2\right\}$，$B = \{x \mid x^2 - 5x + 6 > 0\}$，则下列关于 A，B 间的关系正确的是( ).

   A. $A \cup B = B$ B. $B \subseteq A$ C. $A \cap B = \varnothing$ D. $A \cup B = \mathbf{R}$

9. 设 $x, y \in \mathbf{R}$，则 "$x > y$" 是 "$\log_2 x > \log_2 y$" 的( )条件.

   A. 充分不必要   B. 必要不充分
   C. 充要   D. 既不充分也不必要

10. 下列说法中不正确的是( ).

    A. 0 和负数没有对数
    B. 一个数的对数可以等于 0 和负数
    C. 以 $a(a > 0$ 且 $a \neq 1)$ 为底，1 为真数的对数等于 0
    D. 以 2 为底，4 为真数的对数等于 ± 2

11. 函数 $f(x) = 2^{x^2 - 2x}$ 的单调递增区间是( ).

    A. $(-\infty, -2)$ B. $(-\infty, -1)$ C. $(1, +\infty)$ D. $(4, +\infty)$

12. 下列函数中，既是偶函数又在区间 $(0, +\infty)$ 内单调递增的是( ).

    A. $f(x) = \lg |x|$ B. $f(x) = 0.2^{|x|}$
    C. $f(x) = -x^2$ D. $f(x) = 2x$

13. 函数 $f(x) = \sqrt{\lg(1-x)}$ 的定义域为( ).

    A. $(-\infty, 0)$ B. $(-\infty, 0]$ C. $(0, 1)$ D. $[0, 1]$

14. 某加工厂 2005 年的年产值为 a 万元，若产值每年的增长率为 5%，则该厂到 2025 年的年产值为( )万元.

A. $a(1+5\%)^{20}$ B. $a(1-5\%)^{20}$

C. $a(1+5\%)^{21}$ D. $a(1-5\%)^{21}$

15. 已知 $\lg[\lg(\lg x)]=0$，则 $x^{-\frac{1}{5}}$ 的值为（   ）．

A. 100   B. 0.1   C. 0.01   D. 10

二、填空题（本大题共 15 个小题，每小题 2 分，共 30 分）

16. 计算：$(\sqrt{2\sqrt{2}})^{\frac{4}{3}}-4\times\left(\frac{16}{49}\right)^{\frac{1}{2}}-10^{1-\lg 2}=$ _____．

17. 函数 $y=\sqrt{2^x-1}$ 的定义域为 _____．

18. 已知 $\left(\frac{1}{5}\right)^x=125^{x^2}$，则 x 的取值为 _____．

19. 比较大小：$0.31^{-\frac{1}{2}}$ _____ $0.31^{-\frac{1}{3}}$．

20. $\lg^2 2+\lg^2 5+2\lg 2\cdot\lg 5=$ _____．

21. 已知函数 $f(x)=3^x$，则 $f(\log_3 2)=$ _____．

22. 已知函数 $y=a^{2x-2}+3$（$a>0$ 且 $a\neq 1$）的图像恒过定点 P，则点 P 的坐标是 _____．

23. 若函数 $y=f(x)$ 的图像与函数 $y=2^{-x}$ 的图像关于 y 轴对称，则 $f(x)=$ _____．

24. 方程 $2^{2x}-2^x-6=0$ 的解为 _____．

25. 不等式 $2^{-x^2+2x}>\left(\frac{1}{2}\right)^{x+4}$ 的解集为 _____．

26. 已知 $\log_a\frac{1}{2}=m$，$\log_a 3=n$，则 $a^{m+n}=$ _____．

27. 已知 $(\lg x)^2-\lg x-2=0$，则 $x=$ _____．

28. 若 $a>0$ 且 $a\neq 1$，则 $\log_2 a\cdot\log_{a^2} 4=$ _____．

29. 已知函数 $f(x)=\log_a(x+2)$（$a>0$，且 $a\neq 1$），若图像过点 $(6,3)$，则 $f(2)=$ _____．

30. 若函数 $f(x)=\log_a x$（$a>1$）在 $[a,2a]$ 上的最大值是最小值的 3 倍，则 $a=$ _____．

三、解答题（本大题共 7 个小题，共 45 分）

31. （6 分）计算：$\left(\frac{4}{9}\right)^{-\frac{1}{2}}-\left(\frac{\sqrt{5}}{2}\right)^0+\log_3\frac{1}{9}+\log_2 32$．

32. (6分)解方程：$\left(\dfrac{1}{2}\right)^{1-x^2} \cdot \log_{16} 4 = 3^{\log_3 2}$.

33. (6分)求函数 $y = \sqrt{1-2^{x+1}} + \lg(x+4)$ 的定义域.

34. (6分)若函数 $f(x) = \log_{2a-1} x$ 在 $(0, +\infty)$ 内为减函数，且函数 $g(x) = (3-3a)^x$ 在 $(-\infty, +\infty)$ 内为增函数，求 a 的取值范围.

35.(7分)关于 x 的一元二次方程 $x^2-2x+\ln a=0$ 有一个正根和一个负根,求实数 a 的取值范围.

36.(7分)已知函数 $f(x)=\log_2\dfrac{1+x}{1-x}$,

(1)求函数 $f(x)$ 的定义域;(2)判断函数 $f(x)$ 的奇偶性,并予以证明.

37.(7分)已知函数 $f(x)=\log_2(ax+b)$,且 $f(1)=2$,$f(-1)=3$. 求 $f(2)$ 的值.

第4章单元测试题 B 卷

(满分 120 分，时间 120 分钟)

一、选择题(本大题共 15 个小题，每小题 3 分，共 45 分)

1. 下列根式与分数指数幂的互化中正确的是( ).
   A. $-\sqrt{x}=(-x)^{\frac{1}{2}}(x\geqslant 0)$ B. $\sqrt[6]{x^2}=x^{\frac{1}{3}}(x\leqslant 0)$
   C. $x^{-\frac{3}{4}}=\sqrt[4]{\left(\frac{1}{x}\right)^3}(x>0)$ D. $x^{-\frac{1}{3}}=-\sqrt[3]{x}(x\neq 0)$

2. 化简：$\sqrt{a\sqrt{a\sqrt{a}}}$ 的结果为( ).
   A. $a^{\frac{1}{4}}$ B. $a^{\frac{1}{3}}$ C. $a^{\frac{1}{2}}$ D. $a^{\frac{7}{8}}$

3. 若 $10^{2x}=25$，则 $10^{-x}=$( ).
   A. $-\frac{1}{5}$ B. $\frac{1}{5}$ C. $\frac{1}{50}$ D. $\frac{1}{625}$

4. 已知 $A=\{x\mid y=e^x\}$，$B=\{y\mid y=e^x\}$，则 $A\cap B=$( ).
   A. $(0,+\infty)$ B. $[0,+\infty)$ C. $[1,+\infty)$ D. $(1,+\infty)$

5. 化简：$\log_2\frac{1}{2}+\log_2\frac{2}{3}+\log_2\frac{3}{4}+\cdots+\log_2\frac{31}{32}=$( ).
   A. 5 B. 4 C. -4 D. -5

6. 下列函数中，其定义域和值域分别与函数 $y=10^{\lg x}$ 的定义域和值域相同的是( ).
   A. $y=x$ B. $y=\lg x$ C. $y=2^x$ D. $y=\frac{1}{\sqrt{x}}$

7. 已知 $a>b>0$，那么下列不等式中不正确的是( ).
   A. $2^{-a}<2^{-b}$ B. $\log_{0.2}a<\log_{0.2}b$
   C. $0.2^a<0.2^b$ D. $\log_2 a<\log_2 b$

8. 若 $a>1$，则函数 $f(x)=\log_a x$ 和 $g(x)=\left(\frac{1}{a}\right)^x$ 在同一坐标系内的图像是( ).

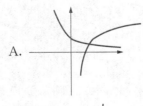
A.

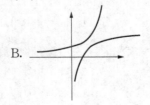
B.

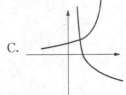
C.

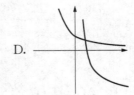
D.

9. 使得关于 x 的方程 $2^x = m-2$ 有解的实数 m 的取值范围是(   ).
   A. $m > 0$ B. $m \geqslant 0$ C. $m > 2$ D. $m \geqslant 2$

10. 已知 $\lg 2 = a$, $\lg 3 = b$, 则 $\log_5 12 = ($ $)$.
    A. $\dfrac{2a+b}{1+a}$ B. $\dfrac{a+2b}{1+a}$ C. $\dfrac{a+2b}{1-a}$ D. $\dfrac{2a+b}{1-a}$

11. 函数 $f(x) = \ln(x^2 - 2x - 8)$ 的单调递增区间是(   ).
    A. $(-\infty, -2)$ B. $(-\infty, -1)$ C. $(1, +\infty)$ D. $(4, +\infty)$

12. 下列函数中，既是奇函数又在区间 $[-1, 1]$ 上单调递减的是(   ).
    A. $f(x) = \dfrac{1}{x}$ B. $f(x) = 2^{|x|}$
    C. $f(x) = \lg 10^x$ D. $f(x) = -3x$

13. 若函数 $f(x) = 1 - \log_a(x-1)$ $(a > 0$ 且 $a \neq 1)$ 的图像恒过点 A, 则下列函数中图像经过点 A 的是(   ).
    A. $y = \sqrt{1-x}$ B. $y = |x-2|$
    C. $y = 2^x - 1$ D. $y = \log_4(2x)$

14. 某饭店一名服务员两个月内的工资从 2 000 元涨到 3 380 元，则该名服务员的工资平均每月的增长率为(   ).
    A. 10% B. 20% C. 30% D. 40%

15. 已知 $\log_a \dfrac{3}{4} < 1$, 则 a 的取值范围是(   ).
    A. $\left\{ a \mid a < \dfrac{3}{4} \right\}$ B. $\left\{ a \mid 0 < a < \dfrac{3}{4} \text{ 或 } a > 1 \right\}$
    C. $\left\{ a \mid \dfrac{3}{4} < a < 1 \right\}$ D. $\left\{ a \mid a > \dfrac{3}{4} \right\}$

二、填空题（本大题共 15 个小题，每小题 2 分，共 30 分）

16. 若 $(x-5)^2 + |x - 10y| = 0$, 则 $\log_2 y^x = $ _____.

17. 若 $3^x = \dfrac{9}{8}$, $3^y = 24$, 则 $x + y = $ _____.

18. 已知函数 $y = a^x$ $(a > 0$ 且 $a \neq 1)$ 的图像经过点 $P\left(2, \dfrac{1}{2}\right)$, 则 $a = $ _____.

19. 若函数 $y = a^x$ 在 $[0, 1]$ 上的最大值与最小值之和为 3, 则 $a = $ _____.

20. 函数 $f(x) = a^x + b$ $(a > 1, b < -1)$ 不经过第 _____ 象限.

21. 已知函数 $f(x) = \log_a x$ $(a > 0$ 且 $a \neq 1)$ 且 $f(-2) < f(-3)$, 则 a 的取值范围是 _____.

22. $2\lg 5 + \lg 4 - 5^{\log_5 2} = $ _____.

23. 若 $\log_{\frac{1}{2}}(4x - 1) > -2$, 则 x 的取值范围是 _____.

24. 设函数 $g(x) = \begin{cases} e^x, & x \leqslant 0 \\ \ln x, & x > 0 \end{cases}$, 则 $g[g(1)] = $ _____.

25. 函数 $f(x)=1+2^x$ 的值域为_____.

26. 已知对数函数 $f(x)$ 的图像过点 $(4,2)$，则 $f(8)=$_____.

27. 不等式 $2^{|x-1|}<4$ 的解集是_____.

28. 若 $a=\log_{0.2}0.1$，$b=\log_2 0.2$，$c=0.2^{\frac{3}{2}}$，则 a，b，c 按从小到大的顺序为_____.

29. 若 $x\cdot\log_3 2=1$，则 $2^x=$_____.

30. 已知 $\left(\dfrac{3}{2}\right)^{x^2-2x}=\left(\dfrac{2}{3}\right)^y$，则函数 y 的值域为_____.

三、解答题(本大题共 7 个小题，共 45 分)

31. (6 分) 求函数 $y=\log_{(2x-1)}(-4x+8)$ 的定义域.

32. (6 分) 计算：$\lg 8+\lg 125-\left(\dfrac{1}{7}\right)^{-2}+16^{\frac{3}{4}}+4\times(\lg 0.01)^{-2}-\log_5 3\cdot\log_3 25+\log_2\sqrt{8}$.

33. (6 分) 已知 $x+x^{-1}=5$，求值：x^2+x^{-2}.

34.(6分) 解方程：(1)$3^{x+1}-9^x+18=0$；(2)$2\lg x - \lg 3x = \lg 5$.

35.(7分) 已知 $\lg a$，$\lg b$ 是方程 $x^2-3x+1=0$ 的两个根，求 ab 的值.

36.(7分) 已知对数函数 $f(x)$ 满足 $f(\sqrt{5}+1)+f(\sqrt{5}-1)=\dfrac{1}{2}$，求：(1)$f(x)$ 的解析式；(2)$f(\sqrt{2})$.

37.(7分) 已知函数 $f(x)=-4x^2+2(\lg m)x-1$ 的最大值为 3，求 m 的值.

三角函数

知识导图

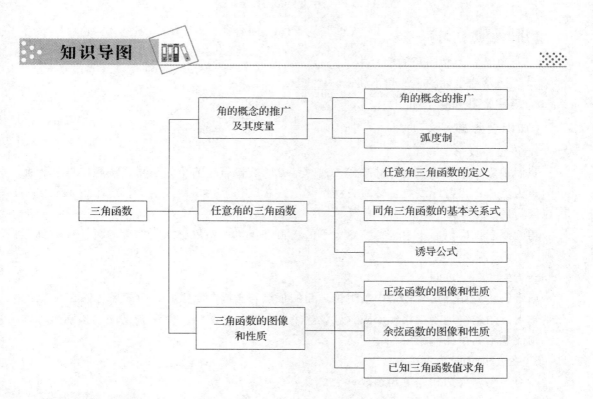

【学习目标导航】

1. 了解正角、负角和零角的含义，了解终边相同角的概念及判定方法，学会判断角所在象限.

2. 理解角度制与弧度制互换，了解1弧度的定义及弧度制、弧长公式和扇形面积公式.

3. 理解任意角α三角函数的定义，学会判断任意角三角函数的正负号，掌握特殊角的三角函数值.

4. 理解同角三角函数的平方关系和商数关系.

5. 掌握诱导公式，能运用诱导公式化简三角函数，求任意角的三角函数值及证明简单的三角恒等式.

6. 理解正弦函数和余弦函数在$[0,2\pi]$上的图像与性质. 会用"五点法"作图, 理解函数图像的单调性、奇偶性等其他性质.

7. 已知三角函数值会求指定范围内的角.

5.1 角的概念的推广及度量

5.1.1 角的概念的推广

【知识要点预习】

1. 与角 α 终边相同角的集合为_____.

2. 终边落在坐标轴上的角不属于_____.

3. 第一象限角集合为_____.

【知识要点梳理】

1. 正角、负角、零角.

我们规定一条射线, 绕着其端点按逆时针方向旋转而成的角为正角; 按顺时针旋转而成的角为负角; 当射线没有旋转时, 我们也把它看成一个角, 称为零角. 记作角 α 或 $\angle \alpha$, 可以简写成 α.

角的概念推广以后, 它包括任意大小的正角、负角和零角. 由此把角的概念推广到任意角.

2. 象限角.

通常将角放在直角坐标系中来讨论, 角的顶点与坐标原点重合, 角的始边落在 x 轴的正半轴上, 角的终边落在第几象限, 就说这个角是第几象限角. (如果角的终边落在坐标轴上, 则此角不属于任何象限.)

3. 终边相同的角.

所有与角 α 终边相同的角组成一个集合, $S=\{\beta \mid \beta=\alpha+k \cdot 360°, k \in \mathbf{Z}\}$. 即任何一个与角 α 终边相同的角都可以表示成角 α 与整数个周角的和.

4. $\alpha+\beta$ 及 $\alpha-\beta$ 画法.

先旋转 α, 再以 α 的终边为始边按逆时针方向旋转 β 角, 得到 $\alpha+\beta$; 按顺时针方向旋转 β 角, 得到 $\alpha-\beta$.

【知识盲点提示】

1. 终边相同的角 $k \cdot 360°+\alpha(k \in \mathbf{Z})$ 中, k 为任意整数, α 是任意角. $k \cdot 360°$ 与 α 之间是"+"号. 如 $k \cdot 360°-60°$, 则看成 $k \cdot 360°+(-60°)$. 终边相同的角不一定相等, 但相等的角终边一定相同. 终边相同的角有无数多个, 它们相差 $360°$ 的整数倍.

2. 注意象限角集合, 终边落在坐标轴上与终边落在 $y= \pm x$ 上角的集合写法.

3. 注意锐角$(0°,90°)$、第一象限角$(k·360°,k·360°+90°)(k∈\mathbf{Z})$、$0°\sim 90°(0°\leqslant \theta<90°)$、小于$90°$的角的区别；钝角$(90°,180°)$、第二象限角$(k·360°+90°,k·360°+180°)(k∈\mathbf{Z})$的区别.

【课堂基础训练】

一、选择题

1. 下列命题中正确的是( ).
   A. 终边相同的角一定相等   B. 第二象限的角是钝角
   C. 钝角是第二象限角   D. 大于$90°$的角是钝角

2. 已知下列各角$-60°$、$-120°$、$180°$、$495°$、$-225°$，其中是第二象限角的是( ).
   A. $-120°$ $-225°$
   B. $-225°$ $180°$
   C. $495°$ $180°$
   D. $495°$ $-225°$

3. 已知各组角中，终边相同的角是( ).
   A. $-225°$ $45°$
   B. $-240°$ $120°$
   C. $480°$ $-120°$
   D. $-840°$ $260°$

4. $-150°$角的终边在( ).
   A. 第一象限   B. 第二象限   C. 第三象限   D. 第四象限

5. 下列各角中，终边落在坐标轴上的角是( ).
   A. $-270°$ B. $-300°$ C. $315°$ D. $240°$

6. 在$0°\sim 360°$范围内，与$-215°$终边相同的角为( ).
   A. $135°$ B. $145°$ C. $-35°$ D. $515°$

7. 终边落在第三象限的角集合为( ).
   A. $\{\alpha\mid k·360°+90°<\alpha<k·360°+180°,k\in\mathbf{Z}\}$
   B. $\{\alpha\mid k·360°+180°<\alpha<k·360°+360°,k\in\mathbf{Z}\}$
   C. $\{\alpha\mid k·360°-180°<\alpha<k·360°-90°,k\in\mathbf{Z}\}$
   D. $\{\alpha\mid 180°<\alpha<270°\}$

8. 下列命题中正确的是( ).
   A. 第二象限的角都比第一象限的角大   B. 若$180°\leqslant\alpha\leqslant 270°$，则$\alpha$是第三象限角
   C. 第四象限角都大于$270°$ D. $-240°$是第二象限角

9. 若α是第二象限角，则$\dfrac{\alpha}{2}$是( ).
   A. 第一或三象限角   B. 第二或四象限角
   C. 第一或二象限角   D. 第三或四象限角

10. 经过$3\,\text{h}$，时针所转过的角度为( ).
    A. $90°$ B. $-90°$ C. $1\,080°$ D. $-1\,080°$

二、填空题

11. 与$-400°$终边相同的角的集合为_____.

12. 终边与坐标轴重合的角的集合为_____.

13. 在(-360°,360°)范围内,与1 020°终边相同的角为_____.

14. $\dfrac{\alpha}{2}$为锐角,则α的范围为_____.

15. -460°角的终边落在第_____象限.

16. 2 130°的角所在象限是_____.

三、解答题

17. 在0°~360°范围内,找出分别与下列各角终边相同的角,并判断它们是第几象限角.

   (1)-45°;　　(2)-600°;　　(3)580°;　　(4)1 110°.

18. 求和,并作图表示下列各角.

   (1)30°+75°;　　(2)-30°+60°;　　(3)45°-180°.

19. 在(-360°,360°)范围内,写出与下列各角终边相同的角.

   (1)980°;　　(2)-150°;　　(3)398°15′.

20. 下列哪些角的终边落在坐标轴上.

   600°　　-540°　　390°　　630°　　1 080°

【课堂拓展训练】

一、填空题

1. α 为第一象限角,则 $180°+\alpha$ 为第_____象限角.

2. 将钟表分针拨慢了 5 min,分针所转过的角度为_____.

3. 与 530°终边相同的角中,最大负角为_____,最小正角为_____.

4. α 为第一象限角,则 2α 的终边落在_____.

5. 30°的角与 $-30°$ 的角的终边关于_____对称.

6. $-950°12'$ 是第_____象限角.

二、解答题

7. 写出下列各角的集合:

(1) 角 α 的终边落在 x 轴正半轴上;

(2) 角 α 的终边落在 x 轴负半轴上;

(3) 角 α 的终边落在 x 轴上;

(4) 角 α 的终边落在 y 轴正半轴上;

(5) 角 α 的终边落在 y 轴负半轴上;

(6) 角 α 的终边落在 y 轴上;

(7) 角 α 的终边落在坐标轴上.

8. 写出角 α 终边落在 $y=x$ 和 $y=-x$ 上的角的集合.

9. 已知 $\alpha=-760°$.

(1) 写出在 $(-720°, 360°)$ 内与 α 终边相同的角.

(2) 将 α 化为 $k\cdot 360°+\beta$ 形式,并且使 β 为最小非负角.

10. α 为第四象限角,那么 $\dfrac{\alpha}{2}$ 是第几象限角?

5.1.2 弧度制

【知识要点预习】

1. 度量角的两种制度：_____和_____.
2. 角度制与弧度制的换算关系：$1°=$_____；$1\text{rad}=$_____.
3. 弧长公式：_____；扇形面积：_____.

【知识要点梳理】

1. 弧度的概念.

我们把等于半径长的圆弧所对的圆心角称为 1 弧度的角. 记作 1rad. 读作弧度，常略去不写. 如：$\alpha=2$，表示 2 弧度的角.

以弧度为单位来度量角的单位制为弧度制.

在角度制中，规定圆周的 $\dfrac{1}{360}$ 的圆弧所对的圆心角为 $1°$.

2. 角度制与弧度制的换算：

$\pi=180°$；　　$1°=\dfrac{\pi}{180}\approx 0.01745\ \text{rad}$；　　$1=\left(\dfrac{180}{\pi}\right)°\approx 57.3°=57°18'$.

3. 常用特殊角的度数与弧度制的对应值.

角度	0°	30°	45°	60°	90°	120°	135°	150°	180°	270°	360°
弧度	0	$\dfrac{\pi}{6}$	$\dfrac{\pi}{4}$	$\dfrac{\pi}{3}$	$\dfrac{\pi}{2}$	$\dfrac{2\pi}{3}$	$\dfrac{3\pi}{4}$	$\dfrac{5\pi}{6}$	π	$\dfrac{3\pi}{2}$	2π

4. 弧长公式与扇形面积.

我们规定：正角的弧度数为正数，负角的弧度数为负数，零角的弧度数为 0.

由弧度的定义可知，弧长 l 与半径 r 的比值等于所对圆心角的弧度数（正值）.

$\dfrac{l}{r}=\alpha$，即 $l=\alpha \cdot r$.

扇形面积：$S=\dfrac{1}{2}l\cdot r=\dfrac{1}{2}\alpha\cdot r^2$.

【知识盲点提示】

学习了弧度制后，表示角的集合时，弧度制与角度制不能混用，只能用一种制度表示. 如：$\left\{\beta\left|\beta=2k\pi+\dfrac{\pi}{4},k\in \mathbf{Z}\right.\right\}$ 或 $\{\beta\mid \beta=k\cdot 360°+45°,k\in \mathbf{Z}\}$，不能写成 $\{\beta\mid \beta=2k\pi+45°,k\in \mathbf{Z}\}$.

【课堂基础训练】

一、选择题

1. $\alpha=-3$，则 α 是（　　）的角.

A. 第一象限　　　　B. 第二象限　　　　C. 第三象限　　　　D. 第四象限

2. $\dfrac{29\pi}{6}$ 所在象限是（　　）.

   A. 第一象限　　　　B. 第二象限　　　　C. 第三象限　　　　D. 第四象限

3. 半径为 3 cm，圆心角 α 所对的弧长为 9 cm，则 $\alpha=$ _____

   A. 3　　　　B. -3　　　　C. 3 cm　　　　D. -3 cm

二、填空

4. 用弧度制表示第二象限角集合为 _____.

5. 经过 20 min，分针所转过的弧度数为 _____.

三、解答题.

6. 把下列各角用弧度或角度表示.

   (1) $-315°$；　(2) $150°$；　(3) $\dfrac{5\pi}{12}$；　(4) $-\dfrac{2\pi}{3}$；　(5) $855°$；　(6) $\dfrac{5\pi}{3}$.

【课堂拓展训练】

一、选择题

1. 与角 $-\dfrac{9\pi}{4}$ 终边相同的角是（　　）.

   A. $\left\{\alpha \mid \alpha=k\pi+\dfrac{\pi}{4}, k\in \mathbf{Z}\right\}$　　　　B. $\left\{\alpha \mid \alpha=2k\pi-\dfrac{\pi}{4}, k\in \mathbf{Z}\right\}$

   C. $\{\alpha \mid \alpha=2k\pi-45°, k\in \mathbf{Z}\}$　　　　D. $\left\{\alpha \mid \alpha=k\pi-\dfrac{\pi}{4}, k\in \mathbf{Z}\right\}$

2. 将 $-855°$ 化为 $2k\pi+\alpha(k\in \mathbf{Z})$ 的形式，并使 α 为最小非负实数，结果是（　　）.

   A. $-4\pi-\dfrac{3\pi}{4}$　　B. $-4\pi+\dfrac{3\pi}{4}$　　C. $-5\pi+\dfrac{\pi}{4}$　　D. $-6\pi+\dfrac{5\pi}{4}$

3. 已知一段公路的弯道半径是 30 m，转过的圆心角为 $120°$，则该弯道的长度为（　　）.

   A. 20　　　　B. 20π　　　　C. $20\pi m$　　　　D. $20m$

二、填空题

4. 已知一个扇形的圆心角为 $120°$，半径为 6，则扇形的弧长为 _____，扇形面积为 _____.

5. 已知：$l=12$ cm，$\alpha=3$，则半径 $r=$ _____.

三、解答题

6. 某种蒸汽机上的飞轮直径为 1.2 m，每分钟按逆时针方向转 360°，求：
(1)飞轮每分钟转过的弧度数；(2)飞轮圆周上的一点每秒经过的弧长.

5.2　任意角的三角函数

5.2.1　任意角三角函数的定义

【知识要点预习】

1. 已知角 α 上一点 $P(x, y)$，则 $\sin\alpha = $ _____，$\cos\alpha = $ _____，$\tan\alpha = $ _____.

2. α 的终边与单位圆的交点坐标为 _____.

【知识要点梳理】

1. 任意角的三角函数定义：

设 α 为任意角，在 α 的终边上任取（异于原点）一点 $P(x, y)$. 点 P 与原点的距离 $r = \sqrt{x^2+y^2} > 0$，则有 $\sin\alpha = \dfrac{y}{r}$，$\cos\alpha = \dfrac{x}{r}$，$\tan\alpha = \dfrac{y}{x}$.

2. 三角函数的定义域：

正弦、余弦函数的定义域为 **R**.

正切函数定义域为 $\left\{\alpha \mid \alpha \neq k\pi + \dfrac{\pi}{2}, k \in \mathbf{Z}\right\}$.

3. 三角函数在各象限内的符号：

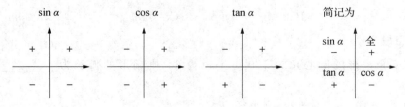

4. 特殊角的三角函数值列表：

函数	0	$\dfrac{\pi}{6}$	$\dfrac{\pi}{4}$	$\dfrac{\pi}{3}$	$\dfrac{\pi}{2}$	$\dfrac{2\pi}{3}$	$\dfrac{3\pi}{4}$	$\dfrac{5\pi}{6}$	π	$\dfrac{3\pi}{2}$
$\sin\alpha$	0	$\dfrac{1}{2}$	$\dfrac{\sqrt{2}}{2}$	$\dfrac{\sqrt{3}}{2}$	1	$\dfrac{\sqrt{3}}{2}$	$\dfrac{\sqrt{2}}{2}$	$\dfrac{1}{2}$	0	-1
$\cos\alpha$	1	$\dfrac{\sqrt{3}}{2}$	$\dfrac{\sqrt{2}}{2}$	$\dfrac{1}{2}$	0	$-\dfrac{1}{2}$	$-\dfrac{\sqrt{2}}{2}$	$-\dfrac{\sqrt{3}}{2}$	-1	0
$\tan\alpha$	0	$\dfrac{\sqrt{3}}{3}$	1	$\sqrt{3}$	不存在	$-\sqrt{3}$	-1	$-\dfrac{\sqrt{3}}{3}$	0	不存在

5. 角 α 的终边与单位圆的交点坐标为 $P(\cos\alpha, \sin\alpha)$.

三角函数线：正弦线、余弦线、正切线.

正弦线 PM，

余弦线 OM，

正切线 AT.

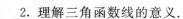

【知识盲点提示】

1. 三角函数定义说明角 α 的三角函数值是一个比值，不论点 P 在 α 的终边上什么位置，它们始终都是定值，因此三角函数值只依赖于 α 的大小，与点 P 在终边上的位置无关.

2. 理解三角函数线的意义.

【课堂基础训练】

一、选择题

1. 已知角 α 的终边上一点 $P(-1,-3)$，则 $\sin\alpha$ 的值为（　　）.

A. 3　　　　B. $\dfrac{3\sqrt{10}}{10}$　　　　C. $-\dfrac{3\sqrt{10}}{10}$　　　　D. $-\dfrac{\sqrt{10}}{10}$

2. 已知角 α 的终边上一点 $P(a,-\sqrt{3}a)(a<0)$，则 $\cos\alpha$ 的值为（　　）.

A. $\dfrac{1}{2}$　　　　B. $-\dfrac{1}{2}$　　　　C. $\pm\dfrac{1}{2}$　　　　D. 不确定

3. $\alpha=30°$，角 α 的终边上有一点 $(2,a)$，则 a 的值为（　　）.

A. 1　　　　B. $-\dfrac{2\sqrt{3}}{3}$　　　　C. $\dfrac{2\sqrt{3}}{3}$　　　　D. 不确定

4. 已知 $\sin\theta>0$，$\cos\theta<0$，则角 θ 应在（　　）.

A. 第一象限　　　B. 第二象限　　　C. 第三象限　　　D. 第四象限

5. 已知 $\sin\alpha\tan\alpha<0$，$\cos\alpha\tan\alpha<0$，则角 α 可能是（　　）.

A. 第一象限角　　B. 第二象限角　　C. 第三象限角　　D. 第四象限角

6. 已知角 α 的终边上一点 $P(3,4)$，则 $\sin\alpha+\cos\alpha+\tan\alpha$ 的值为（　　）.

A. $\dfrac{43}{20}$　　　B. $\dfrac{23}{20}$　　　C. $\dfrac{3}{4}$　　　D. $\dfrac{41}{15}$

7. α 为第四象限角，则点 $P(\sin\alpha,\tan\alpha)$ 在第（　　）象限.

A. 一　　　B. 二　　　C. 三　　　D. 四

8. α 是第二象限角，其终边与单位圆的交点为 $P\left(-\dfrac{12}{13},m\right)$，则 $\cos\alpha=$（　　）.

A. $-\dfrac{12}{13}$　　　B. $\dfrac{12}{13}$　　　C. $\dfrac{5}{13}$　　　D. $-\dfrac{5}{13}$

9. 已知 α 是第三象限角，下列各式中一定正确的是（　　）.

A. $\tan\alpha-\cos\alpha>0$　　　　　　B. $\sin\alpha+\cos\alpha>0$

C. $\sin\alpha-\tan\alpha>0$　　　　　　D. $\sin\alpha\cdot\tan\alpha>0$

10. 已知 $|\tan\alpha|=-\tan\alpha$，则角 α 可能是第（　　）象限角.

A. 一或三　　　B. 二或四　　　C. 一或四　　　D. 二或三

二、填空题

11. $\alpha=3.5$，则 $\sin\alpha$ _____ 0，$\cos\alpha$ _____ 0，$\tan\alpha$ _____ 0.

12. $\alpha=2$，角 α 的终边与单位圆交点坐标为 _____.

13. $\alpha=60°$，角 α 的终边与单位圆交点坐标为 _____.

14. 用"<"或">"填空.

$\cos\dfrac{21\pi}{4}$ _____ 0；　　$\tan\left(-\dfrac{14\pi}{3}\right)$ _____ 0；　　$\sin\dfrac{16\pi}{5}$ _____ 0；

$\sin 170°$ _____ 0；　　$\cos(-300°)$ _____ 0.

15. 角 α 的终边过点 $P(-5,-12)$，则 $\sin\alpha+\cos\alpha=$ _____.

16. 若 α 是第三象限角，则 $\tan\dfrac{\alpha}{2}$ _____ 0.（填>或<）

三、解答题

17. 计算：

(1) $\cos\dfrac{3\pi}{2}-\sin\dfrac{\pi}{6}+\cos\dfrac{\pi}{3}-\tan\pi+\tan\dfrac{\pi}{6}$；

(2) $10\sin 0°-2\cos 90°-\tan 0°+10\cos 180°$.

18. 角 α 的终边经过点 $P(8a, 15a)(a \neq 0)$，求 $\sin \alpha$、$\cos \alpha$ 和 $\tan \alpha$ 的值.

19. 若点 $P(-1, \sqrt{3})$ 在角 $\alpha(0 < \alpha < \pi)$ 的终边上，写出与角 α 终边相同的角 β 的集合.

20. 利用三角函数线，求满足 $\sin x \geqslant \frac{\sqrt{2}}{2}$ 的 x 集合.

【课堂拓展训练】

一、填空题

1. 若 $\cos \alpha = -\frac{1}{2}$，且角 α 的终边经过点 $P(x, -2)$，则 α 是第 _____ 象限角，$x =$ _____.

2. 角 α 的终边上有一点 $P(m, m)(m \in \mathbf{R}, m \neq 0)$，则 $\cos \alpha$ 的值为 _____.

3. 函数 $y = \sqrt{\sin \theta}$ 有意义的角 θ 的范围是 _____.

4. 已知角 α 的终边经过点 $P(-2, -3)$，则 $\sin \alpha \tan \alpha$ _____ 0，$\sin \alpha + \cos \alpha$ _____ 0. (填 ">" 或 "<")

5. "$\sin \alpha = \frac{\sqrt{2}}{2}$" 是 "$x = \frac{\pi}{4}$" 的 _____ 条件.

6. $y = \sqrt{\cos x - \dfrac{1}{2}}$ 中的角 x 的取值范围为_____.

二、解答题

7. 已知 $\sin \alpha < 0$，且 $\cos \alpha < 0$；
(1) 求角 α 的集合；

(2) 判断角 $\dfrac{\alpha}{2}$ 终边所在象限；

(3) 试判断 $\sin \dfrac{\alpha}{2}$、$\cos \dfrac{\alpha}{2}$ 和 $\tan \dfrac{\alpha}{2}$ 的符号.

8. 角 α 的终边在 $y = -2x$ 上，求角 α 的三个三角函数值.

9. 求函数 $y = \sqrt{-\sin x} + \lg(\cos x)$ 的定义域.

10. 已知点 $P(-1, a)$ 在角 α 的终边上，且 $\sin \alpha = -\dfrac{\sqrt{2}}{4}$，求：
(1) a 的值； (2) $\cos \alpha$ 和 $\tan \alpha$ 的值.

5.2.2 同角三角函数的基本关系

【知识要点预习】

平方关系：_____；　　商的关系：_____.

【知识要点梳理】

1. 平方关系：$\sin^2\alpha+\cos^2\alpha=1$；变形：$\sin^2\alpha=1-\cos^2\alpha$；$\cos^2\alpha=1-\sin^2\alpha$.

2. 商的关系：$\tan\alpha=\dfrac{\sin\alpha}{\cos\alpha}$；变形：$\sin\alpha=\tan\alpha\cdot\cos\alpha$.

3. 常用结论：$(\sin\alpha+\cos\alpha)^2=1+2\sin\alpha\cdot\cos\alpha$；$(\sin\alpha-\cos\alpha)^2=1-2\sin\alpha\cdot\cos\alpha$.

【知识盲点提示】

1. 理解"同角"的含义，$\sin^2 3\alpha+\cos^2 3\alpha=1$.

2. 已知三角函数值，求该角的其他三角函数值时，若用到平方关系，则需对符号进行选择，根据条件判断角所在象限从而确定函数值的符号，若不能确定角的象限则要进行分类讨论.

【课堂基础训练】

一、选择题

1. 已知 $\cos\alpha=\dfrac{3}{5}$，$\dfrac{3\pi}{2}<\alpha<2\pi$，则 $\sin\alpha$ 的值为(　　).

    A. $-\dfrac{4}{5}$　　　　B. $\dfrac{4}{5}$　　　　C. $-\dfrac{4}{3}$　　　　D. $-\dfrac{3}{4}$

2. 已知 $\sin\alpha=\dfrac{12}{13}$，$\alpha$ 为第二象限角，则 $\tan\alpha$ 的值为(　　).

    A. $\dfrac{12}{5}$　　　　B. $-\dfrac{5}{12}$　　　　C. $-\dfrac{12}{5}$　　　　D. $\dfrac{5}{12}$

3. 若 $\sin\alpha=\dfrac{4}{5}$，则 $\tan\alpha$ 的值为(　　).

    A. $\dfrac{4}{3}$　　　　B. $\dfrac{3}{4}$　　　　C. $\pm\dfrac{3}{4}$　　　　D. $\pm\dfrac{4}{3}$

4. 若 α 为第四象限角，$\tan\alpha=-\sqrt{2}$，则 $\sin\alpha$ 的值为(　　).

    A. 1　　　　B. $-\sqrt{2}$　　　　C. $-\dfrac{\sqrt{6}}{3}$　　　　D. $\dfrac{\sqrt{6}}{2}$

5. $\sin^2 4\alpha+\cos^2 4\alpha=$(　　).

    A. 2　　　　B. $\sqrt{2}$　　　　C. $\sqrt{3}$　　　　D. 1

6. $\sqrt{1-\sin^2 65°}$ 的化简结果是(　　).

    A. $\cos 65°$　　　　B. $-\cos 65°$　　　　C. $\sin 65°$　　　　D. $-\sin 65°$

7. 若 $\tan\alpha=1$,则 $\dfrac{\sin\alpha+4\cos\alpha}{2\sin\alpha-\cos\alpha}=$( ).

   A. $-\dfrac{1}{5}$　　　　B. $\dfrac{1}{5}$　　　　C. -5　　　　D. 5

8. 已知 $\sin\alpha=-3\cos\alpha$,则角 α 在( ).

   A. 第一、三象限　　　　　　　　　　B. 第二、三象限
   C. 第二、四象限　　　　　　　　　　D. 第一、四象限

9. 设 θ 为第四象限角,则 $\dfrac{\sqrt{1-\cos^2\theta}}{\sin\theta}$ 的值为( ).

   A. 1　　　　B. -1　　　　C. ± 1　　　　D. 以上都不是

10. 下列结论中正确的是( ).

    A. $\cos\alpha=\dfrac{1}{3}$,且 $\sin\alpha=\dfrac{2}{3}$　　　　B. $\sin\alpha=-1$,且 $\tan\alpha\cdot\cos\alpha=-1$
    C. $\sin\alpha=\dfrac{\sqrt{2}}{2}$,且 $\cos\alpha=\dfrac{\sqrt{2}}{2}$　　　　D. $\sin\alpha=1$,且 $\tan\alpha\cdot\cos\alpha=0$

二、填空题

11. 已知 α 是第四象限角,$\sin\alpha=-\dfrac{5}{13}$,则 $\cos\alpha=$ _____.

12. 已知 $\tan\alpha=2$,则 $\sin\alpha\cdot\cos\alpha$ 的值为 _____.

13. 已知 $\sin\alpha-3\cos\alpha=0$,则 $3\sin^2\alpha+\sin\alpha\cos\alpha+1=$ _____.

14. 已知 $\sin\alpha+\cos\alpha=\dfrac{7}{13}$,则 $\sin\alpha\cdot\cos\alpha=$ _____.

15. $\sqrt{1-\sin^2\theta}=\cos\theta$,则角 θ 的范围为 _____.

16. $\sin\alpha\cdot\cos\alpha\left(\tan\alpha+\dfrac{1}{\tan\alpha}\right)=$ _____.

三、解答题

17. 已知 α 为第二象限角,$\tan\alpha=-3$,求 $\sin\alpha$ 和 $\cos\alpha$ 的值.

18. 已知 $\sin\alpha\cdot\cos\alpha=\dfrac{1}{4}$,$\alpha\in\left(\pi,\dfrac{3\pi}{2}\right)$,求 $\sin\alpha+\cos\alpha$ 的值.

19. 化简：

(1) $\dfrac{\sqrt{1-2\sin 10°\cos 10°}}{\sin 10°-\sqrt{1-\sin^2 10°}}$；

(2) $\left(\tan x+\dfrac{1}{\tan x}\right)\sin^2 x$；

(3) $\dfrac{\sin^2 \alpha}{\sin \alpha-\cos \alpha}-\dfrac{\sin \alpha+\cos \alpha}{\tan^2 \alpha-1}$.

20. 已知 $\dfrac{\sin \alpha+\cos \alpha}{\sin \alpha-\cos \alpha}=3$，求 $\dfrac{\sin^2 \alpha-\cos^2 \alpha}{\sin^2 \alpha+2\cos^2 \alpha}$ 的值.

【课堂拓展训练】

一、填空题

1. 已知 $\cos \alpha=-\dfrac{1}{2}$，$\sin \alpha \cdot \cos \alpha>0$，则 $\tan \alpha=$ _____.

2. 已知 $\tan \alpha=3$，则 $\dfrac{1}{1+\sin \alpha}+\dfrac{1}{1-\sin \alpha}=$ _____.

3. $\triangle ABC$ 中，若 $\sin A=\dfrac{\sqrt{3}}{2}$，则 $\cos A=$ _____.

4. 若 $\dfrac{\pi}{2}<\alpha<\pi$，则 $\tan \alpha \sqrt{\dfrac{\cos^2 \alpha}{1-\cos^2 \alpha}}=$ _____.

5. 已知 $\sqrt{1-\sin^2 \alpha}+\sqrt{1-\cos^2 \alpha}=\sin \alpha+\cos \alpha$，$\alpha\in[0,2\pi]$，则角 α 的范围是 _____.

6. 已知 $\sin \alpha=\dfrac{1-a}{1+a}$，$\cos \alpha=\dfrac{3a-1}{1+a}$，若 α 为第二象限角，则 $\tan \alpha=$ _____.

二、解答题

7. 已知 $\sin \alpha = \dfrac{3}{5}$，求 $\tan \alpha$。

8. 已知 $\sin \alpha + \cos \alpha = \dfrac{1}{5}$，$\alpha \in (0, \pi)$，求：(1) $\cos \alpha - \sin \alpha$；(2) $\sin^4 \alpha + \cos^4 \alpha$。

9. 已知 $\sin \alpha$ 和 $\cos \alpha$ 是关于 x 的一元二次方程 $8x^2 + 6ax + 2a + 1 = 0$ 的两实根。求 a 的值。

10. 求证：

(1) $\dfrac{\cos x}{1 + \sin x} = \dfrac{1 - \sin x}{\cos x}$；

(2) $\dfrac{\cos^2 x - \sin^2 x}{1 - 2\sin x \cos x} = \dfrac{1 + \tan x}{1 - \tan x}$。

5.2.3 诱导公式

【知识要点预习】

诱导公式包括角 α 与 _____，_____，_____，_____ 的关系．

【知识要点梳理】

1. 角 α 与 $\alpha+2k\pi(k\in \mathbf{Z})$ 的三角函数的关系：

$\sin(\alpha+2k\pi)=\sin\alpha$；$\cos(\alpha+2k\pi)=\cos\alpha$；$\tan(\alpha+2k\pi)=\tan\alpha$ $(k\in \mathbf{Z})$．（大化小）

2. 角 α 与 $-\alpha$ 的三角函数的关系：

$\sin(-\alpha)=-\sin\alpha$；$\cos(-\alpha)=\cos\alpha$；$\tan(-\alpha)=-\tan\alpha$．（负化正）

3. 角 α 与 $\alpha\pm\pi$ 的三角函数的关系：

$\sin(\alpha\pm\pi)=-\sin\alpha$；$\cos(\alpha\pm\pi)=-\cos\alpha$；$\tan(\alpha\pm\pi)=\tan\alpha$．（正小化锐）

4. 角 α 与 $\alpha+\dfrac{\pi}{2}$ 的三角函数的关系：

$\sin\left(\alpha+\dfrac{\pi}{2}\right)=\cos\alpha$；$\cos\left(\alpha+\dfrac{\pi}{2}\right)=-\sin\alpha$．

5. 角 α 与 $2\pi-\alpha$ 的三角函数的关系：

$\sin(2\pi-\alpha)=-\sin\alpha$；$\cos(2\pi-\alpha)=\cos\alpha$；$\tan(2\pi-\alpha)=-\tan\alpha$．（正小化锐）

6. 角 α 与 $\dfrac{\pi}{2}-\alpha$、$\dfrac{3\pi}{2}\pm\alpha$ 的三角函数的关系：

$\sin\left(\dfrac{\pi}{2}-\alpha\right)=\cos\alpha$；　　　　$\cos\left(\dfrac{\pi}{2}-\alpha\right)=\sin\alpha$；

$\sin\left(\dfrac{3\pi}{2}\pm\alpha\right)=-\cos\alpha$；　　　$\cos\left(\dfrac{3\pi}{2}\pm\alpha\right)=\pm\sin\alpha$．

规律：(1) $\alpha+2k\pi$，$-\alpha$，$\alpha\pm\pi$，$2\pi-\alpha$ 的三角函数值等于 α 的同名三角函数值，前面加上把 α 看作锐角时原函数值的符号．

(2) $\dfrac{\pi}{2}\pm\alpha$，$\dfrac{3\pi}{2}\pm\alpha$ 的三角函数值等于 α 的余名三角函数值，前面加上把 α 看作锐角时原函数值的符号．

(3) 所有诱导函数简记：奇变偶不变，符号看象限．

【知识盲点提示】

利用诱导公式化简时，负角先转化为正角，然后将角转化为 $(0, 2\pi)$ 内，最后化为锐角去求值．

【课堂基础训练】

一、选择题

1. $\sin(-600°)$ 的值为（　　）．

A. $-\dfrac{1}{2}$　　　　　B. $\dfrac{1}{2}$　　　　　C. $\dfrac{\sqrt{3}}{2}$　　　　　D. $-\dfrac{\sqrt{3}}{2}$

2. $\cos \dfrac{17\pi}{6}$ 的值为（ ）.

   A. $-\dfrac{\sqrt{3}}{2}$ B. $\dfrac{\sqrt{3}}{2}$ C. $-\dfrac{1}{2}$ D. $\dfrac{1}{2}$

3. $\tan\left(-\dfrac{19\pi}{6}\right)$ 的值为（ ）.

   A. $-\sqrt{3}$ B. $\sqrt{3}$ C. $-\dfrac{\sqrt{3}}{3}$ D. $\dfrac{\sqrt{3}}{3}$

4. $\cos(\pi-\alpha)=\dfrac{4}{5}\left(\pi<\alpha<\dfrac{3\pi}{2}\right)$，$\tan(\pi-\alpha)=$（ ）.

   A. $\dfrac{3}{4}$ B. $-\dfrac{3}{4}$ C. $\dfrac{4}{3}$ D. $-\dfrac{4}{3}$

5. 已知 $\cos\alpha=m$，则 $\cos(\pi-\alpha)$ 的值为（ ）.

   A. m B. 0 C. $1-m$ D. $-m$

6. 已知 $\tan(11\pi+\alpha)=2$，则 $\dfrac{\sin\alpha+3\cos\alpha}{2\sin\alpha-5\cos\alpha}$ 的值为（ ）.

   A. $\dfrac{4}{3}$ B. $-\dfrac{4}{3}$ C. 5 D. -5

7. 已知 $\sin\left(\dfrac{5\pi}{2}-\alpha\right)=\dfrac{1}{5}$，则 $\cos(\pi+\alpha)=$（ ）.

   A. $\dfrac{1}{5}$ B. $-\dfrac{1}{5}$ C. $\dfrac{2}{5}$ D. $-\dfrac{2}{5}$

8. $\cos^2 120°+\cos^2 135°+2\sin 570°+\sin^2 225°$ 的值为（ ）.

   A. $\dfrac{3}{4}$ B. $\dfrac{9}{4}$ C. $\dfrac{1}{4}$ D. $\dfrac{5}{4}$

9. $\sin 480°\cos(-210°)$ 的值为（ ）.

   A. $-\dfrac{3}{4}$ B. $-\dfrac{3}{2}$ C. $\dfrac{\sqrt{3}}{4}$ D. $\dfrac{1}{4}$

10. $\triangle ABC$ 中，下列各式中正确的是（ ）.

    A. $\sin(A+B)=-\sin C$ B. $\cos(A+B)=\cos C$

    C. $\tan(A+B)=-\tan C$ D. $\sin\left(\dfrac{A+B}{2}\right)=\sin\dfrac{C}{2}$

二、填空题

11. 已知 $\cos(3\pi-\alpha)=\dfrac{\sqrt{2}}{2}$，$\alpha\in\left(\dfrac{\pi}{2},\pi\right)$，则 $\alpha=$ _____.

12. 已知 $\cos(3\pi+\alpha)=\dfrac{3}{4}$，且 $\tan\alpha\cdot\cos\alpha<0$，则 $\sin\alpha=$ _____.

13. 若 $\cos 68°=m$，则 $\sin 22°=$ _____.

14. $\sin \dfrac{4\pi}{3} \cos \dfrac{25\pi}{6} \tan \left(-\dfrac{3\pi}{4}\right) =$ _____.

15. 化简 $\dfrac{1+2\sin(2\pi-\alpha)\cdot \cos(2\pi+\alpha)}{\cos(\alpha+8\pi)+\sin(\alpha-3\pi)} + \cos\left(\dfrac{\pi}{2}-\alpha\right) =$ _____.

16. $\dfrac{\sin 570° + \cos 660°}{\tan 585°} =$ _____.

三、解答题

17. 计算：(1) $\dfrac{\cos 660° - 2\sin 330°}{2\cos(-60°) + 3\cos 1\,320°}$；   (2) $\dfrac{\sqrt{1+2\sin 290° \cos 430°}}{\sin 250° + \cos 790°}$.

18. 已知 $\tan(\pi-\alpha) = -2$，求 $\dfrac{3\sin(\alpha-3\pi) - 2\cos(-\alpha)}{5\cos\left(\alpha-\dfrac{\pi}{2}\right) + 9\cos(3\pi+\alpha)}$ 的值.

19. 化简 $\dfrac{\sin(2\pi-\alpha)\cdot \sin(\pi+\alpha)\cos(-\pi-\alpha)}{\sin(3\pi-\alpha)\cos(\pi-\alpha)} + \dfrac{\sin\left(\dfrac{\pi}{2}+\alpha\right)\cos\left(\dfrac{\pi}{2}-\alpha\right)}{\cos(\pi+\alpha)}$.

20. 证明：$1+\sin(\pi+\alpha)\sin(2\pi+\alpha) - \cos^2(5\pi-\alpha) + \tan(3\pi+\alpha) = \tan\alpha$.

【课堂拓展训练】

一、填空题

1. $\sqrt{1+2\sin(\pi+2)\cos(2\pi-2)} = $ _____ .

2. 已知 $\sin(\pi+\alpha) = \dfrac{3}{5}$,则 $\cos(2\pi-\alpha)\tan(\alpha-3\pi) = $ _____ .

3. 已知 $\sin(\pi-\alpha) = \log_{27}\dfrac{1}{9}$,$\alpha \in \left(-\dfrac{\pi}{2},\ 0\right)$,则 $\cos(\pi+\alpha) = $ _____ .

4. 已知 $\sin\left(\dfrac{\pi}{2}+\alpha\right) + 3\cos(3\pi-\alpha) = \sin(-\alpha)$,则 $\sin\alpha\cos\alpha + \cos^2\alpha = $ _____ .

5. 已知 $\sin(\pi-A) = \dfrac{1}{2}$,则 $\cos\left(\dfrac{3\pi}{2}-A\right) = $ _____ .

6. 已知 $\cos\left(\dfrac{\pi}{4}+\alpha\right) = \dfrac{\sqrt{3}}{4}$,则 $\cos\left(\dfrac{3\pi}{4}-\alpha\right) = $ _____ .

二、解答题

7. 计算:$\sin(-1\,071°)\sin 99° + \sin(-171°)\sin(-261°)$.

8. 已知角 α 终边上一点 $(3,\ 4)$,求 $\dfrac{\sin(\alpha-3\pi)+\cos(\pi+\alpha)}{\sin(-\alpha)-\cos(\pi-\alpha)}$ 的值.

9. 已知 $\sin(\pi-\alpha) + \sin\left(\dfrac{\pi}{2}+\alpha\right) = \dfrac{1}{2}$,求 $\sin^4\alpha + \cos^4\alpha$ 的值.

10. 已知：$f(x)=\dfrac{\tan(2\pi-x)\cos(2\pi+x)\sin\left(\dfrac{\pi}{2}+x\right)}{\cos(-x-3\pi)}$.

(1) 化简 $f(x)$；　　(2) 若 $f\left(\dfrac{\pi}{2}-\alpha\right)=-\dfrac{3}{5}$，且 α 为第三象限角，求 $\tan\alpha$.

5.3 三角函数的图像和性质

5.3.1 正弦函数的图像和性质

【知识要点预习】

1. 画正弦函数图像的五个关键点坐标为_____、_____、_____、_____、_____.

2. 周期函数的定义：_____.

【知识要点梳理】

1. 正弦函数的图像.

正弦函数 $y=\sin x$，$x\in \mathbf{R}$ 的图像称为正弦曲线.

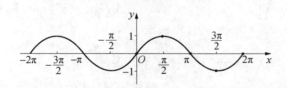

五点法：$y=\sin x$，$x\in[0,2\pi]$ 时，五个关键点 $(0,0)$，$\left(\dfrac{\pi}{2},1\right)$，$(\pi,0)$，$\left(\dfrac{3\pi}{2},-1\right)$，$(2\pi,0)$.

2. 周期函数.

一般地，对于函数 $y=f(x)$，若存在一个非零常数 T，使得当 x 取定义域内的每一个值时，都有 $f(x+T)=f(x)$，则把函数 $y=f(x)$ 叫作周期函数. 非零常数 T 叫作这个函数的周期. 如果在所有的周期中存在着一个最小的正数，就把这个最小的正数称为最小正周期. 以后我们说到函数周期时，一般指的都是最小正周期.

3. 正弦函数的性质.

(1)定义域：**R**.

(2)值域：[-1, 1].

当 $x=2k\pi+\dfrac{\pi}{2}(k\in \mathbf{Z})$ 时，函数 y 取得最大值 1；

当 $x=2k\pi-\dfrac{\pi}{2}\left(\text{或}\ 2k\pi+\dfrac{3\pi}{2}\right)(k\in \mathbf{Z})$ 时，函数 y 取得最小值 -1.

(3)周期性：2π.

(4)奇偶性：图像关于原点对称，为奇函数.

(5)单调性：$y=\sin x$ 在 $\left[2k\pi-\dfrac{\pi}{2},\ 2k\pi+\dfrac{\pi}{2}\right](k\in \mathbf{Z})$ 是增函数；在 $\left[2k\pi+\dfrac{\pi}{2},\ 2k\pi+\dfrac{3\pi}{2}\right]$ $(k\in \mathbf{Z})$ 是减函数.

(6)对称中心：$(k\pi,\ 0)(k\in \mathbf{Z})$.

(7)对称轴方程：$x=k\pi+\dfrac{\pi}{2}(k\in \mathbf{Z})$，在对称轴上，函数 $y=\sin x$ 取得最值.

【知识盲点提示】

理解周期函数定义：是对于定义域中的每一个 x 值来说，只有个别的 x 值满足 $f(x+T)=f(x)$ 时，不能说 T 是 $f(x)$ 的周期；函数周期不止一个，有无数个，通常我们说的是函数最小正周期.

【课堂基础训练】

一、选择题

1. 下列式子中正确的是(　　).

　A. $\sin\dfrac{5\pi}{7}>\sin\dfrac{4\pi}{7}$　　　　　　B. $\sin 14°<\sin 136°$

　C. $\sin 405°>\sin 60°$　　　　　　D. $\sin 235°>\sin 165°$

2. 函数 $y=3\sin x$ 的周期为(　　).

　A. π　　　B. 2π　　　C. $\dfrac{2\pi}{3}$　　　D. $\dfrac{\pi}{3}$

3. 下列各区间是函数 $y=-2\sin x+1$ 的减区间的是(　　).

　A. $\left(-\dfrac{\pi}{2},\ \dfrac{\pi}{2}\right)$　　B. $(0,\ \pi)$　　C. $\left(\dfrac{\pi}{2},\ \dfrac{3\pi}{2}\right)$　　D. $(\pi,\ 2\pi)$

4. $x\in[0,\ 2\pi]$ 时，$\sin x\geqslant\dfrac{\sqrt{2}}{2}$ 的 x 范围是(　　).

　A. $\left[\dfrac{\pi}{4},\ \pi\right]$　　B. $\left[-\dfrac{3\pi}{4},\ 2\pi\right]$　　C. $\left[\dfrac{\pi}{4},\ \dfrac{3\pi}{4}\right]$　　D. $\left[\dfrac{\pi}{2},\ \pi\right]$

5. 下列四个命题中，正确命题的个数是(　　).

① $y=\sin x$ 在第一、四象限是增函数；② $y=\sin x$ 在 $\left(0,\dfrac{\pi}{2}\right)$ 内是增函数；③ $y=\sin x+1$ 是奇函数；④ $y=-3\sin x+1$ 的值域为 $[-2,4]$.

  A. 1   B. 2   C. 3   D. 4

6. 下列函数中为奇函数的是(　　).

  A. $y=\sin x+1$ B. $y=x\cdot\sin x$
  C. $y=\sin^2 x$ D. $y=-3\sin x$

7. $y=\sin x$，$x\in\left[\dfrac{\pi}{6},\dfrac{3\pi}{4}\right]$ 的值域是(　　).

  A. $[0,1]$ B. $\left[\dfrac{1}{2},1\right]$ C. $\left[\dfrac{1}{2},\dfrac{\sqrt{2}}{2}\right]$ D. $\left[\dfrac{\sqrt{2}}{2},1\right]$

8. "$x=30°$"是"$\sin x=\dfrac{1}{2}$"的(　　)条件.

  A. 充分   B. 必要
  C. 充要   D. 既不充分也不必要

9. $y=|\sin x|$ 的周期为(　　).

  A. π B. 2π C. 4π D. $\dfrac{\pi}{2}$

10. 函数 $y=2\sin x+a$ 的最小值为 3，则 a 的值为(　　).

  A. 1   B. 3   C. -1 D. 5

二、填空题

11. $y=\sin x+3$ 的单调减区间为_____.

12. $y=a\sin x+1(a>0)$ 的最小值为 -1，则 $a=$_____.

13. $y=-2\sin x$，当 $x=$_____时，函数有最小值.

14. 若 $2\sin x=m-3$ 成立，则 m 的取值范围为_____.

15. 比较大小：$\sin\left(-\dfrac{11\pi}{10}\right)$_____$\sin\dfrac{9\pi}{10}$；$\sin\dfrac{4\pi}{3}$_____$\sin\dfrac{\pi}{5}$.

16. $y=\sin x$，$x\in\left[-\dfrac{\pi}{6},\dfrac{2\pi}{3}\right]$ 的值域为_____.

三、解答题

17. 求下列函数的定义域：

  (1) $y=\sqrt{\dfrac{1}{2}+\sin x}$；   (2) $y=\sqrt{\dfrac{\sqrt{2}}{2}-\sin x}$.

18. 函数 $y = a - b\sin x (b > 0)$ 的最大值是 5，最小值是 1，求 a 和 b 的值.

19. 求下列函数的单调增区间：

(1) $y = 2\sin x - 1$；　　　　　　　　　(2) $y = -\dfrac{1}{2}\sin x + 5$.

20. 判断下列函数的奇偶性：

(1) $y = \sin x^3$；　　(2) $y = -\sin x + 3$；　　(3) $y = 3\sin x$；　　(4) $y = \sin 2x$.

【课堂拓展训练】

一、填空题

1. 函数 $y = -3\sin x + 1$ 的单调增区间为_____.
2. 函数 $y = a\sin x + bx + 3$，$f(-1) = -3$，则 $f(1) = $ _____.
3. 已知函数 $f(x) = m\sin x - 2$，$f\left(\dfrac{\pi}{6}\right) = 2$，则 $f\left(\dfrac{11\pi}{6}\right) = $ _____.
4. $\sin 2$、$\sin 3$、$\sin 4$ 由大到小的顺序为_____.
5. $y = 2\sin^2 x + 5\sin x + 3$ 的最大值为_____.
6. 下列命题中叙述正确的是_____.

① $y = \sin x + 1$ 的值域为 $(0, 2)$；② $y = \sin x^2$ 是偶函数；③ $\left(-\dfrac{\pi}{2}, -1\right)$ 是函数 $y = \sin x$ 的一个对称中心；④ $x = \dfrac{7\pi}{2}$ 是函数 $y = \sin x + 1$ 的一条对称轴；⑤ $y = 2\sin x$ 是周期

为 π 的奇函数.

二、解答题

7. 已知函数 $y = 3 - \dfrac{1}{2}\sin x$，求：

(1) 函数的最小正周期；

(2) 函数的单调减区间；

(3) 函数的最大值及取最大值时 x 的值.

8. 求函数 $y = a\sin x + b\,(a \neq 0)$ 的最大值和最小值.

9. 求函数 $y = \cos^2 x + \sin x$ 的值域.

10. 奇函数 $f(x)$ 的定义域为 **R**，$f(x)$ 是周期为 4 的周期函数，若 $f(1) = 5$，求 $f(13)$ 和 $f(15)$ 的值.

5.3.2 余弦函数的图像和性质

【知识要点预习】

1. $y=\cos x$ 在 $[0,2\pi]$ 图像上五个关键点_____、_____、_____、_____、
_____.

【知识要点梳理】

1. 余弦函数的图像.

$y=\cos x(x\in \mathbf{R})$ 的图像叫余弦曲线.

五点法：点（0，1），$\left(\dfrac{\pi}{2},0\right)$，（π，-1），

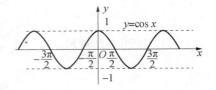

$\left(\dfrac{3\pi}{2},0\right)$，（2π，1）是 $y=\cos x$，$x\in[0,2\pi]$ 图像上起关键作用的五个点.

2. 余弦函数性质.

(1)定义域：**R**.

(2)值域和最值：

函数 $y=\cos x$ 的值域是[-1，1].

当 $x=2k\pi(k\in \mathbf{Z})$ 时，函数 y 取得最大值1；

当 $x=2k\pi+\pi$（或 $2k\pi-\pi$）$(k\in \mathbf{Z})$ 时，函数 y 取得最小值-1.

(3)周期性：最小正周期为 2π.

(4)奇偶性：图像关于 y 轴对称，为偶函数.

(5)单调性：$y=\cos x$ 在 $[2k\pi-\pi,2k\pi](k\in \mathbf{Z})$ 是增函数；在 $[2k\pi,2k\pi+\pi](k\in \mathbf{Z})$ 是减函数.（删去区间 $[2k\pi+,2k\pi+\pi]$ 内多余的"+"）

(6)对称中心：$\left(\dfrac{\pi}{2}+k\pi,0\right)(k\in \mathbf{Z})$.

(7)对称轴方程：$x=k\pi(k\in \mathbf{Z})$，在对称轴上，函数 $y=\cos x$ 取得最值.

【知识盲点提示】

正弦、余弦函数的联系与区别要弄清楚.

【课堂基础训练】

一、选择题

1. 下列各区间中，$y=\sin x$ 与 $y=\cos x$ 都是减函数的是（　　）.

A. $\left(0,\dfrac{\pi}{2}\right)$　　　B. $\left(\pi,\dfrac{3\pi}{2}\right)$　　　C. $\left(\dfrac{\pi}{2},\pi\right)$　　　D. $\left(-\dfrac{\pi}{2},0\right)$

2. 设 a、b 分别表示函数 $y=\dfrac{1}{3}\cos x-1$ 的最大值和最小值，则 $a+b=$（　　）.

A. -2　　　B. $\dfrac{2}{3}$　　　C. $-\dfrac{4}{3}$　　　D. $-\dfrac{2}{3}$

3. 要得到 $y=\cos x$ 的图像，只需将 $y=\sin x$ 的图像（   ）.

    A. 向右平移 $\dfrac{\pi}{2}$ 个单位   B. 向右平移 π 个单位

    C. 向左平移 π 个单位   D. 向左平移 $\dfrac{\pi}{2}$ 个单位

二、填空题

4. 比较大小：$\cos 2$ ____ $\cos 4$；$\sin 34°$ ____ $\cos 68°$；$\cos\left(-\dfrac{23\pi}{5}\right)$ ____ $\cos\left(-\dfrac{\pi}{10}\right)$.

5. 函数 $y=3+\cos x$ 是周期为____的____（填奇、偶）函数，其值域为_____.

三、解答题

6. 解三角不等式：

(1) $\cos x \geqslant \dfrac{\sqrt{3}}{2}$；   (2) $\cos 2x \leqslant \dfrac{1}{2}$；   (3) $\cos x \geqslant -\dfrac{\sqrt{2}}{2}$.

【课堂拓展训练】

一、选择题

1. 下列函数在 $\left[0,\dfrac{\pi}{2}\right]$ 上是增函数的是（   ）.

    A. $y=\sin 2x$ B. $y=\cos x$ C. $y=-\sin x$ D. $y=-\cos 2x$

2. 下列函数中，同时满足以下条件的函数是（   ）.

(1) 在 $\left[0,\dfrac{\pi}{2}\right)$ 内是减函数；(2) 偶函数；(3) 周期为 π.

    A. $y=\sin x$ B. $y=\cos x$ C. $y=|\sin x|$ D. $y=|\cos x|$

3. $y=\cos x$，$x\in\left(\dfrac{3\pi}{4},\dfrac{7\pi}{4}\right)$ 的值域为（   ）.

    A. $\left(-\dfrac{\sqrt{2}}{2},\dfrac{\sqrt{2}}{2}\right)$ B. $\left[-1,\dfrac{\sqrt{2}}{2}\right)$ C. $\left(-\dfrac{\sqrt{2}}{2},1\right]$ D. $\left[-1,-\dfrac{\sqrt{2}}{2}\right)$

二、填空题

4. 若 $\cos x=\dfrac{a-5}{a+3}$，则实数 a 的取值范围为_____.

5. 若 $f(x)=\cos x$ 在 $[a,b]$ 上是增函数，则 $f(x)$ 在 $[-b,-a]$ 上是_____函数.

三、解答题

6. 函数 $y = m + n\cos x (n < 0)$ 时的最大值为 5，最小值为 3，求：
(1) m 和 n 的值；(2) 单调区间.

5.3.3 已知三角函数值求角

【知识要点预习】

已知三角函数值求角一般指定范围为_____、_____.

【知识要点梳理】

已知三角函数值求角的步骤：

1. 找出与已知函数的绝对值对应的锐角 α.

2. 根据所给三角函数值的符号判断角 α 所在的象限.

(1) 求出 $\left[0, \dfrac{\pi}{2}\right]$ 内的角，即第二象限角为 $\pi - \alpha$；第三象限角为 $\pi + \alpha$；第四象限角为 $2\pi - \alpha$；(2) 求出 $[-\pi, \pi]$ 内的角，即第二象限角为 $\pi - \alpha$，第三象限角为 $-\pi + \alpha$，第四象限角 $-\alpha$.

3. 将以上得到角加上 $2k\pi (k \in \mathbf{Z})$，即得终边相同角. 若是正切函数，则加上 $k\pi (k \in \mathbf{Z})$ 即可.

【知识盲点提示】

已知三角函数值求角，关键是将特殊角的三角函数值记熟.

【课堂基础训练】

一、选择题

1. 已知 $\sin \alpha = \dfrac{\sqrt{3}}{2}$，$\alpha \in (0, 2\pi)$，则 $\alpha = ($).

A. $\dfrac{\pi}{3}$ B. $\dfrac{2\pi}{3}$ C. $\dfrac{\pi}{3}$ 或 $\dfrac{2\pi}{3}$ D. $\dfrac{5\pi}{3}$ 或 $\dfrac{2\pi}{3}$

2. 已知 $\cos \alpha = -\dfrac{1}{2}$，$\alpha \in (-\pi, 0)$，则 $\alpha = ($).

A. $-\dfrac{5\pi}{6}$ B. $-\dfrac{\pi}{6}$ C. $\dfrac{2\pi}{3}$ D. $-\dfrac{2\pi}{3}$

3. 已知 $\tan\alpha=\dfrac{\sqrt{3}}{3}$，$\alpha\in(-\pi,\pi)$，则 $\alpha=$（　　）．

　　A. $\pm\dfrac{\pi}{6}$　　　　B. $-\dfrac{5\pi}{6}$　　　　C. $\pm\dfrac{5\pi}{6}$　　　　D. $-\dfrac{5\pi}{6}$ 或 $\dfrac{\pi}{6}$

二、填空题

4. 若 $\sin\theta=-\dfrac{1}{2}$，$\theta\in(-\pi,0)$，则 $\theta=$ _____．

5. $\tan\alpha=\tan\left(-\dfrac{\pi}{3}\right)$，$\alpha\in(0,2\pi)$，则 $\alpha=$ _____．

三、解答题

6. 已知 $\tan\alpha=-1$，且 $\sin\alpha=\dfrac{\sqrt{2}}{2}$，求与角 α 终边相同角的集合．

【课堂拓展训练】

一、选择题

1. 下列各结论中正确的是（　　）．
　　A. 若 $\cos x=\cos\pi$，则 $x=\pi$　　　　B. 若 $\cos\theta=\cos x$，则 $x=\pm\theta$
　　C. 若 $x=\pm\theta$，则 $\sin x=\sin\theta$　　　　D. 若 $x+\theta=2k\pi$，则 $\cos x=\cos\theta$

2. 已知 $\cos\alpha=-\dfrac{\sqrt{2}}{2}$，$\alpha$ 为三角形内角，则 $\alpha=$（　　）．

　　A. $\dfrac{\pi}{4}$　　　　B. $\dfrac{3\pi}{4}$　　　　C. $\dfrac{\pi}{4}$ 或 $\dfrac{3\pi}{4}$　　　　D. $-\dfrac{\pi}{4}$

3. 已知 $2\sin^2\alpha-1=0$，在 $(-\pi,\pi)$ 内适合条件的角 α 有（　　）个．
　　A. 1　　　　B. 2　　　　C. 3　　　　D. 4

二、填空题

4. 满足 $\sin\alpha=\dfrac{1}{5}$，且 $\alpha\in(0,3\pi)$ 的角有 _____ 个．

5. $\cos(\pi+\alpha)=-\dfrac{\sqrt{2}}{2}$，$\alpha\in(0,2\pi)$，$\alpha=$ _____．

三、解答题

6. 求适合下列条件的角的集合：

(1) $\sin \alpha = \cos \dfrac{5\pi}{6}$；　　　(2) $\cos \alpha = \dfrac{\sqrt{2}}{2}$；　　　(3) $\tan \alpha = \dfrac{\sqrt{3}}{3}$.

第5章单元测试题 A 卷

（满分 120 分，时间 120 分钟）

一、选择题（本大题共 15 个小题，每小题 3 分，共 45 分）

1. 角 α 的终边上一点为 $P(0, -1)$，则角 α 在（　　）.
   A. 第三象限　　　　　　　　　B. 第四象限
   C. 第三、四象限　　　　　　　D. 不属于任何象限

2. 下列说法中不正确的是（　　）.
   A. 第三象限角比第二象限角大　　B. α 与 $-\alpha$ 的终边关于 x 轴对称
   C. $-330°$ 与 $-390°$ 的角的终边相同　　D. 第一象限角是锐角

3. 已知 $\sin \alpha \cdot \tan \alpha > 0$，$\cos \alpha \cdot \tan \alpha < 0$，角 α 是（　　）.
   A. 第一象限角　　　　　　　　B. 第二象限角
   C. 第三象限角　　　　　　　　D. 第四象限角

4. 已知角 α 终边上一点 $P(-3, 4)$，则 $\sin \alpha + \cos \alpha = $（　　）.
   A. $\dfrac{4}{5}$　　　　B. $-\dfrac{3}{5}$　　　　C. $\dfrac{7}{5}$　　　　D. $\dfrac{1}{5}$

5. 已知角 α 是第三象限角，$\sin \alpha = -\dfrac{5}{13}$，则 $\tan \alpha = $（　　）.
   A. $\dfrac{5}{12}$　　　　B. $-\dfrac{5}{12}$　　　　C. $-\dfrac{12}{5}$　　　　D. $\dfrac{12}{5}$

6. 在 $(0°, 360°)$ 内，与 $-330°$ 终边相同的角为（　　）.
   A. $210°$　　　　B. $750°$　　　　C. $30°$　　　　D. $-30°$

7. 已知 $\sin\left(\dfrac{3\pi}{2}+\alpha\right)=\dfrac{1}{2}$，$0<\alpha<2\pi$，则 α 为（　　）.

　　A. $\dfrac{\pi}{6}$ 和 $\dfrac{11\pi}{6}$　　B. $\dfrac{5\pi}{6}$ 和 $\dfrac{7\pi}{6}$　　C. $\dfrac{11\pi}{6}$ 和 $\dfrac{5\pi}{6}$　　D. $\dfrac{7\pi}{6}$ 和 $\dfrac{11\pi}{6}$

8. 已知 $\sin\alpha\cdot\cos\alpha=\dfrac{1}{8}$，$\dfrac{\pi}{4}<\alpha<\dfrac{\pi}{2}$，则 $\cos\alpha-\sin\alpha$ 的值为（　　）.

　　A. $\dfrac{3}{4}$　　B. $-\dfrac{3}{4}$　　C. $\dfrac{\sqrt{3}}{2}$　　D. $-\dfrac{\sqrt{3}}{2}$

9. 函数 $y=\sin x$ 的单调递减区间为（　　）.

　　A. $\left[2k\pi+\dfrac{\pi}{2},\ 2k\pi+\dfrac{3\pi}{2}\right]$，$k\in\mathbf{Z}$　　B. $\left[2k\pi+\dfrac{\pi}{4},\ 2k\pi+\dfrac{5\pi}{4}\right]$，$k\in\mathbf{Z}$

　　C. $\left[2k\pi-\dfrac{\pi}{2},\ 2k\pi+\dfrac{\pi}{2}\right]$，$k\in\mathbf{Z}$　　D. $\left[2k\pi-\dfrac{3\pi}{4},\ 2k\pi+\dfrac{\pi}{4}\right]$，$k\in\mathbf{Z}$

10. 设 θ 为三角形的一个内角，则下列函数中都是正值的是（　　）.

　　A. $\sin\theta$ 和 $\tan\theta$　　　　　　B. $\tan\theta$ 和 $\cos\theta$

　　C. $\cos\dfrac{\theta}{2}$ 和 $\sin\theta$　　　　　　D. $\sin\theta$ 和 $\cos\theta$

11. 下列函数表示同一函数的是（　　）.

　　A. $y=x$ 与 $y=\sqrt{x^2}$　　　　　　B. $y=\sin(\pi-x)$ 与 $y=\sin x$

　　C. $y=\cos(\pi+x)$ 与 $y=\cos x$　　　　D. $y=\sin\left(\dfrac{\pi}{2}-x\right)$ 与 $y=\sin x$

12. 若 α、β 为第一象限角，且 $\alpha<\beta$，那么 $\sin\alpha$ 和 $\sin\beta$ 的大小关系是（　　）.

　　A. $\sin\alpha<\sin\beta$　　　　　　B. $\sin\alpha>\sin\beta$

　　C. $\sin\alpha=\sin\beta$　　　　　　D. 不确定

13. $y=x^2+\cos x$ 是（　　）.

　　A. 奇函数　　B. 偶函数　　C. 非奇非偶函数　　D. 无法确定

14. 下列式子中正确的是（　　）.

　　A. $\sin\dfrac{14\pi}{3}>0$　　　　　　B. $\tan 4<0$

　　C. $\sin 750°>\sin 30°$　　　　　　D. $\sin\dfrac{5\pi}{7}>\sin\left(-\dfrac{10\pi}{7}\right)$

15. 已知 $\tan\alpha=2$，则 $\dfrac{2\sin\alpha+\cos\alpha}{\cos\alpha-\sin\alpha}=$（　　）.

　　A. $\dfrac{1}{5}$　　B. 5　　C. -5　　D. $-\dfrac{1}{5}$

二、填空题（本大题共 15 个小题，每小题 2 分，共 30 分）

16. 与 $\dfrac{11}{6}\pi$ 终边相同的角的集合为_____.

17. 已知 $\sin(\pi-\alpha)=\dfrac{1}{3}$，$\alpha\in\left(\dfrac{\pi}{2},\pi\right)$，则 $\cos\alpha=$_____.

18. 计算 $\cos 0°+\sin 270°+3\sin(-390°)+\tan 135°=$_____.

19. $y=3\sin x-2$ 的最大值是_____.

20. 函数 $y=3\cos x+2$ 的最小周期为_____.

21. 化简 $\sin(5\pi+\alpha)\cdot\cos(-\alpha)\cdot\tan(\pi+\alpha)=$_____.

22. 化简 $\dfrac{\sqrt{1-2\sin 70°\cdot\cos 70°}}{\cos 430°+\sin 290°}=$_____.

23. 若扇形的半径为 5 cm，圆心角为 120°，则该扇形的弧长为_____.

24. 在 $[0,2\pi]$ 范围内满足 $\sin x>\dfrac{\sqrt{2}}{2}$ 的角 x 的范围为_____.

25. 已知 $\sqrt{1-\sin 2\theta}=-\cos\theta$，则角 θ 的范围为_____.

26. 已知 $\dfrac{\sin\alpha+\cos\alpha}{\sin\alpha-2\cos\alpha}=2$，则 $\sin\alpha\cdot\cos\alpha=$_____.

27. 函数 $y=(\cos x+2)^2-1$ 的最小值为_____.

28. 已知 $\alpha+\beta=\pi$，则 $\dfrac{\tan\alpha}{\tan\beta}=$_____.

29. 函数 $y=\sin x$，$x\in\left(\dfrac{\pi}{4},\dfrac{2\pi}{3}\right)$ 的值域为_____.

30. 函数 $y=\tan 2x$ 的定义域为_____.

三、解答题（本大题共 7 个小题，共 45 分）

31.（6 分）已知 $\sin\alpha-\cos\alpha=\dfrac{1}{5}$，$\alpha\in(\pi,2\pi)$，求 $\sin\alpha+\cos\alpha$ 的值.

32. (6分)化简 $\dfrac{\sin(\theta-5\pi)\cdot\cos\left(-\dfrac{\pi}{2}-\theta\right)\cdot\cos(8\pi-\theta)}{\sin\left(\theta-\dfrac{3\pi}{2}\right)\cdot\sin(-\theta-4\pi)}$.

33. (6分)已知函数 $f(x)=-a\sin x+b(a>0)$ 的最大值为 3，最小值为 -5，求 a，b 的值.

34. (6分)若点 $P(-3,m)$ 是角 α 终边上一点，且 $\tan\alpha=\dfrac{4}{3}$，求 $\sin\alpha$ 和 $\cos\alpha$.

35. (7分)求函数 $y = -2\sin x$ 的单调增区间.

36. (7分)已知 $\sin\theta$ 和 θ 是方程 $4x^2 + 2mx + m$ 的两根,求 m 值.

37. (7分)已知 $\tan\alpha = 2$,求 $\sin\alpha$ 和 $\cos\alpha$ 的值.

第5章单元测试题 B 卷

(满分 120 分,时间 120 分钟)

一、选择题(本大题共 15 个小题,每小题 3 分,共 45 分)

1. $\sin(-1230°) = $ ( ).

   A. $\dfrac{\sqrt{3}}{2}$ B. $-\dfrac{\sqrt{3}}{2}$ C. $\dfrac{1}{2}$ D. $-\dfrac{1}{2}$

2. 若 $\cos\left(\dfrac{\pi}{2}+\alpha\right)=\dfrac{\sqrt{3}}{2}$,$\alpha\in[-\pi,\pi]$,则 α 的值为( ).

   A. $-\dfrac{\pi}{3}, -\dfrac{2\pi}{3}$ B. $\pm\dfrac{\pi}{3}$

   C. $\pm\dfrac{2\pi}{3}$ D. $\dfrac{\pi}{3}, \dfrac{2\pi}{3}$

3. 下列说法中正确的是( ).

   A. $y=\sin x$ 在第一象限是增函数   B. $\alpha\in\left(0,\dfrac{\pi}{2}\right)$,$\tan\alpha > \sin\alpha > \cos\alpha$

   C. $\sin 1 > \sin 0.8$ D. $y=\cos x$ 在定义域内是减函数

4. 已知角 α 终边上一点 $P(4m,3m)(m\neq 0)$,则 $\cos\alpha=$ ( ).

   A. $\dfrac{4}{5}$ B. $\dfrac{3}{5}$ C. $\pm\dfrac{4}{5}$ D. $\pm\dfrac{3}{5}$

5. 下列函数是奇函数且在 $\left(0,\dfrac{\pi}{2}\right)$ 内单调递减的是( ).

   A. $y=\cos(\pi+x)$ B. $y=\sin(\pi+x)$

   C. $y=\sin\left(\dfrac{\pi}{2}+x\right)$ D. $y=\sin x+1$

6. 已知函数 $f(x)=\sin\dfrac{x}{2}$,则下列等式中成立的是( ).

   A. $f(2\pi-x)=f(x)$ B. $f(2\pi+x)=f(x)$

   C. $f(-x)=f(x)$ D. $f\left(\dfrac{\pi}{2}-\dfrac{x}{2}\right)=f(x)$

7. 已知函数 $f(x)=1+\cos\dfrac{\pi x}{2}$,则 $f(1)+f(2)+f(3)+\cdots+f(2023)=$ ( ).

   A. 2 023   B. 2 022   C. 2 021   D. 2 024

8. $y=-2\sin^2 x+2\cos x+1$ 的最小值为( ).

   A. 5   B. -1 C. 3   D. $-\dfrac{3}{2}$

9. 已知角 α 的终边与单位圆的交点坐标为 $\left(-\dfrac{1}{2},\dfrac{\sqrt{3}}{2}\right)$，则 $\tan\alpha =$（   ）.

  A. $\sqrt{3}$ B. $\dfrac{\sqrt{3}}{2}$ C. $-\dfrac{1}{2}$ D. $-\sqrt{3}$

10. 已知 $\alpha\in[0,2\pi]$，$\sqrt{1-\cos^2\alpha}+\sqrt{1-\sin^2\alpha}=\cos\alpha-\sin\alpha$，则 α 的取值范围为（   ）.

  A. $\left[0,\dfrac{\pi}{2}\right]$ B. $\left[\dfrac{\pi}{2},\pi\right]$ C. $\left[\pi,\dfrac{3\pi}{2}\right]$ D. $\left[\dfrac{3\pi}{2},2\pi\right]$

11. 函数 $y=\cos\left(\dfrac{3\pi}{2}-x\right)\sin\left(\dfrac{\pi}{2}+x\right)$ 是（   ）.

  A. 奇函数   B. 偶函数
  C. 既是奇函数又是偶函数   D. 非奇非偶函数

12. 已知 $\cos\left(\dfrac{\pi}{4}+\alpha\right)=-\dfrac{\sqrt{3}}{2}$，则 $\sin\left(\dfrac{\pi}{4}-\alpha\right)=$（   ）.

  A. $-\dfrac{\sqrt{3}}{2}$ B. $\dfrac{\sqrt{3}}{2}$ C. $-\dfrac{1}{2}$ D. $\dfrac{1}{2}$

13. 已知 $\sin =\dfrac{3-m}{2m+1}$ 有意义，则 m 的取值范围为（   ）.

  A. $\left[-\dfrac{3}{4},2\right]$ B. $[2,+\infty)$
  C. $\left(-\infty,\dfrac{4}{3}\right]$ D. $\left(-\infty,\dfrac{4}{3}\right]\cup[2,+\infty)$

14. 若 $\alpha+\beta=(2k+1)\pi$，则下列等式中成立的是（   ）.

  A. $\sin\alpha=\sin\beta$ B. $\cos\alpha=\cos\beta$ C. $\tan\alpha=\tan\beta$ D. 以上都不对

15. 已知 $\tan\alpha=3$，则 $\dfrac{1}{1-\sin\alpha}+\dfrac{1}{1+\sin\alpha}=$（   ）.

  A. 20 B. $\dfrac{1}{20}$ C. -20 D. $-\dfrac{1}{20}$

二、填空题(本大题共 15 个小题，每小题 2 分，共 30 分)

16. 求值：$5\sin 180°-3\sin 90°+2\tan 0°-6\sin 270°=$ _____.

17. 将分针拨快了 20 min，则分针所转过的角度是 _____.（用弧度数表示）

18. 已知 α 为第三象限角，则 $\tan\alpha\cdot\sqrt{1-\sin^2\alpha}=$ _____.

19. 与 $-1\,050°$ 终边相同的最大负角是 _____.

20. 已知 $\sin\theta+\cos\theta=\sqrt{2}$，则 $\tan\theta+\dfrac{1}{\tan\theta}=$ _____.

21. 若 $\cos(\pi+\alpha)=\log_9 3$，则 $\tan\alpha=$ _____.

22. 已知 $y=a\cos x+1$（$a<0$）的最大值为 3，则 $a=$ _____.

23. 在半径 10 cm 的圆中，圆心角 $108°$ 的扇形面积为 _____.

24. 函数 $y=\sqrt{2\cos x-1}$ 的定义域是_____.

25. 已知 $\tan\alpha=\dfrac{1}{2}$，则 $\sin(\alpha-\pi)\cos\left(\dfrac{\pi}{2}+\alpha\right)=$_____.

26. 若 $\sin\alpha+\sin^2\alpha=1$，则 $\cos^2\alpha+\cos^4\alpha$ 的值为_____.

27. 已知 $\cos(\pi-\alpha)=\dfrac{\sqrt{2}}{2}$，$\alpha\in(0,2\pi)$，则 $\alpha=$_____.

28. 函数 $y=-\cos x+1$ 的单调递减区间为_____.

29. 已知 $f(x)=ax^3+b\sin x+2$，若 $f(-1)=5$，则 $f(1)=$_____.

30. 已知函数 $y=-3\sin x+1$，$x\in\left[-\dfrac{\pi}{6},\dfrac{5\pi}{6}\right]$ 时的最大值为_____.

三、解答题(本大题共 7 个小题，共 45 分)

31. (6 分)计算：(1) $\dfrac{\cos(-45°)\cos 330°\tan 585°}{\tan(-120°)}$；

(2) $\dfrac{\sin(\pi+\alpha)\cos(\alpha-2\pi)\tan\dfrac{9\pi}{4}}{\sin(-\alpha)\sin\left(\dfrac{7\pi}{2}+\alpha\right)}$.

32. (6 分)已知角 α 的终边落在 $y=-3x$ 上，求 $5\sin\alpha+5\cos\alpha-\tan\alpha$ 的值.

33. (6 分)x 为何值时，函数 $y=-2\cos x+1$ 取最大值，最大值是多少？

34. (6分)已知 $\tan\alpha = \dfrac{1}{3}$,求 $\sin^2\alpha + 5\cos^2\alpha$ 的值.

35. (7分)已知函数 $y = 3\sin x - 1$,求 $x \in \left(-\dfrac{\pi}{6}, \dfrac{3\pi}{4}\right)$ 时函数的单调增区间.

36. (7分)已知 $f(x) = 2\sin\left(\dfrac{3\pi}{2} - x\right) - 1$.

(1)求 $f(0)$ 的值;(2)α 为第二象限角,$f\left(\alpha + \dfrac{\pi}{2}\right) = \dfrac{11}{13}$,求 $\tan\alpha$ 的值.

37. (7分)已知 $\angle A$ 是 $\triangle ABC$ 中的一个内角,且满足 $\sin A$,$\cos A$ 是一元二次方程 $4x^2 - 2(\sqrt{3}-1)x - \sqrt{3} = 0$ 中的两根,求 $\angle A$.

参考答案

第1章 集 合

1.1 集合及其运算

1.1.1 集合的概念

【课堂基础训练】

一、选择题

1. D 解析：选项 A、B、C 概念模糊，不符合集合元素的确定性．故选 D．

2. B 解析：(−1,1)，(1,1) 为两个有序数对，不能理解为 4 个数．故选 B．

3. C 解析：3.14 是有限小数，属于有理数 **Q**；而空集中没有任何元素；正整数集中不含有 0；π 是无限不循环小数，为无理数．故选 C．

二、填空题

4. (1)∉；(2)∉；(3)∈；(4)∉；(5)∉ 解析：空集中没有任何元素，正确理解每个大写字母代表含义．

5. 2 或 3 解析：需满足元素互异性，即 $x-2\neq 0$，且 $x-2\neq 1$．

三、解答题

6. 解析：① $k=0$ 时，$A=\{x \mid -8x+16=0\}=\{2\}$，符合题意；

② $k\neq 0$ 时，$\Delta=(-8)^2-4\times 16k=0$，解得 $k=1$，符合题意；

综上所述，k 的值为 0 或 1．

【课堂拓展训练】

一、选择题

1. B 解析：B 选项符合集合元素的无序性．故选 B．

2. B 解析：空集是任何集合的子集，①中很小的数概念模糊，②中一个集合的元素是数，另一个是有序数对，③中 $\left|-\dfrac{1}{2}\right|$，0.5，$\dfrac{1}{2}$ 结果相同，所以共三个元素．故选 B．

3. C 解析：A 选项爱好足球概念模糊，B 选项集合中少一个 0，C 选项满足集合元素的确定性、互异性、无序性，D 选项数字化简后会产生重复性．故选 C．

二、填空题

4. -1 解析：因为 $A=\left\{x,\dfrac{y}{x},1\right\}$，$B=\{x^2,x+y,0\}$，$A=B$，

故有 $\begin{cases} y=0 \\ x^2=1 \\ x\neq 1 \end{cases}$，解得 $x=-1$，$y=0$，

则 $x^{2\,017}+y^{2\,018}=(-1)^{2\,017}+0^{2\,018}=-1$. 故答案为 -1.

5. 3 解析：①③④均符合集合元素特性，②聪明的学生无法明显界定，概念模糊.

三、解答题

6. 解析：存在 $M=\left\{1,-\dfrac{1}{8}\right\}$ 满足条件. 理由如下：若集合 A 有且仅有两个子集，则 A 有且仅有一个元素，即方程 $(m-1)x^2+3x-2=0$ 只有一个根.

①当 $m-1=0$，即 $m=1$ 时，由 $3x-2=0$，解得 $x=\dfrac{2}{3}$，满足题意.

②当 $m-1\neq 0$ 时，由 A 有且仅有一个元素得

$\begin{cases} m-1\neq 0 \\ \Delta=9+8(m-1)=0 \end{cases}$，解得 $m=-\dfrac{1}{8}$.

综上可得 $m=1$ 或 $m=-\dfrac{1}{8}$，

所以，所有的 m 的值组成的集合 $M=\left\{1,-\dfrac{1}{8}\right\}$.

1.1.2 集合的表示方法

【课堂基础训练】

一、选择题

1. D 解析：A 中应是 $xy<0$；B 中的本意是想用描述法表示，但不符合描述法的规范格式，缺少了竖线和竖线前面的代表元素 x，应为 $\{x\mid x<5\}$；C 中的"{ }"与"全体"意思重复，应为{整数}. 故选 D.

2. C 解析：元素 a 属于集合 A，书写格式正确的是 C. 故选 C.

3. A 解析：B 选项符合元素有无数个，C、D 选项集合中元素均多了 0，2，4，6，8. 故选 A.

二、填空题

4. 等腰 解析：由集合元素的互异性可知 a，b，c 互不相等，所以 $\triangle ABC$ 一定不是等腰三角形.

5. $\{0,-1\}$ 解析：$|x|\leqslant 1$，$x\in\mathbf{Z}$，则 x 可取的值为 -1，0，1，代入 $y=x^2-1$ 得 y 的值为 0，-1，0，所以 y 的值组成的集合为 $\{0,-1\}$.

三、解答题

6. 解析：因为 $-5 \in \{x \mid x^2 - ax - 5 = 0\}$，所以 $5^2 + 5a - 5 = 0$，得 $a = -4$，所以有 $x^2 - 4x + 4 = 0$，解得 $x = 2$，所以 $\{x \mid x^2 - 4x - a = 0\} = \{2\}$.

【课堂拓展训练】

一、选择题

1. A　解析：A 选项中解得结果 $x = 3$ 而不是 3 或 -3. 故选 A.

2. A　解析：A 选项中集合为 $\{(0, 0)\}$，B 选项中 $\Delta < 0$ 无解，C 选项中 $x^2 \geq 0$. 故选 A.

3. B　解析：正确的是①③④⑤⑧，空集中没有任何元素. 故选 B.

二、填空题

4. 1　解析：由集合的确定性及互异性得 $a^2 = 0$ 或 $a^2 = a$，解得 $a = 0$ 或 1，而 $a = 0$ 不符合题意舍去，所以 $a = 1$.

5. 0 或 1　解析：① $a = 0$ 时，$M = \left\{-\dfrac{1}{2}\right\}$ 符合题意，② $a \neq 0$ 时，因为 M 中只有一个元素，所以 $\Delta = 4 - 4a = 0$，$a = 1$，符合题意，综上所述，a 的值为 0 或 1.

三、解答题

6. 解析：由题意知，$a - 3 = -3$ 或 $2a - 1 = -3$ 或 $a^2 + 1 = -3$，解得 $a = 0$ 或 -1，
当 $a = 0$ 时，集合为 $\{-3, -1, 1\}$，符合题意；
当 $a = -1$ 时，集合为 $\{-4, -3, 2\}$，
所以 $a = -1$ 或 0.

1.1.3　集合之间的关系

【课堂基础训练】

一、选择题

1. D　解析：共三个元素，子集个数为 $2^3 = 8$. 故选 D.

2. D　解析：元素与集合用 $\in$ 和 $\notin$ 符号，集合与集合间用 $\subseteq$ 或 $\supseteq$ 符号. 故选 D.

3. A　解析：只有③正确，空集只有一个子集，就是它本身，空集没有真子集. 故选 A.

二、填空题

4. $\{a\}$，$\{b\}$，$\{c\}$，$\{a, b\}$，$\{a, c\}$，$\{b, c\}$　解析：非空真子集即除去集合它本身及空集的所有子集，共 $2^3 - 2 = 6(个)$.

5. 0　解析：因为 $A = \{x \mid ax = 1\}$ 是任何集合的子集，所以 $A = \varnothing$，即 $a = 0$ 时 $ax = 1$ 无解.

三、解答题

6. 解析：因为 $A = B$，则 $x = 0$ 或 $y = 0$.

①当 $x=0$ 时，$x^2=0$，则 $B=\{0,0\}$，不满足集合中元素的互异性，故舍去；

②当 $y=0$ 时，$x^2=x$，解得 $x=0$ 或 $x=1$. 由①知 $x=0$，应舍去.

综上可知，$x=1$，$y=0$.

【课堂拓展训练】

一、选择题

1. C 解析：集合 A 中必定有 1，2，可能有 3，4，所以相当于求 $\{3,4\}$ 的子集个数，即 $2^2=4$，故选 C.

2. C 解析：A 选项中 (1，2)，(2，1) 为不同的有序数对，B 和 D 选项中 M 和 N 表示范围不一样，故选 C.

3. A 解析：因为 $A\subseteq B$，所以 A 为 B 的子集，$a\geqslant 3$ 时符合题意，故选 A.

二、填空题

4. 3 解析：①②⑥正确，无限循环小数为有理数，0 是自然数，π 是无理数，-3 是整数.

5. $m<1$ 解析：因为集合有两个元素，所以 $\Delta=4-4m>0$，即 $m<1$.

三、解答题

6. 解析：$A=\{x\mid x^2+x-6=0\}=\{-3,2\}$，

因为 $B\subseteq A$，所以①$a=0$ 时，$B=\varnothing$，符合题意；

②$a\neq 0$ 时，$B=\left\{-\dfrac{1}{a}\right\}$，$-\dfrac{1}{a}=-3$ 或 $-\dfrac{1}{a}=2$，

所以 $a=\dfrac{1}{3}$ 或 $-\dfrac{1}{2}$.

综上所述，a 的可能取值组成的集合为 $\left\{0,\dfrac{1}{3},-\dfrac{1}{2}\right\}$.

1.1.4 集合的运算

【课堂基础训练】

一、选择题

1. C 解析：$A\cap B$ 取其公共元素，故选 C.

2. B 解析：$A\cap B$ 取其公共范围，故选 B.

3. B 解析：$A\cup B$ 取两集合所有元素，故选 B.

4. B 解析：$A\cup B$ 即两集合范围合并到一起，$A=\{x\mid 2\leqslant x\leqslant 4\}$，$B=\{x\mid x\geqslant 3\}$，所以 $A\cup B=\{x\mid x\geqslant 2\}$.

5. C 解析：$\complement_U A$ 即包含于集合 U，不包含于集合 A 的部分，故选 C.

6. D 解析：$\complement_{\mathbf{R}} B=\{x\mid x\geqslant 1\}$，$A=\{x\mid -1\leqslant x\leqslant 2\}$，所以 $A\cap \complement_{\mathbf{R}} B=\{x\mid 1\leqslant x\leqslant 2\}$，故选 D.

7. B 解析：$A=\{x\mid x^2-x=0\}=\{0,1\}$，$B=\{x^2+x=0\}=\{0,-1\}$，故 $A\cap B=$

{0}，故选 B.

8. B　解析：因为 $A\cup\{1\}=\{1,2,3,4\}$，所以 $A=\{1,2,3,4\}$ 或 $\{2,3,4\}$，故选 B.

9. D　解析：$M\cap N=\{x\mid 1\leqslant x<3\}$，则 $\complement_U(M\cap N)=\{x\mid x<1$ 或 $x\geqslant 3\}$，故选 D.

10. C　解析：因为 $A\cap B=\{4\}$，所以 $a^2=4$ 或 $2a=4$，解得 $a=2$ 或 -2，$a=2$ 时 A 不满足集合元素互异性舍去，所以 $a=-2$，故选 C.

二、填空题

11. $\{x\mid x<-3\}$　解析：$A\cap B$ 取其公共范围，所以结果为 $\{x\mid x<-3\}$.

12. 30　解析：$20+30-40=10$，即参加两项的有 10 人，所以参加一项的共 $40-10=30$（人）.

13. $\{x\mid 2\leqslant x\leqslant 10\}$　解析：$A\cup B$ 即两集合范围合并到一起.

14. $\{2,3,4,5,6\}$　解析：$A\cap B=\{2,3\}$，$C=\{4,5,6\}$，所以 $(A\cap B)\cup C=\{2,3,4,5,6\}$.

15. $\{0,1,2,3\}$　解析：$U=\{x\mid x\leqslant 6,x\in\mathbf{N}\}=\{0,1,2,3,4,5,6\}$，$A=\{4,5,6\}$，故 $\complement_U A=\{0,1,2,3\}$.

16. 8　解析：$U=\{x\mid x\leqslant 4,x\in\mathbf{N}\}=\{0,1,2,3,4\}$，$A=\{2,3\}$，所以 $\complement_U A=\{0,1,4\}$，故 $\complement_U A$ 子集个数 $2^3=8$.

三、解答题

17. 解析：因为 $A\cap B=\left\{\dfrac{1}{2}\right\}$，所以 $\dfrac{1}{2}\in A$ 且 $\dfrac{1}{2}\in B$，

所以 $2\times\left(\dfrac{1}{2}\right)^2+\dfrac{1}{2}+m=0$，$\dfrac{1}{2}n-1=0$，解得 $m=-1$，$n=2$.

18. 解析：因为 $A\cap B=\{-1\}$，所以 $-1\in A$，$-1\in B$，

由 $-1\in A$ 得 $6-m-1=0$，

所以 $m=5$，$A=\{x\mid 6x^2+mx-1=0\}=\left\{-1,\dfrac{1}{6}\right\}$，

由 $-1\in B$ 得 $3-5+n=0$，

所以 $n=2$，$B=\{x\mid 3x^2+5x+n=0\}=\left\{-1,-\dfrac{2}{3}\right\}$，

故 $A\cup B=\left\{-1,\dfrac{1}{6},-\dfrac{2}{3}\right\}$.

19. 解析：联立 $\begin{cases}y=x+2\\y=x^2\end{cases}$，解得 $\begin{cases}x=-1\\y=1\end{cases}$ 或 $\begin{cases}x=2\\y=4\end{cases}$.

故 $A\cap B=\{(-1,1),(2,4)\}$.

20. 解析：$U=\{x\mid x^2+3x-4=0\}=\{-4,1\}$，

因为 $\complement_U A=\varnothing$，所以 $A=\{-4,1\}$，

故 $x^2+3x-4=0$ 与 $x^2+px+q=0$ 同解，

有 $\begin{cases} -4\times 1 = -p \\ -4+1 = q \end{cases}$,解得 $\begin{cases} p=3 \\ q=-4 \end{cases}$,

所以 $p+q=-1$.

【课堂拓展训练】

一、填空题

1. 20　解析:因为 $M\cap N=\{1\}$,把 $x=1$ 分别代入方程 $x^2-ax+15=0$ 与方程 $x^2-5x+b=0$ 可得 $a=16$,$b=4$,所以 $a+b=20$.

2. $\varnothing$　解析:集合 A 表示的是奇数组成的集合,集合 B 表示的是偶数组成的集合,所以交集为 $\varnothing$.

3. $a\leqslant -1$　解析:因为 $A\cap B=\varnothing$,所以集合 A 与 B 没有公共部分,故 $a\leqslant -1$.

4. $a\leqslant 1$　解析:因为 $A\cup B=\mathbf{R}$,所以集合 A 与 B 范围合并后为全体实数 $\mathbf{R}$,所以 $a\leqslant 1$.

5. $a\leqslant -1$　解析:$A=\{x\mid x+1\geqslant 0\}=\{x\mid x\geqslant -1\}$,所以 $\complement_U A=\{x\mid x<-1\}$,因为 $B\subseteq \complement_U A$,所以 B 为 $\complement_U A$ 子集,故 $a\leqslant -1$.

6. $\{-1,0,1\}$　解析:$A=\{x\mid x^2-x=0\}=\{0,1\}$,$B=\{x^2+x=0\}=\{0,-1\}$,所以 $A\cup B=\{-1,0,1\}$.

二、解答题

7. 解析:$A=\{x\mid (x+4)(x-2)=0\}=\{-4,2\}$,$B=\{x\mid x^2-5x+6=0\}=\{2,3\}$.

因为 $B\cap C\neq \varnothing$,$A\cap C=\varnothing$,所以 $3\in C$,

故 $9-3m+m^2-19=0$,解得 $m=5$ 或 -2,

当 $m=5$ 时,$C=\{2,3\}$,不符合题意舍去,

当 $m=-2$ 时,$C=\{-5,3\}$,符合题意,

所以 $m=-2$.

8. 解析:对于集合 M,当 $m=0$ 时,$M=\{0\}$ 符合题意,

当 $m\neq 0$ 时,$\Delta =1+4m\geqslant 0$,即 $m\geqslant -\dfrac{1}{4}$ 且 $m\neq 0$,

综上,$M=\left\{m\mid m\geqslant -\dfrac{1}{4}\right\}$,所以 $\complement_U M=\left\{m\mid m<-\dfrac{1}{4}\right\}$,

对于集合 N,$\Delta =1-4m\geqslant 0$,即 $m\leqslant \dfrac{1}{4}$,

所以 $N=\left\{m\mid m\leqslant \dfrac{1}{4}\right\}$,

故 $(\complement_U M)\cap N=\left\{m\mid m<-\dfrac{1}{4}\right\}$.

9. 解析:因为 $A\cap B=B$,所以 $B\subseteq A$,

因为 $A=\{x\mid x^2+4x=0\}=\{0,-4\}$,

所以 $B=\varnothing$, 或 $B=\{0\}$, 或 $B=\{-4\}$, 或 $B=\{0,-4\}$.

当 $B=\varnothing$ 时, 方程 $x^2+2(a+1)x+a^2-1=0$ 无实数根, 则

$\Delta=4(a+1)^2-4(a^2-1)<0$, 整理得 $a+1<0$, 解得 $a<-1$;

当 $B=\{0\}$ 时, 方程 $x^2+2(a+1)x+a^2-1=0$ 有两等根均为 0, 则

$\begin{cases}-2(a+1)=0\\a^2-1=0\end{cases}$, 解得 $a=-1$;

当 $B=\{-4\}$ 时, 方程 $x^2+2(a+1)x+a^2-1=0$ 有两等根均为 -4, 则

$\begin{cases}-2(a+1)=-8\\a^2-1=16\end{cases}$, 无解;

当 $B=\{0,-4\}$ 时, 方程 $x^2+2(a+1)x+a^2-1=0$ 的两根分别为 $0,-4$, 则

$\begin{cases}-2(a+1)=-4\\a^2-1=0\end{cases}$, 解得 $a=1$.

综上所述, $a\leqslant-1$ 或 $a=1$.

10. 解析: 由题意可知 $\begin{cases}a-1\geqslant-3\\a+1\leqslant4\end{cases}$, 解得 $\begin{cases}a\geqslant-2\\a\leqslant3\end{cases}$, 所以 a 的取值范围为 $\{a\mid-2\leqslant a\leqslant3\}$.

1.2 充要条件

1.2.1 充要条件

【课堂基础训练】

一、选择题

1. B 解析: $|x|>2$ 即 $x>2$ 或 $x<-2$, 故为必要不充分条件, 故选 B.

2. A 解析: 判断时, 箭头永远是小范围指向大范围, 故选 A.

3. A 解析: $x>2\Rightarrow x>0$, 而 $x>0\not\Rightarrow x>2$, 故选 A.

二、填空题

4. 充分不必要 解析: a 为正数即 $a>0$, 小范围指向大范围, 故为充分不必要条件.

5. 充分不必要 解析: $a+b$ 是偶数即 a 和 b 都为奇数或都为偶数, 故为充分不必要条件.

三、解答题

6. (1) p 是 q 的充分不必要条件 解析: $x^2>1$ 即为 $x>1$ 或 $x<-1$, 故 p 是 q 的充分不必要条件.

(2) p 是 q 的必要不充分条件 解析: $(a-1)(a-5)=0$ 即 $a=1$ 或 5, 故 p 是 q 的必要不充分条件.

【课堂拓展训练】

一、选择题

1. C 解析：借助图示法进行分析."$A\cap B=A$"则"$A\subseteq B$"；集合 A 是集合 B 的子集，可推出 $A\cap B=A$，故选 C.

2. B 解析：$|a|=|b|$ 可能是 $a=b$，可能是 a，b 互为相反数，故选 B.

3. A 解析：由 $x^2+(y-2)^2=0$，得 $x=0$ 且 $y=2$，能推出 $x\cdot(y-2)=0$；而由 $x\cdot(y-2)=0$，得 $x=0$ 或 $y=2$，则不能推出 $x^2+(y-2)^2=0$. 故选 A.

二、填空题

4. 充分不必要 解析：三角形全等是三角形相似的特殊情况；而三角形相似时，三角形不一定全等.

5. 充要 解析：$x^2-2x+1=0$ 结果为 $x=1$，前后条件化简后一致，故为充要条件.

三、解答题

6. (1) p 是 q 的必要不充分条件 解析：四边相等的平行四边形是菱形，而菱形不一定是正方形，但正方形一定是菱形.

(2) p 是 q 的充分不必要条件 解析：$ab=0$ 即 $a=0$ 或 $b=0$，所以 p 是 q 的充分不必要条件.

(3) p 是 q 的充要条件 解析：$|x|<2$ 解得结果即为 $-2<x<2$.

1.2.2 子集与推出的关系

【课堂基础训练】

一、选择题

1. C 解析：若 $A\subseteq B$，则 A 是 B 的一部分，所以 $A\cap B=A$；反之也成立，故选 C.

2. C 解析：若 $A\subseteq B$，则 A 是 B 的一部分，所以 $A\cup B=B$；反之也成立，故选 C.

3. B 解析："$a\in A\cup B$" $\not\Rightarrow$ "$a\in A\cap B$"；反之可以，故选 B.

二、填空题

4. 充要条件 解析：同位角相等，则两直线平行；两直线平行，则同位角相等.

5. 充要条件 解析：$x+3$ 是有理数，则 x 也是有理数；x 是有理数，则 $x+3$ 也是有理数.

三、解答题

6. (1) p 是 q 的充分不必要条件 解析：小范围指向大范围，故为充分不必要条件.

(2) p 是 q 的充分不必要条件 解析：$x=3$ 代入 $x^2-9=0$ 成立，而 $x^2-9=0$，则 $x=3$ 或 -3.

【课堂拓展训练】

一、选择题

1. C 解析：若 $b=0$，则直线 $y=kx+b$ 必过原点；若直线 $y=kx+b$ 必过原点，则

$b=0$，故选 C.

2. B　解析：如果两个三角形相似，但两个三角形不一定全等；如果两个三角形全等，则两个三角形一定相似．故选 B.

3. C　解析：如果 $A\subseteq B$，则 $\complement_U B\subseteq \complement_U A$；反之也成立．故选 C.

二、填空题

4. 必要不充分　解析：$A\cap B=\varnothing$ 还可能是集合 A 和 B 没有公共部分．

5. 必要不充分　解析：$A\cup B=U$，则 B 还可能为全集 U 的一部分．

三、解答题

6. (1) p 是 q 的必要不充分条件　解析：$x+y=0$ 即 x 和 y 互为相反数即可，$x^2+y^2=0$ 即 $x=0$，$y=0$.

(2) p 是 q 的必要不充分条件　解析：如果 $x^2=36$，则 $x=6$ 或 -6；$x=6$ 时，$x^2=36$ 一定成立．

第1章单元测试题 A 卷

一、选择题

1. B　解析：所有的老人概念模糊，不符合集合元素的确定性，故选 B.

2. D　解析：优秀的篮球运动员和聪明的学生没有明显界定标准，不符合集合元素的确定性，故选 D.

3. D　解析：为满足集合元素互异性，则不可能为等腰三角形，故选 D.

4. B　解析：A 选项集合中有重复元素，C 选项元素一样，实际上是同一集合，D 选项整数集包含负整数，故选 B.

5. C　解析：C 选项集合结果为 $\{0,1,2,3,4,5\}$，是有限个，其余选项均为无限集，故选 C.

6. B　解析：由已知得 $a^2=0$ 或 $a^2=a$，则 $a=0$ 或 1，而当 $a=0$ 时不满足集合元素的互异性，舍去，所以 $a=1$. 故选 B.

7. B　解析：①②错误，集合与集合间用 $\subseteq$、$\supseteq$，元素与集合间用 $\in$、$\notin$，一个集合是它本身的子集，空集是任意集合的子集，故选 B.

8. B　解析：B 集合范围是 A 集合范围的一部分，所以 $B\subseteq A$，故选 B.

9. D　解析：空集的子集只有一个就是它本身，空集没有真子集，故选 D.

10. C　解析：由题意知，$A=\{0,1,3\}$，所以真子集有 $2^3-1=7$(个)，故选 C.

11. B　解析：集合 P 和 M 公共部分只有 2，3 两个元素，所以交集为 $\{2,3\}$，故选 B.

12. A　解析：$A=\{x\mid |x|<2\}=\{x\mid -2<x<2\}$，$B=\{-2,0,1,2\}$，所以 $A\cup B=\{x\mid -2\leqslant x\leqslant 2\}$，故选 A.

13. D　解析：$M=\{y\mid y=x^2-4, x\in \mathbf{R}\}=\{y\mid y\geqslant -4\}$，$P=\{x\mid 2\leqslant x\leqslant 4\}$，$P$

表示的范围是 M 的一部分,所以 $M\supseteq P$,故选 D.

14. D　解析:$x=1$ 代入 $x^2+3x+2=0$ 不成立,$x^2+3x+2=0$ 结果为 $x=-1$ 或 -2,故选 D.

15. A　解析:$x>2\Rightarrow x>1$,而 $x>0\not\Rightarrow x>2$,故选 A.

二、填空题

16. $\{2,4,6,8\}$　解析:$A\cup B$ 即取其元素合并到一起.

17. $\{2\}$　解析:$A\cap B$ 即取其公共部分.

18. 3,4　解析:A 在 U 中补集即包含于 U,不包含于 A 的部分.

19. 26　解析:有爱好的人数 $55-4=51$,所以既爱好体育又爱好音乐的人数为 $43+34-51=26$.

20. 0,2 或 -2　解析:因为 $A\cap B=B$,所以 $x^2=4$ 或 $x^2=x$,解得 $x=0,1,2$,或 -2,经检验 $x=1$ 不符合题意,舍去.

21. $\{9,4,1,0,-2,-3,-6,-11\}$　解析:$m+1$ 为 10 的约数,不要忽略负约数.

22. 2 或 8　解析:$|a-5|=3$,$a=8$ 或 2.

23. 4　解析:A 中必有 c,d,e,f,可能有 a,b,所以相当于求 $\{a,b\}$ 子集.

24. 充分不必要条件　解析:判断时箭头从小范围指向大范围.

25. $k\geqslant 2$　解析:$M\cap N=M$,则 M 为 N 的子集.

26. $\{x\mid x<1$ 或 $x\geqslant 3\}$　解析:$P\cap Q=\{x\mid 1\leqslant x<3\}$,$\complement_U(P\cap Q)=\{x\mid x<1$ 或 $x\geqslant 3\}$.

27. $m>\dfrac{1}{4}$　解析:因为 $A\cap \mathbf{R}=\varnothing$,所以 $A=\varnothing$,$\Delta=1-4m<0$,$m>\dfrac{1}{4}$.

28. $\{0,1,2\}$　解析:因为 $A\cap B=\{1\}$,所以 $a=1$,所以 $A\cup B=\{0,1,2\}$.

29. 必要不充分条件　解析:p:$xy=0$ 即 $x=0$ 或 $y=0$,q:$x^2+y^2=0$ 即 $x=0$ 且 $y=0$.

30. 14　解析:非空真子集个数为 $2^4-2=14$.

三、解答题

31. 解析:因为 $A=\{x\mid 2\leqslant x\leqslant 5\}$,$B=\{x\mid 1<x<3\}$,全集 $U=\mathbf{R}$,所以 $A\cap B=\{x\mid 2\leqslant x<3\}$,$A\cup B=\{x\mid 1<x\leqslant 5\}$,$\complement_U(A\cap B)=\{x\mid x<2$ 或 $x\geqslant 3\}$.

32. 解析:因为 $\{a,b\}\subseteq A\subsetneqq\{a,b,c,d,e\}$,所以符合条件的集合 A 为 $\{a,b\}$,$\{a,b,c\}$,$\{a,b,d\}$,$\{a,b,e\}$,$\{a,b,c,d\}$,$\{a,b,c,e\}$,$\{a,b,d,e\}$.

33. 解析:由题意知 $a^2+2a-3=0$ 且 $|a|=3$,解得 $a=-3$.

34. 解析:因为 $A\cap B=\{1\}$,所以 $1\in A$,$1\in B$,

故 $x=1$ 是 $x^2-px+q=0$ 和 $qx^2+px-3=0$ 的根,代入得 $\begin{cases}1-p+q=0\\q+p-3=0\end{cases}$,解得 $\begin{cases}p=2\\q=1\end{cases}$.

当 $\begin{cases}p=2\\q=1\end{cases}$ 时，$A=\{1\}$，$B=\{-3,1\}$，所以 $A\cup B=\{-3,1\}$.

35. **解析**：由于 $x\neq 0$ 且 $y\neq 0$，所以 $x-y=0$，$x=y$，

所以 $A=\{x, x^2, 0\}$，$B=\{x, |x|, 0\}$，

所以 $x^2=|x|$，从而 $x^2=x$ 或 $x^2=-x$，

所以 $x=1$ 或 $x=-1$.

①$x=1$ 时，$y=1$，此时 $A=\{1,1,0\}$，不符合题意，舍去；

②$x=-1$ 时，$y=-1$，此时 $A=\{-1,1,0\}$，$B=\{0,-1,1\}$，$A=B$，符合题意.

故 $x=-1$，$y=-1$.

36. **解析**：$B=\{x\mid x^2-x-6=0\}=\{3,-2\}$，

因为 $A\subseteq B$，所以①$a=0$ 时，$A=\varnothing$，符合题意；

②$a\neq 0$ 时，$A=\left\{\dfrac{1}{a}\right\}$，$\dfrac{1}{a}=3$ 或 $\dfrac{1}{a}=-2$，

所以 $a=\dfrac{1}{3}$ 或 $-\dfrac{1}{2}$.

综上所述，a 的取值为 0，$\dfrac{1}{3}$ 或 $-\dfrac{1}{2}$.

37. **解析**：$B=\{x\mid x^2-3x+2=0\}=\{1,2\}$.

因为 $A\subseteq B$，所以 $A=\{1\}$ 或 $A=\{2\}$ 或 $A=\{1,2\}$.

①当 $A=\{1\}$ 时，$\begin{cases}1+p+q=0\\p^2-4q=0\end{cases}$，解得 $p=-2$，$q=1$；

②当 $A=\{2\}$ 时，$\begin{cases}4+2p+q=0\\p^2-4q=0\end{cases}$，解得 $p=-4$，$q=4$；

③当 $A=\{1,2\}$ 时，$\begin{cases}1+p+q=0\\4+2p+q=0\end{cases}$，解得 $p=-3$，$q=2$.

第1章单元测试题B卷

一、选择题

1. A **解析**：只有②错误，应该用 $\subseteq$，故选 A.

2. C **解析**：A 选项元素为不同的有序数对，B、D 选项集合表示范围前后不一致，故选 C.

3. B **解析**：$\complement_U N=\{1,2\}$，故 $M\cap(\complement_U N)=\{1,2\}$，故选 B.

4. C **解析**：$A=\{1,2,3\}$，真子集共 $2^3-1=7$（个）. 故选 C.

5. C **解析**：因为 $A\cap\mathbf{R}=\varnothing$，所以 $A=\varnothing$，$\Delta=m^2-4<0$，即 $-2<m<2$，故选 C.

6. A **解析**：三个均错误，①很小的实数概念模糊，无法界定，②集合 $\{y\mid y=$

x^2-1}元素为具体数字,集合{$(x,y)\mid y=x^2-1$}元素为有序数对,③1与$|-1|$是同一个元素,不满足集合中元素的互异性.故选 A.

7. A 解析:$M=\{(x,y)\mid x+y=0\}$中 x 和 y 互为相反数,$N=\{(x,y)\mid x^2+y^2=0\}=\{(0,0)\}$,故选 A.

8. D 解析:$M=\{2,3\}$,$x^2+px+q=0$ 两根为 2,3,由韦达定理可得 $p=-5$,$q=6$,故选 D.

9. A 解析:$A\cup B$ 即两集合中的元素合并到一起,故选 A.

10. A 解析:$x=8$ 符合 $x<15$,故 $x\in M$,故选 A.

11. B 解析:直角三角形不一定是等腰直角三角形,等腰直角三角形一定是直角三角形,故选 B.

12. A 解析:$x^2+y^2=0$ 即 $x=0$ 且 $y=0$,$xy=0$ 即 $x=0$ 或 $y=0$.故选 A.

13. C 解析:联立 $\begin{cases} x+y=0 \\ y=x-2 \end{cases}$,解得 $x=1$,$y=-1$,需注意集合 A 和 B 代表元素均为有序数对,所以 $A\cap B=\{(1,-1)\}$,故选 C.

14. A 解析:因为 $M\cap N=\{3\}$,所以 $x^2-3x-1=3$,解得 $x=-1$ 或 4,故选 A.

15. C 解析:$\complement_U A=\{0,a^2,1\}=\{0,9,1\}$,所以 $a^2=9$,$a=3$ 或 -3,故选 C.

二、填空题

16. {1,2,5} 解析:因为 $A\cap B=\{2\}$,所以 $a+1=b=2$,$a=1$,故 $A=\{5,2\}$,$B=\{1,2\}$,即有 $A\cup B=\{1,2,5\}$.

17. {-1,0,3} 解析:$A\cup B$ 即两者元素合并到一起.

18. 25 解析:至少一项及格的共 $50-4=46$(人),两项全及格的共 $40+31-46=25$(人).

19. ④ 解析:空集只有一个子集是它本身,空集没有真子集.

20. $Q\subseteq P$(或 $P\supseteq Q$) 解析:$x^2<4$ 即 $-2<x<2$,所以 Q 为 P 的子集.

21. $\varnothing$,{0},{1},{0,1} 解析:写子集时不要忽略空集和集合本身.

22. {-1,0,3,8} 解析:x 的值分别代入可得 y 的值有 $-1,0,3,8$.

23. $a\leqslant\dfrac{1}{4}$ 解析:因为 $\varnothing\subsetneq\{x\mid x^2-x+a=0\}$,所以 $\Delta=1-4a\geqslant 0$,即 $a\leqslant\dfrac{1}{4}$.

24. 1 解析:因为 $B\subseteq A$,所以 $m^2=2m-1$,解得 $m=1$.

25. Z 解析:集合 A 表示全体奇数,集合 B 表示全体偶数,所以 $A\cup B=\mathbf{Z}$.

26. $\{x\mid x>-3\}$ 解析:$A\cup B$ 二者范围合并起来.

27. $\{x\mid x\leqslant 6$ 或 $x\geqslant 8\}$ 解析:$\complement_{\mathbf{R}}A$ 即求 A 在 $\mathbf{R}$ 上的补集.

28. 4 解析:相当于求 $\{a,b\}$ 子集个数,共 4 个.

29. {(2,1)} 解析:$\begin{cases} x-y=1 \\ x+y=3 \end{cases}$,解得 $\begin{cases} x=2 \\ y=1 \end{cases}$,所以 $M\cup N=\{(2,1)\}$.

30. 充分不必要 解析:$x=2$ 代入 $x^2-5x+6=0$ 一定成立,而由 $x^2-5x+6=0$ 解

得 $x=2$ 或 3.

三、解答题

31. 解析：$A=\{x\mid 2x-5>7\}=\{x\mid x>6\}$，$B=\{x\mid 3x-8<4\}=\{x\mid x<4\}$，
所以 $A\cap B=\varnothing$，$A\cup B=\{x\mid x<4\text{ 或 }x>6\}$.

32. 解析：因为 $U=\{2,3,5\}$，$A=\{2,|a-5|\}$，$\complement_U A=\{3\}$，
所以 $|a-5|=5$，解得 $a=0$ 或 10.

33. 解析：因为 $A=\{x-2,2x^2+5x,12\}$，$-3\in A$，
所以 $x-2=-3$ 或 $2x^2+5x=-3$，解得 $x=-1$ 或 $x=-\dfrac{3}{2}$，
经检验 $x=-1$ 不符合题意，舍去.
故 $x=-\dfrac{3}{2}$.

34. 解析：(1) U 的子集：$\varnothing$，$\{3\}$，$\{4\}$，$\{6\}$，$\{3,4\}$，$\{3,6\}$，$\{4,6\}$，$\{3,4,6\}$.
(2) 由 $\complement_U A=\{6\}$，得 $A=\{3,4\}$，
所以 3，4 为 $x^2-mx+n=0$ 的两根，
所以 $\begin{cases}3+4=m\\3\times 4=n\end{cases}$，解得 $m=7$，$n=12$.

35. 解析：因为 $A=\{a,b,2\}$，$B=\{2a,b^2,2\}$，$A=B$，
所以 $\begin{cases}a=2a\\b=b^2\end{cases}$ 或 $\begin{cases}a=b^2\\b=2a\end{cases}$，解得 $\begin{cases}a=0\\b=0\end{cases}$（舍去）或 $\begin{cases}a=0\\b=1\end{cases}$ 或 $\begin{cases}a=\dfrac{1}{4}\\b=\dfrac{1}{2}\end{cases}$.

所以 $a=\dfrac{1}{4}$，$b=\dfrac{1}{2}$ 或 $a=0$，$b=1$.

36. 解析：因为 $A=\{x\mid x^2=1\}=\{-1,1\}$，$B\subseteq A$，
所以 $B=\varnothing$ 或 $B=\{-1\}$ 或 $B=\{1\}$.
①当 $B=\varnothing$ 时，$a=0$；
②当 $B=\{-1\}$ 时，$a=-1$；
③当 $B=\{1\}$ 时，$a=1$.
综上所述，a 的取值组成的集合为 $\{-1,0,1\}$.

37. 解析：由 $1\in A$ 得 $a+2=1$ 或 $(a+1)^2=1$ 或 $a^2+3a+1=1$.
①当 $a+2=1$ 时，$a=-1$，$A=\{-1,0,1\}$，符合题意；
②当 $(a+1)^2=1$ 时，解得 $a=0$ 或 -2.
$a=0$ 时，$A=\{2,1,1\}$，不满足集合中元素的互异性，舍去；$a=-2$ 时，$A=\{0,1,-1\}$，符合题意；
③当 $a^2+3a+1=1$ 时，$a=0$ 或 -3，
由②知，$a\neq 0$；$a=-3$ 时，$A=\{-1,1,4\}$，符合题意.
综上所述，a 的值为 -1 或 -2 或 -3.

第2章 不等式

2.1 不等式的基本性质

2.1.1 实数的大小

【课堂基础训练】

一、选择题

1. C 解析：根据实数比较大小的方法，可得 $-3.14 < -\dfrac{1}{3} < 0 < \pi$，故选 C．

2. B 解析：$3 < 7$，选项 A 错误；$\sqrt{9} = 3 > 2$，选项 B 正确；负实数都小于 0，选项 C 错误；$2^2 = 4$，$4 < 5$，选项 D 错误．故选 B．

3. D 解析：$-3 < 0 < 3$，可排除选项 B 和选项 C；$|-2| < |-3|$，所以 $-2 > -3$，选项 A 错误；$|-3| < |-4|$，所以 $-3 > -4$，故选 D．

二、填空题

4. $>$ 解析：$3 = \sqrt{9}$，故 $3 > \sqrt{5}$．

5. $>$ 解析：a 在原点左边，b 在原点右边，故 $a < 0 < b$．a 离开原点的距离比 b 离开原点的距离小，即 $|a| < |b|$，所以 $a + b > 0$．

三、解答题

6. 解析：因为 $\dfrac{\sqrt{5}-1}{4} - 0.25 = \dfrac{\sqrt{5}-1}{4} - \dfrac{1}{4} = \dfrac{\sqrt{5}-2}{4}$，又 $\sqrt{5} - 2 > 0$，所以 $\dfrac{\sqrt{5}-2}{4} > 0$，即 $\dfrac{\sqrt{5}-1}{4} > 0.25$．

【课堂拓展训练】

一、选择题

1. A 解析：$|-\sqrt{3}| = \sqrt{3}$，$\left|-\dfrac{6}{5}\right| = \dfrac{6}{5}$，$|0| = 0$，$|\sqrt[3]{1}| = 1$，绝对值最大的数为 $-\sqrt{3}$，故选 A．

2. D 解析：$a - b = (x+1)^2 - (2x^2 + 2x + 1) = -x^2 \leqslant 0$，所以 $a \leqslant b$，故选 D．

3. D 解析：由题知，a 为正数，b 为负数，且 $|a| < |b|$，$\dfrac{1}{a} > \dfrac{1}{b}$，故选 D．

二、填空题

4. $<$ 解析：$\sqrt{16} = 4$ 且 $\sqrt{13} < \sqrt{16}$，故 $\sqrt{13} < 4$．

5. $<$ 解析：$3\sqrt{2} - (\sqrt{2}-1) = 3\sqrt{2} - \sqrt{2} - 1 = 2\sqrt{2} - 1 > 0$，$3\sqrt{2} > \sqrt{2} + 1$，所以 $\sqrt{2} +$

$1<3\sqrt{2}$.

三、解答题

6. 解析：$5x^2-7x+2-(4x^2-3x-2)=x^2-4x+4=(x-2)^2$，因为 $x\neq 2$，所以 $(x-2)^2>0$，故 $5x^2-7x+2>4x^2-3x-2$.

2.1.2　不等式的基本性质

【课堂基础训练】

一、选择题

1. C　解析：根据不等式的基本性质，如可加性、可乘性知选项 A、B、D 正确，选项 C，不等号的方向需要改变．故选 C.

2. B　解析：$a-b\geqslant 0$，用不等式的性质，移项性可知 $a\geqslant b$．故选 B.

3. C　解析：$a>b\Rightarrow ac^2\geqslant bc^2$，选项 A 错误；根据不等式的同向可加性知，$a>b$，$d>c\Rightarrow a+d>b+c$，选项 C 正确，选项 B 错误．因为 $c<d$，故 $-c>-d$，可得 $a-c>b-d$，选项 D 错误．故选 C.

4. A　解析：$a>0$，$b>0$，由同向可加性得 $a+b>0$，而 $a+b>0$ 不能得到 $a>0$，$b>0$，故选 A.

5. A　解析：$a>0$，$b>0\Rightarrow ab>0$，而 $ab>0$，有可能 $a<0$，且 $b<0$，故 $a>0$，$b>0$ 是 $ab>0$ 的充分不必要条件.

6. C　解析：不等式两边同乘（或除以）同一个负数，不等式方向改变，选项 A 错误；$a>b\Rightarrow a-b>0$，选项 B 错误；$a+b\Rightarrow a+2>b+2$，又 $a+3>a+2$，所以 $a+3>b+2$，选项 C 正确；根据可加性 $a-3>b-3$，选项 D 错误，故选 C.

7. B　解析：$a^2\geqslant 0$，选项 A 错误；$a<b$，根据不等式的可加性可知 $a+b<b+b$，选项 B 正确；$-2<0$，但 $(-2)^2>0^2$，选项 C 错误；$|0|=0$，选项 D 错误．故选 B.

8. D　解析：选项 A，因为 $c\neq 0$，所以 $ac^2>bc^2$，正确；选项 B，考查不等式的可加性，正确；选项 C，因为 $a+b<b$，所以 $a<0$，正确；选项 D，$-2<-1<0$，但是 $(-2)^2>(-1)^2$．故选 D.

9. B　解析：选项 A，可用特殊值，$a=-2$，$b=-1$ 时，不正确；选项 B，考查不等式的可乘性，正确；选项 C，当 $c=0$ 时，不正确；选项 D，用特殊值法，$a=0$，$b=-1$ 时，不正确．故选 B.

10. D　解析：选项 A 中，两边同时消去 b 得 $a>-c$，不正确；选项 B 中，当 $c<0$ 时，$ac<bc$，不正确；选项 C 中，由于 $c^2\geqslant 0$，因此 $\dfrac{c^2}{a-b}\geqslant 0$；选项 D 中 $a-b>0$，$c^2\geqslant 0$，所以 $(a-b)c^2\geqslant 0$，正确.

二、填空题

11. 3　解析：由不等式的移项性和可乘性可得，$2x>7-1$，$2x>6$，$x>3$.

12. ＞　解析：考查不等式的同向可加性，$a+b>2c$.

15

13. > 解析：因为 $c^2 \geqslant 0$ 且 c^2 在分母，所以 $c^2 \neq 0$，$c^2 > 0$，不等式两边同时乘 c^2 得 $a > b$.

14. > 解析：因为 $a+b > 0$，所以 $a > -b$，又 $b < 0$，故 $-b > 0$. 所以 $a > -b > 0$，即 $a > b$，故 $a - b > 0$.

15. < 解析：因为 $a < b$，所以 $a + \sqrt{2} < b + \sqrt{2}$，又 $b + \sqrt{3} > b + \sqrt{2}$，所以 $a + \sqrt{2} < b + \sqrt{3}$.

16. $(-\infty, -3)$ 解析：由 $(a+3)x < 5(a+3)$，解得 $x > 5$，可知 $a+3 < 0$，$a < -3$，故 a 的取值范围是 $(-\infty, -3)$.

三、解答题

17. 解析：$(5x-4)-(2x+8) \geqslant 3$，$3x+4 \geqslant 3$，$3x \geqslant -1$，$x \geqslant -\dfrac{1}{3}$，故 x 的取值范围是 $\left[-\dfrac{1}{3}, +\infty\right)$.

18. 解析：(1) 原不等式可化为

$6x - 2 < 4 - 3x$

$9x < 6$　　移项性

$x < \dfrac{2}{3}$　　可乘性

故原不等式的解集是 $\left\{x \mid x < \dfrac{2}{3}\right\}$

(2) 原不等式可化为

$2x - 1 \geqslant 3(x+1)$　　可乘性

$2x - 1 \geqslant 3x + 3$　　去括号

$-x \geqslant 4$　　移项性

$x \leqslant -4$　　可乘性

故原不等式的解集是 $\{x \mid x \leqslant -4\}$

19. 解析：(1) 正确，不等式的传递性；(2) 不正确，如当 $a=0$，$b=-1$ 时；(3) 不正确，考查同向可加性，若 $a > b$ 且 $c > d$，则有 $a+c > b+d$；(4) 正确，因为 $a > 5$，所以 $5-a < 0$，又 $b < -5$，即 $b+5 < 0$，故 $(5-a)(b+5) > 0$.

20. 解析：由题意得 $\begin{cases} \dfrac{x+5}{2} < x-1, \\ \dfrac{x+5}{2} < \dfrac{x-1}{3}, \end{cases}$ 即 $\begin{cases} x+5 < 2(x-1), \\ 3(x+5) < 2(x-1), \end{cases}$ 解得 $\begin{cases} x > 7, \\ x < -17, \end{cases}$ 解集为 $\varnothing$. 故不可以同时小于 $x-1$ 和 $\dfrac{x-1}{3}$ 的值.

【课堂拓展训练】

一、填空题

1. (1) <；(2) < 解析：(1) 因为 $\dfrac{3\pi}{5} = \dfrac{9\pi}{15}$，$\dfrac{2\pi}{3} = \dfrac{10\pi}{15}$，故 $\dfrac{3\pi}{5} < \dfrac{2\pi}{3}$.

(2) 因为 $\left|-\dfrac{4\pi}{3}\right| = \dfrac{4\pi}{3} = \dfrac{20\pi}{15}$，$\left|-\dfrac{6\pi}{5}\right| = \dfrac{6\pi}{5} = \dfrac{18\pi}{15}$，所以 $-\dfrac{4\pi}{3} < -\dfrac{6\pi}{5}$.

2. > 解析：因为 $a > 3$，故有 $a-3 > 0$，即 $3-a < 0$，又 $b < -3$，所以 $b+3 < 0$，故

$(3-a)(b+3)>0$.

3. > 解析：由题知 $c^2 \geqslant 0$，$ac^2>bc^2 \Rightarrow a>b$.

4. > 解析：因为 $\sqrt{4}=2$ 且 $\sqrt{5}>\sqrt{4}>0$，又 $a>b>0$，用不等式的同向同正可乘性可知 $\sqrt{5}a>\sqrt{4}b$，即 $\sqrt{5}a>2b$.

5. 充分不必要　解析：由题知 $x>1>0$，$y>1>0$，故 $xy>1$ 且 $x+y>1+1$；而 "$x+y>2$ 且 $xy>1$" 推不出 "$x>1$ 且 $y>1$"，例如 $x=4$，$y=\dfrac{1}{2}$ 时，故填"充分不必要".

6. ③　解析：由 $a>0>b$，知 $a>0$，$b<0$，$-b>0$，而 a 与 $-b$ 的大小关系不知，①错误；当 $2>0>-3$ 时，$|2|<|3|$，②错误；$\dfrac{1}{a}>0$，$\dfrac{1}{b}<0$，$\dfrac{1}{a}>\dfrac{1}{b}$，③正确；$-a<0$，$-b>0$，$-a<-b$，④错误.

二、解答题

7. 解析：原不等式可化为 $2(x-1)+3(3x+2)<6$，$2x-2+9x+6-6<0$，$11x<2$，$x<\dfrac{2}{11}$，不等式的解集是 $\left\{x \mid x<\dfrac{2}{11}\right\}$.

8. 解析：证法一（不等式的乘法性质）：因为 $ab>0$，所以 $\dfrac{1}{ab}>0$，由 $a>b$，得 $a \cdot \dfrac{1}{ab}>b \cdot \dfrac{1}{ab}$，即 $\dfrac{1}{b}>\dfrac{1}{a}$，从而 $\dfrac{1}{a}<\dfrac{1}{b}$.

证法二（作差法）：$\dfrac{1}{a}-\dfrac{1}{b}=\dfrac{b-a}{ab}$，由 $a>b$，得 $b-a<0$，又 $ab>0$，有 $\dfrac{b-a}{ab}<0$，从而 $\dfrac{1}{a}<\dfrac{1}{b}$.

9. 解析：原不等式可化为 $-kx<-6$，$kx>6(k \neq 0)$，当 $k>0$ 时，$x>\dfrac{6}{k}$；$k<0$ 时，$x<\dfrac{6}{k}$．综上所述，当 $k>0$ 时，不等式的解集是 $\left(\dfrac{6}{k},+\infty\right)$；$k<0$ 时，不等式的解集是 $\left(-\infty,\dfrac{6}{k}\right)$.

10. 解析：当 $B=\varnothing$ 时，$2a>a+4$，解得 $a>4$，符合题意；当 $B \neq \varnothing$ 时，可得 $\begin{cases} 2a \leqslant a+4 \\ a+4<-2 \end{cases}$ 或 $\begin{cases} 2a \leqslant a+4 \\ 2a>6 \end{cases}$，化简得 $\begin{cases} a \leqslant 4 \\ a<-6 \end{cases}$ 或 $\begin{cases} a \leqslant 4 \\ a>3 \end{cases}$，解得 $a<-6$ 或 $3<a \leqslant 4$，综上所述，实数 a 的取值范围是 $\{a \mid a<-6$ 或 $a>3\}$.

2.2 不等式的解法

2.2.1 区间的概念

【课堂基础训练】

一、选择题

1. C 解析：$\complement_U A=\{x\mid x<4\}$，则 $A=\{x\mid x\geqslant 4\}$. 故选 C.
2. B 解析：通过借助数轴，数形结合，可知 $A\cap B=(0,1]$，故选 B.
3. D 解析：通过借助数轴，数形结合，并集取大，故选 D.

二、填空题

4. $(-\infty,0)$ 解析：由题知 $x<3$，所以 $x-3<3-3$，即 $x-3<0$.
5. $(-9,+\infty)$ 解析：原不等式可化为 $3x+3>2x-6$，解得 $x>-9$，故解集为 $(-9,+\infty)$.

三、解答题

6. 解析：(1) $A\cap B=\varnothing$；(2) $\complement_U B=(-\infty,3)$；(3) 由(2)可知 $\complement_U B=(-\infty,3)$，所以 $A\cap \complement_U B=A=(-\infty,0)$.

【课堂拓展训练】

一、选择题

1. D 解析：通过借助数轴表示集合 A，B，可得 $A\cap B=[1,8)$，故选 D.
2. A 解析：通过借助数轴，数形结合，可知 $A\cup B=(-\infty,5)$，故选 A.
3. B 解析：通过借助数轴，数形结合，可知 $\complement_U A=[-3,0]$，故选 B.

二、填空题

4. $\mathbf{R}$ 解析：通过借助数轴，数形结合，可知 $A\cup B=\mathbf{R}$.
5. $(-1,5)\cup[7,12]$ 解析：通过借助数轴，数形结合，可知 $\complement_U A=(-1,5)\cup[7,12]$.

三、解答题

6. 解析：(1) 因为 $\complement_U A=[2,3]\cup(5,+\infty)$，所以 $(\complement_U A)\cap B=B=(6,7)$；
(2) 因为 $\complement_U B=[2,6]\cup(7,+\infty)$，所以 $A\cap \complement_U B=A=(3,5)$.

2.2.2 一元一次不等式(组)的解法

【课堂基础训练】

一、选择题

1. D 解析：由题知，解集是 $\{x\mid x>2\}$，根据大大取大得 $m\leqslant 2$，故选 D.
2. B 解析：原不等式可化为 $3x<3$，解得 $x<1$. 所以最大的整数解为 0，故选 B.
3. C 解析：原不等式可化为 $3x-6\leqslant x+4$，$2x\leqslant 10$，解得 $x\leqslant 5$. 故满足条件的非负

整数解为 0,1,2,3,4,5,共 6 个. 故选 C.

二、填空题

4. $[4,6)$　解析：由题知，交集取小，$A\cap B=[4,6)$.

5. $\left[-\dfrac{3}{2},5\right)$　解析：原不等式可化为 $\begin{cases}x<5\\2x\geqslant-3\end{cases}$，解得 $5>x\geqslant-\dfrac{3}{2}$，故原不等式组的解集为 $\left[-\dfrac{3}{2},5\right)$.

三、解答题

6. 解析：原不等式可化为 $\dfrac{x-5}{2}\times6>\dfrac{6-x}{3}\times6$

即　　　　　　　　　　$3(x-5)>2(6-x)$

去括号得　　　　　　$3x-15>12-2x$

移项得　　　　　　　$3x+2x>12+15$

合并同类项得　　　　$5x>27$

两边同除 5，得 $x>\dfrac{27}{5}$. 故原不等式的解集是 $\left\{x\mid x>\dfrac{27}{5}\right\}$.

【课堂拓展训练】

一、选择题

1. C　解析：原不等式组可化为 $\begin{cases}2x+3x-6-4<0\\3(x+3)\leqslant2(2x-5)+18\end{cases}$，所以 $\begin{cases}5x<10\\3x+9\leqslant4x+8\end{cases}$，移项得 $\begin{cases}x<2\\x\geqslant1\end{cases}$，解得 $1\leqslant x<2$. 故不等式组的解集是 $[1,2)$. 故选 C.

2. C　解析：原不等式组可化为 $\begin{cases}x>1\\2x<a\end{cases}$，即 $\begin{cases}x>1\\x<\dfrac{a}{2}\end{cases}$，解得 $1<x<\dfrac{a}{2}$，由题知借助数轴可得 $3<\dfrac{a}{2}\leqslant4$，解得 $6<a\leqslant8$. 故选 C.

3. B　解析：设最小正偶数是 x，则 $x+2,x+4$ 是另外两个正偶数，由题意得 $x+(x+2)+(x+4)<19$，$3x+6<19$，$3x<13$，解得 $x<\dfrac{13}{3}$，所以符合条件的正偶数 x 只能取 2,4. 当 $x=2$ 时，三个正偶数分别为 2,4,6. 当 $x=4$ 时，三个正偶数分别为 4,6,8. 故选 B.

二、填空题

4. $(-2,+\infty)$　解析：$2x+1>x-1$ 可化为 $x>-2$；$x-8<3x+1$ 可化为 $2x>-9$，解得 $x>-\dfrac{9}{2}$. 故不等式组的解集是 $(-2,+\infty)$.

5. $(-3,1]$　解析：$2x-1<3$，$2x<4$，解得 $x<2$. $3-x\geqslant2$，$-x\geqslant-1$，解得

$x \leqslant 1$. $x+3>0$，解得 $x>-3$，三个不等式的解取交集，故解集是 $(-3, 1]$.

6. 解析：原不等式组可化为 $\begin{cases} 2(x+4)>3x+6 \\ x<-a \end{cases}$，即 $\begin{cases} x<2 \\ x<-a \end{cases}$. 由题知不等式组的解集是 $\{x \mid x<2\}$，所以 $-a \geqslant 2$，故 a 的取值范围是 $(-\infty, -2]$.

2.2.3 一元二次不等式的解法

【课堂基础训练】

一、选择题

1. D 解析：根据大于取两边，可根据选项，用排除法，故选 D.
2. C 解析：原不等式可化为 $x(x-2)<0$，得 $0<x<2$，故选 C.
3. B 解析：原不等式可化为 $(x+5)(x-2) \leqslant 0$，所以 $-5 \leqslant x \leqslant 2$，故选 B.
4. A 解析：原不等式可化为 $(x-a)(x-b)>0$，根据大于取两边且 $a>b$，所以解集为 $(-\infty, b) \cup (a, +\infty)$，故选 A.
5. A 解析：原不等式可化为 $(x-1)^2 \leqslant 0$，所以 $x-1=0$，解得 $x=1$，故选 A.
6. C 解析：由题知 $\Delta = a^2 - 4 \times 4 \leqslant 0$，即 $a^2 \leqslant 16$，解得 $-4 \leqslant a \leqslant 4$，故选 C.
7. A 解析：由 $x^2 - x - 6 > 0$ 化简得 $(x-3)(x+2)>0$，解得 $x>3$ 或 $x<-2$，故选 A.
8. C 解析：$x^2 > 2$ 的解集是 $\{x \mid x > \sqrt{2}$ 或 $x < -\sqrt{2}\}$，错误；$x^2 \geqslant 0$ 的解集是 **R**，正确；$x^2 - 2x < 0$，$x(x-2)<0$，解得 $0<x<2$，解集是 $\{x \mid 0<x<2\}$，错误；$x^2 - 4x + 4 \geqslant 0$ 可化为 $(x-2)^2 \geqslant 0$，恒成立，所以解集是 **R** 正确，故选 C.
9. B 解析：$N = \{x \mid x^2 - 2x - 3 < 0\} = \{x \mid (x-3)(x+1)<0\} = \{x \mid -1<x<3\}$，$M \cap N = \{0, 1, 2\}$，故选 B.
10. B 解析：$A = \{x \mid x^2 + 5x - 6 \leqslant 0\} = \{x \mid (x+6)(x-1) \leqslant 0\} = \{x \mid -6 \leqslant x \leqslant 1\}$，$B = \{x \mid -x > 3\} = \{x \mid x < -3\}$，所以 $A \cap B = \{x \mid -6 \leqslant x < -3\}$，故选 B.

二、填空题

11. $(-\infty, -2\sqrt{2}] \cup [2\sqrt{2}, +\infty)$　　解析：$x^2 \geqslant 8$，$x \leqslant -2\sqrt{2}$ 或 $x \geqslant 2\sqrt{2}$，即 $x \in (-\infty, -2\sqrt{2}] \cup [2\sqrt{2}, +\infty)$.

12. 充分不必要　　解析：原不等式可化为 $x(x-1)>0$，解得 $x<0$ 或 $x>1$，由此 $x>1$ 是 $x^2 - x > 0$ 的充分不必要条件.

13. -7；12　　解析：由题知 $x^2 + ax + b = 0$ 的根为 $x_1 = 3$，$x_2 = 4$，故有 $\begin{cases} 3+4=-a \\ 12=b \end{cases}$，解得 $a=-7$，$b=12$.

14. $(-\infty, 0) \cup (1, +\infty)$　　解析：原不等式可化为 $\dfrac{1}{x} - 1 < 0$，化简得 $\dfrac{1-x}{x} < 0$，即 $\dfrac{x-1}{x} > 0$，$x(x-1)>0$，可得 $x<0$ 或 $x>1$.

15. $[-3, 12]$　　解析：$x^2 + 2 > 0$，原不等式可化为 $x^2 - 9x - 36 \leqslant 0$，即 $(x-12)(x+$

3)≤0,得 $-3 \leq x \leq 12$,故解集是 $[-3,12]$.

16. $(-\infty,-1) \cup \left(\dfrac{1}{2},+\infty\right)$ 解析:由题知 $\begin{cases} -a=-1+2=1 \\ b=-2 \end{cases}$,解得 $\begin{cases} a=-1 \\ b=-2 \end{cases}$, $-2x^2-x+1<0$,$2x^2+x-1>0$,$(x+1)(2x-1)>0$,解得 $x<-1$ 或 $x>\dfrac{1}{2}$.

三、解答题

17. 解析:原不等式可化为 $x^2+5x-24>0$,$(x+8)(x-3)>0$,解得 $x<-8$ 或 $x>3$. 故解集是 $\{x \mid x<-8$ 或 $x>3\}$.

18. 解析:若使 $\sqrt{x^2+x-12}$ 有意义,须 $x^2+x-12 \geq 0$,$(x+4)(x-3) \geq 0$,解得 $x \leq -4$ 或 $x \geq 3$,即使 $\sqrt{x^2+x-6}$ 有意义的 x 的取值范围是 $(-\infty,-4] \cup [3,+\infty)$.

19. $(x-1)^2 \leq 2x^2-2x+1$ 解析:$(x-1)^2-(2x^2-2x+1)=x^2-2x+1-2x^2+2x-1=-x^2 \leq 0$,即 $(x-1)^2 \leq 2x^2-2x+1$.

20. 解析:$A=\{x \mid x^2-7x-18>0\}=\{x \mid (x-9)(x+2)>0\}=\{x \mid x<-2$ 或 $x>9\}$,$B=\{x \mid 0<x+a<6\}=\{x \mid -a<x<6-a\}$,因为 $A \cap B=\varnothing$,所以 $\begin{cases} -a \geq -2 \\ 6-a \leq 9 \end{cases}$,即 $\begin{cases} a \leq 2 \\ a \geq -3 \end{cases}$,可得 $-3 \leq a \leq 2$,故实数 a 的取值范围是 $[-3,2]$.

【课堂拓展训练】

一、填空题

1. $(-\infty,-\sqrt{2}) \cup (-\sqrt{2},+\infty)$ 解析:原不等式可化为 $x^4-4>0$,$(x^2+2) \cdot (x^2-2)>0$,由于 $x^2 \geq 0$,所以只需 $x^2-2>0$ 即可,$x^2>2$,$x<-\sqrt{2}$ 或 $x>\sqrt{2}$,故解集为 $(-\infty,-\sqrt{2}) \cup (-\sqrt{2},+\infty)$.

2. **R** 解析:根据 $x^2 \geq 0$ 可知 $(x+2)^2>-3$ 的解集为 **R**.

3. $\varnothing$ 解析:原不等式可化为 $(3x+2)^2<0$,故解集为 $\varnothing$.

4. $\left(-\dfrac{5}{3},+\infty\right)$ 解析:由于 $x^2 \geq 0$,因此 $x^2+4 \geq 4$,原不等式可化为 $5x+3>2x-2$,$3x>-5$,$x>-\dfrac{5}{3}$,故解集为 $\left(-\dfrac{5}{3},+\infty\right)$.

5. $(-\infty,1]$ 解析:$A=[1,3]$,$B=\{x \mid x<m\}$,由于 $A \cap B=\varnothing$,因此 $m \leq 1$,故 m 的取值范围为 $(-\infty,1]$.

6. $\varnothing$ 解析:$\Delta=1-4 \times 2 \times 6<0$,故解集为 $\varnothing$.

二、解答题

7. 解析:由题知 $\Delta=(m+2)^2-4 \times 4 \geq 0$,$(m+2)^2-16 \geq 0$,$(m+2+4)(m+2-4) \geq 0$,$(m+6)(m-2) \geq 0$,解得 $m \leq -6$ 或 $m \geq 2$. 故实数 m 的取值范围是 $(-\infty,-6] \cup [2,+\infty)$.

8. 解析:$A=\{x \mid x^2-13x+36 \leq 0\}=\{x \mid (x-4)(x-9) \leq 0\}=\{x \mid 4 \leq x \leq 9\}$,

$B=\{x \mid x-a \leqslant 4\}=\{x \mid x \leqslant a+4\}$，因为 $A \subseteq B$，所以 $a+4 \geqslant 9$，解得 $a \geqslant 5$，故 a 的取值范围是 $[5, +\infty)$.

9. 解析：$A=\{x \mid x^2-2x-24 \leqslant 0\}=\{x \mid (x-6)(x+4) \leqslant 0\}=\{x \mid -4 \leqslant x \leqslant 6\}$，又因为 $m>0$，所以 $B=\{x \mid x^2-m^2<0\}=\{x \mid -m<x<m\}$，因为 $A \cap B=B$，所以 $B \subseteq A$，所以 $\begin{cases} -m \geqslant -4 \\ m \leqslant 6 \end{cases}$，移项得 $\begin{cases} m \leqslant 4 \\ m \leqslant 6 \end{cases}$，解得 $m \leqslant 4$. 故 m 的取值范围是 $(0, 4]$.

10. 解析：当 $a-3=0$ 时，$a=3$，$-6<0$，符合题意；当 $a-3 \neq 0$ 时，$\begin{cases} a-3<0 \\ \Delta=4(a-3)^2+24(a-3)<0 \end{cases}$，化简得 $\begin{cases} a<3 \\ (a-3)^2+6(a-3)<0 \end{cases}$，整理得 $\begin{cases} a<3 \\ (a-3)(a+3)<0 \end{cases}$，即 $\begin{cases} a<3 \\ -3<a<3 \end{cases}$，解得 $-3<a<3$，综上所述，a 的取值范围是 $(-3, 3]$.

2.2.4 含有绝对值的不等式

【课堂基础训练】

一、选择题

1. B 解析：由 $|x|<1$，解得 $-1<x<1$，从而 $|x|<1 \Rightarrow x>-1$，但反之不成立，故选 B.

2. D 解析：由题知，$|x+2|>0$，即 $x+2 \neq 0$，所以 $x \neq -2$，故选 D.

3. A 解析：原不等式可化为 $x-3<-2$ 或 $x-3>2$，解得 $x<1$ 或 $x>5$. 故选 A.

4. C 解析：根据 $|x| \geqslant 0$ 可知 $|5x+1| \leqslant 0$ 的条件为 $5x+1=0$，所以 $x=-\dfrac{1}{5}$. 故选 C.

5. D 解析：原不等式可化为 $-1<x-1<1$，解得 $0<x<2$. 故选 D.

6. B 解析：原不等式可化为 $|3x-2|<1$，即 $-1<3x-2<1$，$1<3x<3$，解得 $\dfrac{1}{3}<x<1$，故选 B.

7. A 解析：原不等式可化为 $x+\dfrac{1}{2}<-\dfrac{1}{2}$ 或 $x+\dfrac{1}{2}>\dfrac{1}{2}$，即 $x<-1$ 或 $x>0$，故选 A.

8. D 解析：原不等式可化为 $|x-2|<12$，$-12<x-2<12$，解得 $-10<x<14$，故选 D.

9. C 解析：原不等式可化为 $-7<2x-5<7$，$-2<2x<12$，解得 $-1<x<6$，正整数解为 1，2，3，4，5. 故选 C.

10. B 解析：$M=\{x \mid -2 \leqslant x-5 \leqslant 2, x \in \mathbf{Z}\}=\{x \mid 3 \leqslant x \leqslant 7, x \in \mathbf{Z}\}=\{3, 4, 5, 6, 7\}$，$N=\{x \mid (x-3)(x-7)<0\}=\{x \mid 3<x<7\}$，从而 $M \cap N=\{4, 5, 6\}$. 故选 B.

二、填空题

11. 3 解析：原不等式可化为 $-b<x-a<b$，$a-b<x<a+b$，由题知 $a-b=-1$，

$a+b=5$，可得 $a=2$，$b=3$.

12. $\left(-\infty, -\dfrac{9}{4}\right] \cup \left[\dfrac{11}{4}, +\infty\right)$　解析：原不等式可化为 $4x-1 \leqslant -10$ 或 $4x-1 \geqslant 10$，$4x \leqslant -9$ 或 $4x \geqslant 11$，解得 $x \leqslant -\dfrac{9}{4}$ 或 $x \geqslant \dfrac{11}{4}$，故解集是 $\left(-\infty, -\dfrac{9}{4}\right] \cup \left[\dfrac{11}{4}, +\infty\right)$.

13. $\left[-\dfrac{7}{3}, 1\right]$　解析：$A=\{x \mid 3x+2<-5\}$ 或 $\{x \mid 3x+2>5\}=\left\{x \mid x<-\dfrac{7}{3}\right\}$ 或 $\{x \mid x>1\}$. 所以 $\complement_U A = \left[-\dfrac{7}{3}, 1\right]$.

14. $\{1, 2, 3, 4\}$　解析：原不等式可化为 $-5<2x-3<5$，$-2<2x<8$，$-1<x<4$，所以整数解为 $\{1, 2, 3, 4\}$.

15. $(1, 2] \cup [4, 5)$　解析：原不等式可化为 $-2<x-3 \leqslant -1$ 或 $1 \leqslant x-3<2$，$1<x \leqslant 2$ 或 $4 \leqslant x<5$. 故解集是 $(1, 2] \cup [4, 5)$.

16. $\dfrac{9}{2}$；$\dfrac{3}{2}$　解析：原不等式可化为 $-b<3x-a<b$，$a-b<3x<a+b$，$\dfrac{a-b}{3}<x<\dfrac{a+b}{3}$，又不等式 $|3x-a|<b$ 的解集是 $(1, 2)$，从而有 $\begin{cases} \dfrac{a-b}{3}=1 \\ \dfrac{a+b}{3}=2 \end{cases}$，解得 $\begin{cases} a=\dfrac{9}{2} \\ b=\dfrac{3}{2} \end{cases}$.

三、解答题

17. 解析：(1) 原不等式可化为 $-4 \leqslant 3x-5 \leqslant 4$，$1 \leqslant 3x \leqslant 9$，解得 $\dfrac{1}{3} \leqslant x \leqslant 3$，故不等式的解集是 $\left[\dfrac{1}{3}, 3\right]$. (2) 原不等式可化为 $|2x-1| \geqslant 3$，$2x-1 \leqslant -3$ 或 $2x-1 \geqslant 3$，$2x \leqslant -2$ 或 $2x \geqslant 4$，解得 $x \leqslant -1$ 或 $x \geqslant 2$，故不等式的解集是 $(-\infty, -1] \cup [2, +\infty)$.

18. 解析：原不等式可化为 $-5 < \dfrac{2x-1}{3} < 5$，$-15<2x-1<15$，$-14<2x<16$，解得 $-7<x<8$，故原不等式的解集是 $(-7, 8)$.

19. 解析：$A=\{x \mid -5<2x+3<5\}=\{x \mid -8<2x<2\}=\{x \mid -4<x<1\}$，$B=\{x \mid -2 \leqslant x-2 \leqslant 2\}=\{x \mid 0 \leqslant x \leqslant 4\}$，所以 $A \cap B = \{x \mid 0 \leqslant x<1\}$，$A \cup B = \{x \mid -4<x \leqslant 4\}$.

20. 解析：$A=\{x \mid -7<2x-3<7\}=\{x \mid -4<2x<10\}=\{x \mid -2<x<5\}$，$B=\{x \mid x-1 \leqslant -1$ 或 $x-1 \geqslant 1\}=\{x \mid x \leqslant 0$ 或 $x \geqslant 2\}$，所以 $A \cap B = \{x \mid -2<x \leqslant 0$ 或 $2 \leqslant x<5\}$，$A \cup B = \mathbf{R}$.

【课堂拓展训练】

一、填空题

1. 3　解析：原不等式可化为 $-b<x+a<b$，$-a-b<x<b-a$，由题知 $-a-b=-3$，$b-a=5$，解得 $a=-1$，$b=4$，从而 $a+b=3$.

23

2. $\left\{x\,\Big|\,x\neq\dfrac{8}{5}\right\}$. 解析：根据$|x|\geqslant 0$可知$|8-5x|>0$的条件为$|8-5x|\neq 0$，所以$x\neq\dfrac{8}{5}$，故解集是$\left\{x\,\Big|\,x\neq\dfrac{8}{5}\right\}$.

3. $(-\infty,0)$　解析：因为$|x|\geqslant 0$，根据绝对值的意义可知$a<0$.

4. $(-\infty,0)$　解析：根据绝对值的意义可知$|x|>x\Rightarrow x<0$. 故解集是$(-\infty,0)$.

5. $(-2,-1]\cup[3,4)$　解析：原不等式可化为$-3<x-1\leqslant -2$或$2\leqslant x-1<3$，解得$-2<x\leqslant -1$或$3\leqslant x<4$，故解集是$(-2,-1]\cup[3,4)$.

6. $\{-1,0,1,2\}$　解析：$A=\{x\mid -3\leqslant 2x-1\leqslant -1\text{ 或 }1\leqslant 2x-1\leqslant 3,x\in\mathbf{Z}\}=\{x\mid -1\leqslant x\leqslant 0\text{ 或 }1\leqslant x\leqslant 2,x\in\mathbf{Z}\}$，故$A=\{-1,0,1,2\}$.

二、解答题

7. 解析：$A=\{x\mid -3\leqslant x-2\leqslant 3\}=\{x\mid -1\leqslant x\leqslant 5\}$，$B=\{x\mid -a<x-1<a\}=\{x\mid 1-a<x<a+1\}$，(1)$a=2$时，$B=\{x\mid -1<x<3\}$，$A\cap B=\{-1<x<3\}$，$A\cup B=\{x\mid -1\leqslant x\leqslant 5\}$. (2)当$B=\varnothing$时，$1-a\geqslant a+1$，解得$a\leqslant 0$；$B\neq\varnothing$时，因为$B\subseteq A$，所以$\begin{cases}1-a\leqslant a+1\\1-a\geqslant -1\\a+1\leqslant 5\end{cases}$，化简得$\begin{cases}a\geqslant 0\\a\leqslant 2\\a\leqslant 4\end{cases}$，解得$0\leqslant a\leqslant 2$，综上所述，$a$的取值范围为$(-\infty,2]$.

8. 解析：原不等式可化为$-8<ax+b<8$，$-8-b<ax<8-b$，因为$a>0$，所以$-\dfrac{8+b}{a}<x<\dfrac{8-b}{a}$，解集是$\{x\mid -3<x<5\}$，从而$\begin{cases}-\dfrac{8+b}{a}=-3\\\dfrac{8-b}{a}=5\end{cases}$，解得$\begin{cases}a=2\\b=-2\end{cases}$.

9. 解析：(1)当$m>0$时，$2x+3\leqslant -m$或$2x+3\geqslant m$，$2x\leqslant -m-3$或$2x\geqslant m-3$，解得$x\leqslant -\dfrac{m+3}{2}$或$x\geqslant \dfrac{m-3}{2}$，故当$m>0$时，解集是$\left\{x\,\Big|\,x\leqslant -\dfrac{m+3}{2}\text{ 或 }x\geqslant \dfrac{m-3}{2}\right\}$；当$m\leqslant 0$时，解集是$\mathbf{R}$.

(2)$m>0$时，$-m<2x+3<m$，$-m-3<2x<m-3$，解得$-\dfrac{m+3}{2}<x<\dfrac{m-3}{2}$，故当$m>0$时，解集是$\left\{x\,\Big|\,-\dfrac{m+3}{2}<x<\dfrac{m-3}{2}\right\}$. 当$m\leqslant 0$时，解集是$\varnothing$.

10. 解析：$A=\{x\mid x^2-4x\geqslant 0\}=\{x\mid x(x-4)\geqslant 0\}=\{x\mid x\leqslant 0\text{ 或 }x\geqslant 4\}$. 当$a\leqslant 0$时，$B=\varnothing$，符合题意；当$a>0$时，$B=\{x\mid |x-2|<a\}=\{x\mid -a<x-2<a\}=\{x\mid 2-a<x<2+a\}$. 因为$A\cap B=\varnothing$，所以$\begin{cases}2-a<2+a\\2-a\geqslant 0\\2+a\leqslant 4\end{cases}$，解得$0<a\leqslant 2$. 综上所述，$a$的取值范围是$(-\infty,2]$.

2.3 不等式的应用

【课堂基础训练】

一、选择题

1. A 解析：$m-n=ab-a^2-(b^2-ab)=-(a^2+b^2-2ab)=-(a-b)^2$，因为 $a\neq b$，所以 $-(a-b)^2<0$，可得 $m<n$．故选 A．

2. D 解析：原不等式可化为 $\begin{cases}-5x>-10\\x>2a-1\end{cases}$，即 $\begin{cases}x<2\\x>2a-1\end{cases}$，从而 $2a-1<x<2$，因为恰有四个正数解，所以 $-3\leqslant 2a-1<-2$，化简得 $-2\leqslant 2a<-1$，解得 $-1\leqslant a<-\dfrac{1}{2}$，故选 D．

3. D 解析：设答对的题数为 x 道，则未答或答错的题有 $15-x$ 道．由题意得，$8x-3(15-x)>90$，化简 $11x>135$，解得 $x>\dfrac{135}{11}=12\dfrac{3}{11}$，因为 $x\in\mathbf{Z}$，所以 x 的最小值是 13．故选 D．

二、填空题

4. 0.5 kg 解析：甲品牌水泥的规格为 [19.8，20.2]，乙品牌水泥的高规格为 [19.7，20.3]，它们的质量最多相差为 $20.3-19.8=0.5(\text{kg})$．

5. 22 或 26 解析：设一共有 x 名同学，则有 $(4x+6)$ 本书．由题意得 $0<4x+6-6(x-1)<5$，$0<4x+6-6x+6<5$，$0<-2x+12<5$，$-12<-2x<-7$，解得 $\dfrac{7}{2}<x<6$，因为 $x\in\mathbf{N}^*$，解得 $x=4$ 或 5．从而 $4x+6=22$ 或 26．

三、解答题

6. 解析：设增种 x 棵苹果树，则果园中共有 $(20+x)$ 棵苹果树，增种后每棵树会结 $(300-5x)$ 个苹果．由题意得 $(20+x)(300-5x)\geqslant 7\,500$，$-5x^2+200x-1\,500\geqslant 0$，$x^2-40x+300\leqslant 0$，$(x-10)(x-30)\leqslant 0$，解得 $10\leqslant x\leqslant 30$，因此，小丽家的果园要想使苹果产量不少 7 500 个，至少还要增种 10 棵苹果树，但是不能超过 30 棵．

【课堂拓展训练】

一、选择题

1. B 解析：原不等式可化为 $\begin{cases}x\geqslant a\\x<2\end{cases}$，可得 $a\leqslant x<2$，因为恰有 5 个整数解，所以 $-4<a\leqslant -3$，故选 B．

2. D 解析：$24-5x-x^2>0$，$x^2+5x-24<0$，$(x+8)(x-3)<0$，解得 $-8<x<3$，故选 D．

3. B 解析：设花卉带的宽度为 $x\,\text{m}$，则中间草坪的长为 $(40-2x)\,\text{m}$，宽为 $(30-$

$2x$)m. 由题意得$(40-2x)(30-2x) \geq \frac{1}{2} \times 40 \times 30$，且 $\begin{cases} 40-2x>0 \\ 30-2x>0 \\ x>0 \end{cases}$，整理得 $x^2-35x+150 \geq 0$，即$(x-5)(x-30) \geq 0$，$x \geq 30$ 或 $x \leq 5$，且 $\begin{cases} x<20 \\ x<15 \\ x>0 \end{cases}$，所以 $0<x \leq 5$，故所求花卉带宽度的范围是$(0, 5]$m，故选 B.

二、填空题

4. $105<x<108$　　解析：根据题意可列不等式组 $\begin{cases} 2(x+70)>350 \\ 70x<7\ 560 \end{cases}$，可得 $\begin{cases} x>105 \\ x<108 \end{cases}$，故 x 的取值范围是 $105<x<108$.

5. 150　　解析：由题意得 $25x \geq 3\ 000+20x-0.1x^2$，$0.1x^2+5x-3\ 000 \geq 0$，$x^2+50x-30\ 000 \geq 0$，$(x-150)(x+200) \geq 0$，解得 $x \geq 150$ 或 $x \leq -200$（舍），故 $150 \leq x<240$，$x \in \mathbf{Z}$. 故最低产量为 150 台.

三、解答题

6. 解析：由题知 $a \leq x^2-2x+2$，而 $x^2-2x+2=(x-1)^2+1$，且 $1 \in [-3, 5]$，故 $(x^2-2x+2)_{\min}=1$，所以 $a \leq 1$. 故实数 a 的取值范围是 $(-\infty, 1]$.

第2章单元测试题A卷

一、选择题

1. C　　解析：由图可知 $b<0$，$a>0$，有 $a>b$，故 A，B 错误，C 正确，而 a，b 异号，所以 $ab<0$，D 错误.

2. B　　解析：选项 A，当 $c>0$ 时，才成立；选项 B，$ac^2>bc^2$，可得到 $a>b$，反之不成立；选项 C，$a>b>0$，$c>d>0$ 时，才成立；选项 D，若 $a<b<0$，可知 a，b 均为负数且 $a<b$，故 $|a|>|b|$，选项 D 错误，故选 B.

3. A　　解析：$A=\left\{x \mid -\frac{1}{2}x>2\right\}=\{x \mid x<-4\}$，$B=\{x \mid (x-6)(x-2)<0\}=\{x \mid -6<x<2\}$，所以 $A \cap B=\{x \mid -6<x<-4\}$，故选 A.

4. D　　解析：原不等式可化为 $3x-2<-4$ 或 $3x-2>4$，解得 $x<-\frac{2}{3}$ 或 $x>2$. 故选 D.

5. C　　解析：已知 $3x-24x^2>0$，化简得 $x-8x^2>0$，$x(1-8x)>0$，解得 $0<x<\frac{1}{8}$，即 $\left(0, \frac{1}{8}\right)$.

6. C　　解析：原不等式等价于 $(x-2)(x-5) \geq 0$ 且 $x-5 \neq 0$，故解集是 $\{x \mid x \leq 2$ 或 $x>5\}$. 故选 C.

7. D　解析：因为 $x^2+2\geqslant 2$，所以原不等式可化为 $x^2-4\leqslant 0$，$x^2\leqslant 4$，解得 $-2\leqslant x\leqslant 2$，故选 D.

8. B　解析：由 $x^2=y^2$ 得 $x=\pm y$，由 $x=y$ 得 $x^2=y^2$. 故甲是乙的必要不充分条件. 故选 B.

9. B　解析：通过画数轴可知 $M\subseteq N$，$M\cap N=M$，故选 B.

10. B　解析：$-5<x+a<5$，$-5-a<x<5-a$，由题知 $\begin{cases}-5-a=-7\\5-a=3\end{cases}$，解得 $a=2$. 故选 B.

11. B　解析：由 $|x-1|<12$，得 $-12<x-1<12$，解得 $-11<x<13$，由 $|x-2|\leqslant 5$，得 $-5\leqslant x-2\leqslant 5$，解得 $-3\leqslant x\leqslant 7$，因为 $|x-2|\leqslant 5\Rightarrow|x-1|<12$. 故选 B.

12. A　解析：由题知 $x+m\neq 0$，$x\neq -m$，可得 $m=3$. 故选 A.

13. D　解析：$A=\{x\mid(x+3)(x-2)<0\}=\{x\mid -3<x<2\}$，$B=\{-4,0,1,5\}$，则 $A\cap B=\{0,1\}$，故选 D.

14. B　解析：由题知 $\dfrac{-5-3a}{2}+1\geqslant 3$，$\dfrac{-5-3a}{2}\geqslant 2$，$-5-3a\geqslant 4$，$-3a\geqslant 9$，解得 $a\leqslant -3$，故选 B.

15. C　解析：选项 A，$(x-3)^2>0$，解得 $x\neq 3$；选项 B，$x(x-5)<0$，解得 $0<x<5$；选项 C，因为 $\Delta=1-4\times 8<0$，所以解集为 $\varnothing$；选项 D，$(x+3)(x-2)>0$，解得 $x<-3$ 或 $x>2$. 故选 C.

二、填空题

16. $(-6,0)$　解析：因为 $-3<a<b<3$，所以 $a-b<0$，因为 $-3<a<3$，$-3<-b<3$，所以 $-6<a-b<6$，可得 $-6<a-b<0$，故 $a-b$ 的取值范围是 $(-6,0)$.

17. $a>b$　解析：用作差法比较，$a-b=x^2-3x-(x-5)=x^2-4x+5=(x^2-4x+4)+1=(x-2)^2+1\geqslant 1$，所以 $a>b$.

18. $[3,+\infty)$　解析：借助画数轴，由于 $A\cap B=\varnothing$，因此 a 的取值范围是 $[3,+\infty)$.

19. $\left(-\dfrac{1}{2},1\right)$　解析：原不等式可化为 $(2x+1)(1-x)>0$，$(2x+1)(x-1)<0$，解得 $-\dfrac{1}{2}<x<1$，故解得 $\left(-\dfrac{1}{2},1\right)$.

20. $\left(0,\dfrac{1}{2}\right)$　解析：原不等式可化为 $\dfrac{1}{x}-2>0$，$\dfrac{1-2x}{x}>0$，$(2x-1)x<0$，解得 $0<x<\dfrac{1}{2}$，故解集是 $\left(0,\dfrac{1}{2}\right)$.

21. $\varnothing$　解析：原不等式可化为 $(x+3)^2<0$，不成立，所以 $x^2+6x+9<0$ 的解集是 $\varnothing$.

22. $>$　解析：$(2x^2+3x-4)-(x^2+2x-5)=x^2+x+\dfrac{1}{4}+\dfrac{3}{4}=\left(x+\dfrac{1}{2}\right)^2+\dfrac{3}{4}>0$.

23. $(-\infty,-2)\cup(2,+\infty)$　解析：由题知 $\Delta=a^2-4>0$，解得 $a<-2$ 或 $a>2$.

24. $(-\infty, 5)$ 解析：若 $A\cap B\neq\varnothing$，通过画数轴，可知 $a<5$.

25. -5 解析：由题知 -3 和 2 是一元二次方程 $x^2+ax+b<0$ 的两个根，由韦达定理得 $\begin{cases}-a=-3+2=-1\\b=-6\end{cases}$，解得 $\begin{cases}a=1\\b=-6\end{cases}$，故 $a+b=-5$.

26. $(-\infty, 3)$ 解析：由题知 $A\subseteq B$，可得 $a<3$，故 a 的取值范围是 $(-\infty, 3)$.

27. $(0, +\infty)$ 解析：原不等式可化为 $x(x^2+x+2)>0$，因为 $x^2+x+2=0$，$\Delta=1-4\times 2<0$，所以 $x^2+x+2>0$ 恒成立，故 $x>0$.

28. $(-\infty, -3)\cup(-3, +\infty)$ 解析：原不等式可化为 $|-x-3|>0$，即 $|x+3|>0$，解得 $x\neq -3$，所以不等式的解集是 $(-\infty, -3)\cup(-3, +\infty)$.

29. $(-3, 3)$ 解析：因为 $x^2-|x|-6<0$，故 $|x|^2-|x|-6<0$，可得 $(|x|+2)\cdot(|x|-3)<0$，因为 $|x|+2>0$，所以 $|x|-3<0$，即 $|x|<3$，得 $-3<x<3$，故不等式的解集是 $(-3, 3)$.

30. $[0, 12)$ 解析：当 $a=0$ 时，$3>0$，符合题意；若 $a\neq 0$，则 $\begin{cases}a>0\\\Delta=a^2-4\times a\times 3<0\end{cases}$，解得 $0<a<12$. 故 a 的取值范围是 $[0, 12)$.

三、解答题

31. 解析：$a=x^2+4x+3$，$b=(x+2)^2=x^2+4x+4$，因为 $a-b=x^2+4x+3-(x^2+4x+4)=-1<0$，故 $a<b$.

32. 解析：(1) 原不等式可化为 $\dfrac{x}{2}>\dfrac{11}{4}$，$2x>11$，解得 $x>\dfrac{11}{2}$，故原不等式的解集是 $\left\{x\mid x>\dfrac{11}{2}\right\}$.

(2) 原不等式可化为 $(x-1)(2x-3)<0$，解得 $1<x<\dfrac{3}{2}$，故原不等式的解集是 $\left(1, \dfrac{3}{2}\right)$.

(3) 因为 $\Delta=(-3)^2-4\times 4<0$，故原不等式的解集是 $\varnothing$.

(4) 原不等式可化为 $|2x-1|\leqslant\dfrac{2}{3}$，$-\dfrac{2}{3}\leqslant 2x-1\leqslant\dfrac{2}{3}$，$\dfrac{1}{3}\leqslant 2x\leqslant\dfrac{5}{3}$，解得 $\dfrac{1}{6}\leqslant x\leqslant\dfrac{5}{6}$. 故原不等式的解集是 $\left[\dfrac{1}{6}, \dfrac{5}{6}\right]$.

33. 解析：$A=\{x\mid -3<x-1<3\}=\{x\mid -2<x<4\}$，$B=\{x\mid |x-2|>1\}=\{x\mid x-2<-1\ 或\ x-2>1\}=\{x\mid x<1\ 或\ x>3\}$，所以 $A\cap B=(-2, 1)\cup(3, 4)$.

34. 解析：$A=\{x\mid x^2+x-6>0\}=\{x\mid (x+3)(x-2)>0\}=\{x\mid x<-3\ 或\ x>2\}$，$B=\{x\mid 0<x-a<2\}=\{x\mid a<x<a+2\}$，因为 $A\cap B=\varnothing$，所以 $\begin{cases}a\geqslant -3\\a+2\leqslant 2\end{cases}$，解得 $\begin{cases}a\geqslant -3\\a\leqslant 0\end{cases}$，可得 $-3\leqslant a\leqslant 1$. 故 a 的取值范围是 $[-3, 1]$.

35. 解析：$A=\{x\mid (x+6)(x-1)\leqslant 0\}=\{x\mid -6\leqslant x\leqslant 1\}$，因为 $B\neq\varnothing$，且 $A\cap B=B$，所以 $B\subseteq A$，从而 $\begin{cases}2m-1\leqslant m+1\\2m-1\geqslant -6\\m+1\leqslant 1\end{cases}$，即 $\begin{cases}m\leqslant 2\\m\geqslant -\dfrac{5}{2}\\m\leqslant 0\end{cases}$，解得 $-\dfrac{5}{2}\leqslant m\leqslant 0$，故实数 m 的取值范围是 $\left[-\dfrac{5}{2},0\right]$.

36. 解析：当 $m-2=0$，即当 $m=2$ 时，$-4\leqslant 0$ 成立，符合题意；当 $m-2\neq 0$ 时，由题意得 $\begin{cases}m-2<0\\\Delta=4(m-2)^2+4(m-2)\times 4\leqslant 0\end{cases}$，即 $\begin{cases}m<2\\m^2-4\leqslant 0\end{cases}$，从而 $\begin{cases}m<2\\-2\leqslant m\leqslant 2\end{cases}$，解得 $-2\leqslant m<2$. 综上所述，m 的取值范围是 $[-2,2]$.

37. 解析：$A=\{x\mid (x+8)(x-3)\leqslant 0\}=\{x\mid -8\leqslant x\leqslant 3\}$，$B=\{x\mid -3<x+a<3\}=\{x\mid -3-a<x<3-a\}$，因为 $A\supseteq B$，即 $\begin{cases}-3-a\geqslant -8\\3-a\leqslant 3\end{cases}$，从而 $\begin{cases}a\leqslant 5\\a\geqslant 0\end{cases}$，解得 $0\leqslant a\leqslant 5$. 故 a 的取值范围是 $[0,5]$.

第 2 章单元测试题 B 卷

一、选择题

1. B　解析：选项 A，因为 $a<b<0$，所以 $\dfrac{1}{a}>\dfrac{1}{b}$；选项 B，$\dfrac{1}{a-b}-\dfrac{1}{a}=\dfrac{a-(a-b)}{(a-b)a}=\dfrac{b}{a(a-b)}$，因为 $a<b<0$，可得 $a-b<0$，即 $a(a-b)>0$，$\dfrac{b}{a(a-b)}<0$，即 $\dfrac{1}{a-b}<\dfrac{1}{a}$. 故选 B.

2. A　解析：根据不等式的可加性可知 A 正确，故选 A.

3. B　解析：由题知 $2a-1\geqslant 3a-5$，解得 $a\leqslant 4$，故选 B.

4. B　解析：由题知，此区间应为左闭右开区间，故选 B.

5. A　解析：原不等式可化为 $-1\leqslant 2x-3\leqslant 1$，$2\leqslant 2x\leqslant 4$，$1\leqslant x\leqslant 2$，故选 A.

6. D　解析：原不等式可化为 $x+2<-9$ 或 $x+2>9$，解得 $x<-11$ 或 $x>7$，故选 D.

7. D　解析：分取特殊值，当 $a=0$，$b=-1$ 时，满足 $a>b$，但 $|a|<|b|$；当 $a=-2$，$b=-1$ 时，满足 $|a|>|b|$，但 $a<b$，所以甲是乙的既不充分也不必要条件，故选 D.

8. B　解析：因为 $\complement_U A=\{x\mid x<1\}$，通过画数轴可知 $\complement_U A\cup B=\{x\mid x\leqslant 2\}$. 故选 B.

9. D　解析：原不等式可化为 $(x+8)(x-3)>0$，解得 $x<-8$ 或 $x>3$，故选 D.

10. C　解析：原不等式可化为 $(x-3)(x-5)>0$，解得 $x<3$ 或 $x>5$，故选 C.

11. B　解析：$B=\{x\mid x^2-10x+21<0\}=\{x\mid (x-3)(x-7)<0\}=\{x\mid 3<x<7\}$，

从而 $A \cap B = \{4, 5, 6\}$, 故选 B.

12. B 解析: 由题知 $A = \{x \mid -1 < x < 1\}$, $B = \{x \mid x < 0$ 或 $x > 3\}$, 从而 $A \cup B = \{x \mid x < 1$ 或 $x > 3\} = (-\infty, 1) \cup (3, +\infty)$. 故选 B.

13. A 解析: 由 $x^2 - 3x + 2 < 0$, 化简 $(x-2)(x-1) < 0$, 解得 $1 < x < 2$; $|x-2| < 1$, 得 $-1 < x-2 < 1$, 解得 $1 < x < 3$. 故 p 是 q 成立的充分不必要条件, 故选 A.

14. C 解析: 由题意得 $ax^2 - 2x + 3 = 0$ 的两个根为 $x_1 = -3$, $x_2 = 1$. 可得 $\begin{cases} -3+1 = -\dfrac{-2}{a} = \dfrac{2}{a} \\ -3 = \dfrac{3}{a} \end{cases}$, 解得 $a = -1$, 所以 $-x^2 + 7x + 18 > 0$, $x^2 - 7x - 18 < 0$, $(x-9) \cdot (x+2) < 0$, $-2 < x < 9$. 故选 C.

15. B 解析: 原不等式可化为 $(x+2a)(x-a) < 0$, 因为 $a < 0$, 所以 $a < -2a$, 可得不等式的解集是 $(a, -2a)$. 故选 B.

二、填空题

16. $(-\infty, -4) \cup [3, +\infty)$ 解析: 通过画数轴, 数形结合, 可知 A 的补集是 $(-\infty, -4) \cup [3, +\infty)$.

17. 2   解析: $-2 < ax + 1 < 2$, $-3 < ax < 1$, $-\dfrac{3}{a} < x < \dfrac{1}{a}$, 由题意知 $a = 2$.

18. >   解析: 因为 $a > b$, 所以 $a - b > 0$, 由可乘性知 $a(a-b) > b(a-b)$.

19. $(-\infty, +\infty)$ 解析: 通过画数轴, 数形结合, 可知 $A \cup B = (-\infty, +\infty)$.

20. <   解析: 因为 $n - m = (b^2 - 4ab) - (2ab - a^2) = a^2 - 2ab + b^2 = (a+b)^2$, 又因为 $a \neq b$, 所以 $(a-b)^2 > 0$, 可得 $n > m$, 即 $m < n$.

21. $\left(-\infty, -\dfrac{1}{2}\right) \cup \left(\dfrac{1}{2}, +\infty\right)$ 解析: 原不等式可化为 $(2x+1)(1-2x) < 0$, $(2x+1)(2x-1) > 0$, 解得 $x < -\dfrac{1}{2}$ 或 $x > \dfrac{1}{2}$. 故解集是 $\left(-\infty, -\dfrac{1}{2}\right) \cup \left(\dfrac{1}{2}, +\infty\right)$.

22. $(-\infty, -1) \cup \left(\dfrac{1}{3}, +\infty\right)$ 解析: 因为 $|x| + 1 > 0$, 所以原不等式可化为 $3x^2 + 2x - 1 > 0$, 即 $(3x-1)(x+1) > 0$, 解得 $x < -1$ 或 $x > \dfrac{1}{3}$.

23. $(-4, -3) \cup (1, 2)$ 解析: 原不等式可化为 $-3 < x+1 < -2$ 或 $2 < x+1 < 3$, 解得 $-4 < x < -3$ 或 $1 < x < 2$.

24. $(-4, -3) \cup (-3, +\infty)$ 解析: 因为 $|x+3| \geq 0$, 原不等式可化为 $\begin{cases} 2x+8 > 0 \\ x+3 \neq 0 \end{cases}$, 解得 $x > -4$ 且 $x \neq -3$, 故解集是 $(-4, -3) \cup (-3, +\infty)$.

25. 7   解析: 由题知 -3 和 2 是方程 $ax^2 + x + b > 0$ 的两个根, 由韦达定理得 $\begin{cases} -3+2 = -\dfrac{1}{a} \\ -6 = \dfrac{b}{a} \end{cases}$, 解得 $\begin{cases} a = 1 \\ b = -6 \end{cases}$, 故 $a - b = 1 - (-6) = 7$.

26. $(-\infty, -1) \cup \left(\dfrac{1}{2}, +\infty\right)$ 解析：由题知 $x^2+ax+b=0$ 的两个解为 -1 和 2，由韦达定理得 $\begin{cases}-1+2=-a\\-2=b\end{cases}$，可得 $\begin{cases}a=-1\\b=-2\end{cases}$，故不等式 $bx^2+ax+1<0$，化为 $-2x^2-x+1<0$，即 $2x^2+x-1>0$，$(x+1)(2x-1)>0$，解得 $x<-1$ 或 $x>\dfrac{1}{2}$，所以解集是 $(-\infty, -1) \cup \left(\dfrac{1}{2}, +\infty\right)$.

27. (n, m) 解析：原不等式可化为 $x^2-(m+n)x+mn<0$，$(x-m)(x-n)<0$，又 $m>n$，可得 $n<x<m$. 故不等式的解集是 (n, m).

28. $\left(-\infty, -\dfrac{\sqrt{2}}{2}\right) \cup \left(-\dfrac{\sqrt{2}}{2}, +\infty\right)$ 解析：原不等式可化为 $(\sqrt{2}x+1)^2>0$，所以 $\sqrt{2}x+1\neq 0$，解得 $x\neq -\dfrac{\sqrt{2}}{2}$，故解集是 $\left(-\infty, -\dfrac{\sqrt{2}}{2}\right) \cup \left(-\dfrac{\sqrt{2}}{2}, +\infty\right)$.

29. $(1, +\infty)$ 解析：当 $a=0$ 时，$-2x>0$ 的解集是 $(-\infty, 0)$，不符合题意；当 $a\neq 0$ 时，由题知 $\begin{cases}a>0\\ \Delta=(-2)^2-4a^2<0\end{cases}$，即 $\begin{cases}a>0\\ a<-1 \text{ 或 } a>1\end{cases}$，解得 $a>1$，综上所述，a 的取值范围是 $(1, +\infty)$.

30. $[0, 16)$. 解析：当 $a=0$ 时，$4>0$ 恒成立，符合题意；当 $a\neq 0$ 时，则有 $\begin{cases}a>0\\ \Delta=a^2-16a<0\end{cases}$，解得 $0<a<16$，综上所述，$0\leq a<16$.

三、解答题

31. 解析：(1)原不等式可化为 $(x-2)(x-9)>0$，解得 $x<2$ 或 $x>9$，故原不等式解集是 $\{x\mid x<2 \text{ 或 } x>9\}$. (2)原不等式可化为 $-5<2x-3<5$，$-2<2x<8$，$-1<x<4$，原不等式解集是 $\{x\mid -1<x<4\}$.

32. 解析：若使 $\sqrt{x^2-3x}$ 有意义，须 $x^2-3x\geq 0$，$x(x-3)\geq 0$，解得 $x\leq 0$ 或 $x\geq 3$，故使 $\sqrt{x^2-3x}$ 有意义的 x 的取值范围是 $(-\infty, 0]\cup[3, +\infty)$.

33. 解析：由题知 $\Delta=4(m+2)^2-4(m^2+1)\geq 0$，即 $4m+3\geq 0$，解得 $m\geq -\dfrac{3}{4}$. 故 m 的取值范围是 $\left[-\dfrac{3}{4}, +\infty\right)$.

34. 解析：$A=\{x\mid |x-a|\leq 3\}=\{x\mid -3\leq x-a\leq 3\}=\{x\mid a-3\leq x\leq a+3\}$，$B=\left\{x\mid \dfrac{x+1}{x-3}>0\right\}=\{x\mid (x+1)(x-3)>0\}=\{x\mid x<-1 \text{ 或 } x>3\}$，因为 $A\cup B=\mathbf{R}$，从而 $\begin{cases}a-3\leq -1\\ a+3\geq 3\end{cases}$，即 $\begin{cases}a\leq 2\\ a\geq 0\end{cases}$，从而 $0\leq a\leq 2$，故 a 的取值范围是 $[0, 2]$.

35. 解析：$A=\{x\mid x^2-x-2>0\}=\{x\mid (x-2)(x+1)>0\}=\{x\mid x<-1 \text{ 或 } x>$

$2\}$,$B=\{x\mid |x-a|<3\}=\{x\mid -3<x-a<3\}=\{x\mid a-3<x<a+3\}$,因为 $B\subseteq A$,即 $a+3\leqslant -1$ 或 $a-3\geqslant 2$,解得 $a\leqslant -4$ 或 $a\geqslant 5$,故 a 的取值范围是 $(-\infty,-4]\cup[5,+\infty)$.

36. **解析**:$A=\{x\mid -2\leqslant x-a\leqslant 2\}=\{x\mid a-2\leqslant x\leqslant a+2\}$,$B=\{x\mid x^2-x-6>0\}=\{x\mid (x+2)(x-3)>0\}=\{x\mid x<-2 \text{ 或 } x>3\}$,因为 $A\cap B=\varnothing$,即 $\begin{cases}a-2\geqslant -2\\a+2\leqslant 3\end{cases}$,解得 $0\leqslant a\leqslant 1$,故 a 的取值范围是 $[0,1]$.

37. **解析**:$A=\{x\mid x^2+2x-8\geqslant 0\}=\{x\mid (x+4)(x-2)\geqslant 0\}=\{x\mid x\leqslant -4 \text{ 或 } x\geqslant 2\}$,$B=\{x\mid |x-a|\leqslant 2\}=\{x\mid -2\leqslant x-a\leqslant 2\}=\{x\mid a-2\leqslant x\leqslant a+2\}$,因为 $A\cap B\neq \varnothing$,即 $a-2\leqslant -4$ 或 $a+2\geqslant 2$,解得 $a\leqslant -2$ 或 $a\geqslant 0$,故 a 的取值范围是 $(-\infty,-2]\cup[0,+\infty)$.

第 3 章 函 数

3.1 函 数

3.1.1 函数的概念

【课堂基础训练】

一、选择题

1. C **解析**:只有 C 选项中的 x 不是只有唯一确定的 y 与之对应.

2. A **解析**:要使式子有意义,需要满足 $1-x>0$,解得 $x<1$. 故选 A.

3. A **解析**:要使式子有意义,需要满足 $1-x^2\geqslant 0$ 且 $x^2-1\geqslant 0$,解得 $x=\pm 1$. 故选 A.

4. A **解析**:B,C 选项中的定义域不符合;C 选项的解析式不符合.

5. C **解析**:令 $t=x-1$,则 $x=t+1$,所以 $f(t)=2-(t+1)=-t+1$,即 $f(x)=-x+1$. 故选 C.

6. B **解析**:由函数的定义域可知 $-1\leqslant x+1\leqslant 1$,解得 $-2\leqslant x\leqslant 0$. 故选 B.

7. D **解析**:代入函数式有 $b=-1$,$-a+b=0$,解得 $a=-1$,$b=-1$,即 $f(x)=-x-1$,所以 $f(2)=-2-1=-3$. 故选 D.

8. D **解析**:A,B 选项中的定义域不一致;C 选项的解析式不符合;D 选项的字母可以不同.

9. D **解析**:当 $x=0$ 时,$y=1$;当 $x=5$ 时,$y=16$. 由 $0<x\leqslant 5$,得 $1<y\leqslant 16$. 故选 D.

10. D **解析**:因为函数值相等,可列 $3x+2=\dfrac{1}{x}$,解得 $x=-1$ 或 $\dfrac{1}{3}$. 故选 D.

二、填空题

11. r；S　**解析**：由面积公式知 S 随 r 的增大而增大.

12. $\mathbf{R}$；$[1, +\infty)$　**解析**：对于任意实数该函数关系式都成立，故定义域为 $\mathbf{R}$；因为 $x^2 \geqslant 0$，$x^2 + 1 \geqslant 1$，故值域为 $[1, +\infty)$.

13. $f(x) = -2x + 3$　**解析**：令 $t = x + 1$，则 $x = t - 1$，所以 $f(t) = -2(t-1) + 1 = -2t + 3$，即 $f(x) = -2x + 3$.

14. $\{-3, 0, 1\}$　**解析**：将 x 的值分别代入，得到 $-3, 0, 1, 0, -3$，故值域为 $\{-3, 0, 1\}$.

15. -3　**解析**：由同一函数定义可知 $-2x + b = kx - 1$，得 $k = -2$，$b = -1$，故 $k + b = -3$.

16. -4　**解析**：将 $x = 1$，$y = 0$ 代入解得 $a = -2$，即 $f(x) = -2x + 2$. 故 $f(3) = -4$.

三、解答题

17. **解析**：(1) $f(-1) = (-1)^2 + 1 + 2 = 4$；
$f(x+1) = (x+1)^2 - (x+1) + 2 = x^2 + x + 2$.
(2) $f(a) = a^2 - a + 2 = 8$，解得 $a = 3$ 或 $a = -2$.

18. **解析**：(1) 因为 $x \neq 0$，故定义域为 $\{x \mid x \neq 0\}$.
(2) 由 $x^2 - 2x \geqslant 0$，解得 $x \leqslant 0$ 或 $x \geqslant 2$. 故定义域为 $\{x \mid x \leqslant 0$ 或 $x \geqslant 2\}$.
(3) 由 $x^2 > 0$，解得 $x \neq 0$. 故定义域为 $\{x \mid x \neq 0\}$.

19. **解析**：令 $t = x - 1$，则 $x = t + 1$，所以 $f(t) = (t+1)^2 - 3(t+1) + 2 = t^2 - t$，故 $f(x) = x^2 - x$. $f(-2) = 4 - (-2) = 6$.

20. **解析**：$f[g(x)] = [g(x)]^2 = (2x-3)^2 = 4x^2 - 12x + 9$；
$g[f(x)] = 2f(x) - 3 = 2x^2 - 3$.

【课堂拓展训练】

一、填空题

1. $-\pi$　**解析**：函数是常值函数，不论 x 取何值，函数值均为 $-\pi$.

2. 3；$\pi - 1$　**解析**：$f(-3) = \sqrt{9} = 3$，$f(1-\pi) = \sqrt{(1-\pi)^2} = |1-\pi| = \pi - 1$.

3. $\dfrac{x-1}{x+1}$　**解析**：$f(-x) = \dfrac{-x+1}{-x-1} = \dfrac{x-1}{x+1}$.

4. -1　**解析**：$f(2) = 2 - 1 = 1$，$f(-2) = -2 + 1 = -1$，故 $f(2) \times f(-2) = -1$.

5. -1　**解析**：当 $x < 0$ 时，$f(x) = \dfrac{|x|}{x} = \dfrac{-x}{x} = -1$.

6. $y = 10x$；$\mathbf{N}$　**解析**：自变量表示门票张数，故定义域可记为 $\mathbf{N}$.

二、解答题

7. **解析**：$f(-\sqrt{2}) = \dfrac{-(-\sqrt{2})}{\sqrt{2-1}} = \sqrt{2}$；$f\left(\dfrac{3}{2}\right) = \dfrac{-\dfrac{3}{2}}{\sqrt{\dfrac{9}{4}-1}} = \dfrac{-\dfrac{3}{2}}{\dfrac{\sqrt{5}}{2}} = -\dfrac{3\sqrt{5}}{5}$.

33

8. 解析：令 $t=x+1$，则 $x=t-1$，所以 $f(t)=(t-1)^2-3(t-1)+2=t^2-5t+6$，故 $f(x)=x^2-5x+6$. $f(3)=9-15+6=0$.

9. 解析：$\begin{cases} x^2-6x+9 \geqslant 0 \\ x-2 \neq 0 \end{cases}$，解得 $\begin{cases} x \in \mathbf{R} \\ x \neq 2 \end{cases}$，故定义域为 $\{x \mid x \neq 2\}$.

10. 解析：代入得 $\begin{cases} c=0 \\ a+b+c=1 \\ 4a+2b+c=0 \end{cases}$，解得 $\begin{cases} a=-1 \\ b=2 \\ c=0 \end{cases}$.

3.1.2 函数的表示方法

【课堂基础训练】

一、选择题

1. B 解析：函数 $y=\dfrac{k}{x}$ 的定义域为 $\{x \mid x \neq 0\}$，由描点法可知图像是双曲线. 故选 B.

2. B 解析：将选项中的坐标分别代入，只有 B 选项符合函数解析式. 故选 B.

3. D 解析：定义域是 $(-3, 0] \cup (0, 3) = (-3, 3)$. 故选 D.

4. D 解析：定义域是 5 个单独的值，对应的点为离散的点. 故选 D.

5. A 解析：将点 $(-1, -1)$ 分别代入各解析式，只有 A 选项符合. 故选 A.

6. B 解析：$x-1 \geqslant 0$，$\sqrt{x-1} \geqslant 0$. 故选 B.

7. B 解析：将点代入验证即可. 故选 B.

8. A 解析：$f(-1)=2$，$f(2)=1$. 故选 A.

9. C 解析：将取值范围分别代入各自的代数式，选项 C 符合. 故选 C.

10. D 解析：选项 A 的定义域为 $\mathbf{R}$；选项 B 中函数图像位于一三象限；选项 C 中当 $x=0$ 时，$y=0$，图像过原点；选项 D 中 $\Delta=-7$，没有交点. 故选 D.

二、填空题

11. 1 解析：$f(0)=-1$，$f(-1)=1$.

12. $\dfrac{1}{4}$ 解析：$f(-2)=\dfrac{4-5}{2 \times (-2)}=\dfrac{1}{4}$.

13. 7 解析：$g(2)=4$，$f[g(2)]=f(4)=7$.

14. $\{y \mid y \neq 0\}$ 解析：描点画图可知值域为 $\{y \mid y \neq 0\}$.

15. $(-3, 3]$ 解析：由 $-1 \leqslant x < 2$，可得 $-3 < -2x+1 \leqslant 3$，故定义域为 $(-3, 3]$.

16. $[-11, 1]$ 解析：由函数图像可知，当 $x=0$ 时，$y_{\max}=1$；当 $x=4$ 时，$y_{\min}=-11$. 故值域为 $[-11, 1]$.

三、解答题

17. 解析：函数定义域为 $\mathbf{R}$，函数可化为 $f(x)=|x|=\begin{cases} x, & x \in [0, +\infty) \\ -x, & x \in (-\infty, 0) \end{cases}$；列表得

x	-1	0	1
y	1	0	1

图略.

18. 解析：函数定义域为 $[1,+\infty)$，列表得

x	1	2	3	4	5
y	0	1	$\sqrt{2}$	$\sqrt{3}$	2

图略.

19. 解析：代入 $\begin{cases} c=2 \\ 4a-2b+c=2 \\ a+b+c=6 \end{cases}$，解得 $a=\dfrac{4}{3}$，$b=\dfrac{8}{3}$，$c=2$. 所以函数的解析式为 $f(x)=\dfrac{4}{3}x^2+\dfrac{8}{3}x+2$.

20. 解析：(1)定义域为 $\mathbf{R}$；(2) $g(2)=3\times 2-5=1$；(3)图略.

【课堂拓展训练】

一、填空题

1. -3 或 8   解析：当 $a\leqslant 2$ 时，$f(a)=a^2-4=5$，得 $a=-3$ 或 $a=3$（舍）；当 $a>2$ 时，$f(a)=a-3=5$，得 $a=8$. 所以，$a=-3$ 或 8.

2. $\dfrac{x+2}{x+3}$ 解析：令 $t=x-2$，则 $x=t+2$，所以 $f(t)=\dfrac{t+2}{t+3}$，故 $f(x)=\dfrac{x+2}{x+3}$.

3. $f(x)=15x$，$x\in\mathbf{N}$ 解析：由题知，单价为 15 元/kg，故函数关系式为 $f(x)=15x$，$x\in\mathbf{N}$.

4. $\{0,1,2,3\}$；$\{-1,0,3,8\}$ 解析：由列表知，定义域为 $\{0,1,2,3\}$，值域为 $\{-1,0,3,8\}$.

5. $[3,6]$ 解析：当 $1\leqslant x\leqslant 4$ 时，$3\leqslant x+2\leqslant 6$.

6. $>$ 解析：利用描点法画出函数图像，标出 $x=-1$ 和 1 时的点，可知 $f(-1)>f(1)$.

二、解答题

7. 解析：函数定义域为 $(-\infty,-2)\cup(-2,+\infty)$，列表得

x	-5	-4	-3	-1	0	1
y	$-\dfrac{1}{3}$	$-\dfrac{1}{2}$	-1	1	$\dfrac{1}{2}$	$\dfrac{1}{3}$

图略.

8. 解析：$y=100-12x$，由 $y\geqslant 0$ 得 $x\leqslant\dfrac{25}{3}$，又因为 $x\in\mathbf{N}^*$，定义域为 $\{1,2,3,4,$

5，6，7，8}．

x	1	2	3	4	5	6	7	8
y	88	76	64	52	40	28	16	4

图略．

9．解析：当$0 \leqslant t \leqslant 20$时，设$s = kt$，代入(20，10)，得$k = \frac{1}{2}$，故$s = \frac{1}{2}t$；

当$20 < t \leqslant 30$时，设$s = 10$；

当$30 < t \leqslant 40$时，设$s = kt + b$，代入(30，10)，(40，0)得$k = -1$，$b = 40$，故$s = -t + 40$．故路程与时间的函数关系式为$s = \begin{cases} \frac{1}{2}t, & 0 \leqslant t \leqslant 20 \\ 10, & 20 < t \leqslant 30 \\ -t + 40, & 30 < t \leqslant 40 \end{cases}$．

10．解析：$y = \begin{cases} 2x, & x \in (0, 10) \\ 1.5x, & x \in [10, 50) \\ 1.2x, & x \in [50, +\infty) \end{cases}$．

3.1.3 函数的单调性

【课堂基础训练】

一、选择题

1．D 解析：函数$y = \frac{3}{x}$在定义域内不具有单调性．故选 D．

2．B 解析：$y = x(x-1) = x^2 - x$，对称轴为$x = \frac{1}{2}$，开口向上．增区间为$\left(\frac{1}{2}, +\infty\right)$．故选 B．

3．B 解析：画分段函数图像可知函数在$(-\infty, 0)$内是减函数，在$(0, +\infty)$内是增函数，区间$(-5, -2)$是$(-\infty, 0)$的子集，故函数在$(-5, -2)$内是减函数．故选 B．

4．D 解析：由函数图像可知，$y = -\frac{1}{2}x$在定义域上是减函数．故选 D．

5．C 解析：在单调减区间上，x越大，$f(x)$越小．故选 C．

6．B 解析：由函数图像可知，$y = -2x$在定义域上是减函数．故选 B．

7．C 解析：函数的减区间为$(-5, -2)$，$(1, 3)$，函数的增区间为$(-2, 1)$，$(3, 6)$．

8．A 解析：画函数图像可知函数在$(-\infty, 0)$和$(0, +\infty)$内是增函数，区间$(1, 3)$是$(0, +\infty)$的子集，故函数在$(1, 3)$内是增函数．故选 A．

9．A 解析：在单调增区间上，x越大，$f(x)$越大．故选 A．

10．B 解析：$f(x) = |x| = \begin{cases} x, & x \in (0, +\infty) \\ -x, & x \in (-\infty, 0] \end{cases}$，画函数图像可知，函数在区间

$(-\infty, 0]$上为减函数. 故选 B.

二、填空题

11. $(0, +\infty)$　解析：函数图像开口向上，对称轴为$x=0$，增区间为$(0, +\infty)$.

12. 减　解析：函数图像开口向下，对称轴为$x=0$，在$(0, +\infty)$内为减函数.

13. $<$　解析：$y=-x+3$在定义域上是减函数，x越大，$f(x)$越小，故$f(0)<f(-1)$.

14. 增　解析：$f(x)=(\sqrt{x})^2=x$，定义域为$[0, +\infty)$，在定义域内为增函数.

15. $<$　解析：$f(x)$在单调增区间$(-\infty, 1]$上，x越大，$f(x)$越大，由$-\dfrac{3}{2}<-\sqrt{2}$，得$f\left(-\dfrac{3}{2}\right)<f(-\sqrt{2})$.

16. $(-\infty, 7]$　解析：开口向上，对称轴为$x=-\dfrac{-(m+1)}{4}=\dfrac{m+1}{4}$，函数在$(2, +\infty)$内是增函数，可知$\dfrac{m+1}{4}\leqslant 2$，解得$m\leqslant 7$.

三、解答题

17. 解析：设x_1, x_2是区间$\left(-\infty, \dfrac{1}{3}\right)$内的任意两个不相等的实数，且$x_1<x_2<\dfrac{1}{3}$，则

$\Delta x=x_1-x_2<0$,

$\Delta y=f(x_1)-f(x_2)=3(x_1^2-x_2^2)-2(x_1-x_2)=(x_1-x_2)[3(x_1+x_2)-2]$,

$\dfrac{\Delta y}{\Delta x}=3(x_1+x_2)-2$，又因为$x_1+x_2<\dfrac{2}{3}$，$3(x_1+x_2)-2<0$，所以$\dfrac{\Delta y}{\Delta x}<0$,

因此函数$f(x)$在$\left(-\infty, \dfrac{1}{3}\right)$内为减函数.

18. 解析：设x_1, x_2是区间$(0, 1)$内的任意两个不相等的实数，且$0<x_1<x_2<1$，则

$\Delta x=x_1-x_2<0$,

$\Delta y=y_1-y_2=(x_1-x_2)+\left(\dfrac{1}{x_1}-\dfrac{1}{x_2}\right)=(x_1-x_2)+\dfrac{x_2-x_1}{x_1 x_2}=(x_1-x_2)\left(1-\dfrac{1}{x_1 x_2}\right)$,

$\dfrac{\Delta y}{\Delta x}=1-\dfrac{1}{x_1 x_2}$，又因为$0<x_1<x_2<1$，$0<x_1 x_2<1$，则$\dfrac{1}{x_1 x_2}>1$，即$\dfrac{\Delta y}{\Delta x}=1-\dfrac{1}{x_1 x_2}<0$.

所以函数$f(x)$在$(0, 1)$内为减函数.

19. 解析：由题知，函数的对称轴为$x=2$，即$-\dfrac{2(a-1)}{2}=1-a=2$，得$a=-1$.

20. 解析：由题知，函数图像开口向下，对称轴为$x=-\dfrac{2(a-1)}{-2}=a-1$，区间

$(-\infty, 2)$ 是 $(-\infty, a-1)$ 的子集，则 $a-1 \geqslant 2$，所以 $a \geqslant 3$.

【课堂拓展训练】

一、填空题

1. $(-\infty, 0)$，$(0, +\infty)$ **解析**：函数 $f(x) = -\dfrac{1}{x}$ 在 $(-\infty, 0)$，$(0, +\infty)$ 这两个区间内是增函数.

2. $(0, +\infty)$ **解析**：$y = 1 - x^2$ 图像开口向下，对称轴为 $x = 0$，在 $(-\infty, 0)$ 内是增函数，在 $(0, +\infty)$ 内是减函数.

3. $k < 0$ **解析**：反比例函数 $y = \dfrac{k}{x}$ 在 $(-\infty, 0)$ 内是增函数，故 $k < 0$.

4. 减 **解析**：代入 $m = 5$，得 $y = 5 - 5x$，在定义域上是减函数.

5. $[1, +\infty)$ **解析**：$f(x)$ 在 $(0, +\infty)$ 内是增函数，则有 $3x - 2 > 0$ 且 $3x - 2 \geqslant 1$，解得 $x \geqslant 1$.

6. $[-6, 2]$ **解析**：观察图像可知函数的增区间为 $[-6, 2]$.

二、解答题

7. **解析**：设 x_1，x_2 是区间 $(-\infty, 2)$ 内的任意两个不相等的实数，且 $x_1 < x_2 < 2$，则 $\Delta x = x_1 - x_2 < 0$，$\Delta y = y_1 - y_2 = (x_1 - 2)^2 - (x_2 - 2)^2 = (x_1^2 - x_2^2) - 4(x_1 - x_2) = (x_1 - x_2)(x_1 + x_2 - 4)$，故 $\dfrac{\Delta y}{\Delta x} = x_1 + x_2 - 4 < 0$，所以函数 $f(x)$ 在 $(-\infty, 2)$ 内为减函数.

8. **解析**：设 x_1，x_2 是区间 $(1, +\infty)$ 内的任意两个不相等的实数，且 $1 < x_1 < x_2$，则

$\Delta x = x_1 - x_2 < 0$，$\Delta y = y_1 - y_2 = \dfrac{1 - x_2 - (1 - x_1)}{(1 - x_1)(1 - x_2)} = \dfrac{x_1 - x_2}{(1 - x_1)(1 - x_2)}$，

$\dfrac{\Delta y}{\Delta x} = \dfrac{1}{(1 - x_1)(1 - x_2)}$，又 $1 - x_1 < 0$，$1 - x_2 < 0$，故 $\dfrac{\Delta y}{\Delta x} > 0$.

所以函数 $f(x)$ 在 $(1, +\infty)$ 内为增函数.

9. **解析**：由题知 $a < 0$ 且对称轴 $x = -\dfrac{-2(a-1)}{2a} = \dfrac{a-1}{a} \leqslant 3$，得 $a - 1 \geqslant 3a$，故 $a \leqslant -\dfrac{1}{2}$.

10. **解析**：由题知 $s = \begin{cases} -x^2 < 0 \\ 4x - 5 < 0 \\ -x^2 > 4x - 5 \end{cases}$，解得 $s = \begin{cases} x \neq 0 \\ x < \dfrac{5}{4} \\ -5 < x < 1 \end{cases}$，即 $-5 < x < 1$ 且 $x \neq 0$.

所以 x 的取值范围为 $(-5, 0) \cup (0, 1)$.

3.1.4 函数的奇偶性

【课堂基础训练】

一、选择题

1. C　解析：关于 x 轴对称的两个点的横坐标相等，纵坐标互为相反数．故选 C．

2. C　解析：关于 y 轴对称的两个点的纵坐标相等，横坐标互为相反数．故选 C．

3. D　解析：A、B 选项的定义域关于原点不对称，不具有奇偶性；C 选项是不过原点的一次函数，也不具有奇偶性；D 选项符合偶函数的定义．故选 D．

4. A　解析：B 选项在定义域内不具有单调性，C 选项为偶函数，D 选项在定义域内是减函数，A 选项符合题意．故选 A．

5. A　解析：奇函数在对称区间的单调性相同，最小值对应最大值，且互为相反数．故选 A．

6. B　解析：B 选项是非奇非偶函数．故选 B．

7. B　解析：由于 $f(x)$ 是偶函数，则 $k+1=0$ 且 $k^2-1=0$，解得 $k=-1$．故选 B．

8. C　解析：奇函数图像关于原点对称，可以不过原点；偶函数图像关于 y 轴对称，可以不与 y 轴相交；$f(x)=0$ 既是奇函数又偶函数．故选 C．

9. A　解析：由 $f(-1+t)=f(-1-t)$ 可知对称轴为 $x=-1$，且开口向下，则 $f(x)$ 在 $(-1,+\infty)$ 内是减函数，由 $-1<0<2$ 可得 $f(2)<f(0)<f(-1)$．故选 A．

10. D　解析：$f(x)$ 在 $[0,+\infty)$ 内是增函数，当 $x>1$ 时，$f(x)>f(1)$，即 $f(x)>0$；当 $0\leqslant x<1$ 时，$f(x)<f(1)$，即 $f(x)<0$．又因为偶函数图像关于 y 轴对称且 $f(-1)=f(1)=0$，$f(x)$ 在 $(-\infty,0)$ 内是减函数，当 $x<-1$ 时，$f(x)>f(-1)$，即 $f(x)>0$；当 $-1<x<0$ 时，$f(x)<f(-1)$，即 $f(x)<0$．所以解集为 $(-\infty,-1)\cup(1,+\infty)$．故选 D．

二、填空题

11. $(-2,-3)$　解析：关于原点对称的两个点的横纵坐标互为相反数．

12. y 轴；原点　解析：略．

13. 4　解析：由奇函数的定义可知 $f(1)=-f(-1)=4$．

14. 0　解析：若 $f(0)$ 存在，由 $f(-x)=-f(x)$ 代入 $f(0)=-f(0)$，得 $f(0)=0$．

15. ③④　解析：由奇偶函数定义判断即可．

16. $f(-3)<f\left(\dfrac{5}{2}\right)<f(-2)$　解析：由偶函数性质可知 $f\left(\dfrac{5}{2}\right)=f\left(-\dfrac{5}{2}\right)$，因为 $f(x)$ 在 $(-\infty,-1)$ 内是增函数，$f(-3)<f\left(-\dfrac{5}{2}\right)<f(-2)$，所以 $f(-3)<f\left(\dfrac{5}{2}\right)<f(-2)$．

三、解答题

17. 解析：函数的定义域为 $\{x\mid x\neq 0\}$，关于原点对称．$f(-x)=(-x)^3-\dfrac{3}{-x}=$

$-x^3+\dfrac{3}{x}=-\left(x^3-\dfrac{3}{x}\right)=-f(x)$，所以函数 $f(x)$ 是奇函数．

18．解析：$f(-x)=\dfrac{2(-x)}{1+3(-x)^2}=\dfrac{-2x}{1+3x^2}=-f(x)$，故为奇函数．

19．解析：如图所示．

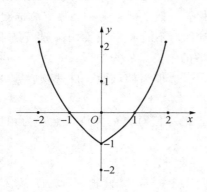 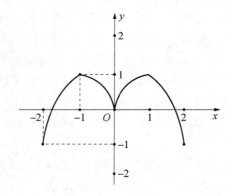

20．解析：当 $x>0$ 时，$-x<0$，则有 $f(-x)=-3x-\dfrac{1}{(-x)^2}=-3x-\dfrac{1}{x^2}$．又因为 $f(x)$ 为偶函数，$f(-x)=f(x)$，所以 $f(x)=-3x-\dfrac{1}{x^2}$．

【课堂拓展训练】

一、填空题

1．-13　解析：$f(-x)=-ax^3+bx+2$，则 $f(x)+f(-x)=4$．$f(3)+f(-3)=4$，$f(3)=4-17=-13$．

2．$\{x\mid x\neq 1\}$；非奇非偶函数　解析：由 $x-1\neq 0$ 得定义域为 $\{x\mid x\neq 1\}$，不关于原点对称，因此函数是非奇非偶函数．

3．$(-\infty,0)$　解析：由 $m+1=0$，得 $m=-1$，$f(x)=-x^2+2$，开口向下，对称轴为 y 轴，在 $(-\infty,0)$ 内是增函数．

4．$>$　解析：$f(-\sqrt{2})=f(\sqrt{2})$，由于 $f(x)$ 在区间 $[0,5]$ 上单调递增，故 $f(\sqrt{2})>f(1)$，所以 $f(-\sqrt{2})>f(1)$．

5．奇函数　解析：$\dfrac{f(-x)}{g(-x)}=\dfrac{-f(x)}{g(x)}=-\dfrac{f(x)}{g(x)}$，所以 $\dfrac{f(x)}{g(x)}$ 是奇函数．

6．-10　解析：$f(x)$ 在 $[m+3,7]$ 上是偶函数，则 $[m+3,7]$ 关于原点对称，即 $m+3=-7$，解得 $m=-10$．

二、解答题

7．解析：函数的定义域为 $[-1,1]$，关于原点对称．$f(-x)=-\sqrt{1-(-x)^2}=-\sqrt{1-x^2}=f(x)$，所以函数 $f(x)$ 是偶函数．

8. 解析：由题知，$\begin{cases} m^2-1=0 \\ m-1\neq 0 \\ n+2=0 \end{cases}$，得 $\begin{cases} m=-1 \\ n=-2 \end{cases}$，所以 $mn=2$.

9. 解析：由 $f(x)$ 为奇函数，有 $f(-x)=-f(x)$. 又 $g(-x)=-x+f(-x)=-x-f(x)$，可得 $g(x)+g(-x)=0$，故 $g(-2)=-g(2)=-8$.

10. 解析：当 $x<0$ 时，$-x>0$，则有 $f(-x)=-2x-(-x)^2=-2x-x^2$. 又因为 $f(x)$ 为奇函数，所以 $f(-x)=-f(x)$，则 $-f(x)=-2x-x^2$，所以 $f(x)=x^2+2x$.

3.2 一次函数和二次函数

3.2.1 一次函数模型

【课堂基础训练】

一、选择题

1. D 解析：正比例函数的解析式为 $y=kx(k\neq 0)$. 故选 D.

2. A 解析：一次函数的图像向右倾斜为增函数，则 $k>0$. 故选 A.

3. C 解析：当 $x=2$ 时，$y=-14+2=-12$；当 $x=-2$ 时，$y=14+2=16$. 故选 C.

4. B 解析：由 $k=3>0$ 知直线向右倾斜，$b=-2<0$ 与 y 轴交于 x 轴下方，图像经过一、三、四象限，不经过第二象限. 故选 B.

5. D 解析：函数在 $[-2,3)$ 内是减函数，当 $x=-2$ 时，$y=15$ 为最大值；当 $x=3$ 时，$y=5$ 为最小值，所以值域为 $(5,15]$. 故选 D.

6. A 解析：由一次函数向上平移 4 个单位长度到正比例函数图像. 故选 A.

7. B 解析：$\Delta x=x_1-x_2$，$\Delta y=y_1-y_2$，x_1,x_2 的大小不能确定，Δy 的正负也不能确定；$\Delta y=2(x_1-x_2)=2\Delta x$. 故选 B.

8. A 解析：设 $y=k(x+1)$，代入 x，y 值解得 $k=-2$，即 $y=-2x-2$. 当 $x=-2$ 时，$y=2$. 故选 A.

9. B 解析：A 选项中当 $k=0$ 时，$f(x)=b$ 为偶函数；C 选项中当 $b=0$ 时 $f(x)=kx$ 是奇函数；D 选项当 $k>0$ 时，$b>0$ 图像经过一、二、三象限，$b<0$ 图像经过一、三、四象限；B 选项中当 $k<0$ 时函数图像过一、二、四象限，B 选项不正确. 故选 B.

10. B 解析：由题知，$k<0$，$b=-2$. 故选 B.

二、填空题

11. $f(x)=4x-3$ 解析：设函数解析式为 $f(x)=kx+b$，代入 $\begin{cases} k+b=1 \\ b=-3 \end{cases}$，解得 $\begin{cases} k=4 \\ b=-3 \end{cases}$，故 $f(x)=4x-3$.

12. $b=0$ 解析：$b=0$.

13. -7；1 解析：$f(-1)=2\times(-1)-5=-7$，$f(3)=6-5=1$.

14. -2 解析：令 $x-2=-3$，$x=-1$，$f(-3)=3\times(-1)+1=-2$.

15. 3 解析：代入 $\begin{cases}k+b=2\\-k+b=-1\end{cases}$，解得 $k=\dfrac{1}{2}$，$b=\dfrac{3}{2}$，则 $f(x)=\dfrac{1}{2}x+\dfrac{3}{2}$，故 $f(3)=3$.

16. $<$ 解析：由 $k<0$ 知函数 $f(x)$ 在 **R** 上是减函数，x 越大 $f(x)$ 越小，故 $f(2)<f(-3)$.

三、解答题

17. 解析：设一次函数解析式为 $f(x)=kx+b$，代入 $\begin{cases}-k+b=2\\b=6\end{cases}$，解得 $\begin{cases}k=4\\b=6\end{cases}$，故 $f(x)=4x+6$.

18. 解析：联立 $\begin{cases}y=3x-2\\y=x+4\end{cases}$，解得 $\begin{cases}x=3\\y=7\end{cases}$，所以交点坐标为 $P(3,7)$.

19. 解析：设一次函数解析式为 $f(x)=kx+b$，则 $2(k+b)+(-k+b)=3$，$b+3(k+b)=-1$，解得 $k=-3$，$b=2$，所以函数 $f(x)=-3x+2$.

20. 解析：当 $x=0$ 时，$y=6$；当 $y=0$ 时，$x=-3$. 则有 $S=\dfrac{1}{2}\times 6\times|-3|=9$.

【课堂拓展训练】

一、填空题

1. $f(x)=3x-2$ 解析：代入 $\begin{cases}-k+b=-5\\k+b=1\end{cases}$，解得 $\begin{cases}k=3\\b=-2\end{cases}$，故 $f(x)=3x-2$.

2. $(-1,2)$ 解析：关于直线 $y=x$ 对称的点的横纵坐标互换.

3. $f(x)=-\dfrac{1}{2}x$ 解析：点 $(2,1)$ 关于 x 轴的对称点为 $(2,-1)$，又过原点，代入得 $\begin{cases}-1=2k+b\\b=0\end{cases}$，解得 $\begin{cases}k=-\dfrac{1}{2}\\b=0\end{cases}$，故 $f(x)=-\dfrac{1}{2}x$.

4. $m=4$ 解析：由题知，$m^2-1\neq 0$ 且 $m^2-3m-4=0$，解得 $m=4$ 或 -1 且 $m\neq\pm 1$，所以 $m=4$.

5. $>$；$>$ 解析：由 $f(2)>f(-1)>0$，可知 $y=kx+b$ 在 **R** 上是增函数且 $f(0)>0$，则 $k>0$，$b>0$.

6. $\dfrac{25}{4}$ 解析：当 $x=0$ 时，$y=5$；当 $y=0$ 时，$x=\dfrac{5}{2}$. 则有 $S=\dfrac{1}{2}\times 5\times\dfrac{5}{2}=\dfrac{25}{4}$.

二、解答题

7. 解析：设一次函数解析式为 $f(x)=kx+b$，代入 $\begin{cases}3k+b=-1\\-2k+b=-6\end{cases}$，解得 $k=1$，$b=-4$，故 $f(x)=x-4$.

8. 解析：设一次函数解析式为 $f(x)=kx+b$，$f[f(x)]=k\cdot f(x)+b=k^2x+kb+$

$b=25x-12$，则 $k^2=25$，$kb+b=-12$，解得 $k=5$，$b=-2$ 或 $k=-5$，$b=3$．所以函数的解析式为 $f(x)=5x-2$ 或 $f(x)=-5x+3$．

9．解析：设一次函数解析式为 $f(x)=kx+b$，$3f(x+1)-2f(x-1)=3[k(x+1)+b]-2[k(x-1)+b]=kx+5k+b=2x+17$，则 $k=2$，$5k+b=17$，解得 $k=2$，$b=7$．所以函数的解析式为 $f(x)=2x+7$．

10．解析：由题知 $\begin{cases}(2m+1)+b=4\\m^2=4\end{cases}$，解得 $\begin{cases}m=2\\b=-1\end{cases}$ 或 $\begin{cases}m=-2\\b=7\end{cases}$，又 $2m+1>0$，即 $m>-\dfrac{1}{2}$，则 $\begin{cases}m=2\\b=-1\end{cases}$．所以一次函数 $y=5x-1$，反比例函数 $y=\dfrac{4}{x}$．

3.2.2 二次函数模型

【课堂基础训练】

一、选择题

1．A　解析：抛物线开口向上，对称轴为 $x=3$，只有 A 选项符合．故选 A.

2．A　解析：由条件知对称轴为 $x=3$，则 $-\dfrac{m}{2}=3$，解得 $m=-6$．故选 A．

3．D　解析：函数图像开口向上，顶点为 $(-1,-1)$ 时，最小值为 -1．故选 D．

4．C　解析：由 $\Delta=b^2-4ac=9>0$ 知，抛物线与 x 轴有 2 个交点．故选 C．

5．B　解析：配方有 $y=(x+1)^2-4$，抛物线顶点坐标为 $(-1,-4)$，开口向上，有最小值为 -4，在 $(-\infty,-1]$ 上递减，在 $[-1,+\infty)$ 内递增．故选 B．

6．A　解析：一次函数在 **R** 上为减函数，则 $a<0$，此时二次函数开口向下，对称轴 $x=0$，所以在 $(-\infty,0]$ 上递增，在 $[0,+\infty)$ 内递减．故选 A．

7．B　解析：要使函数有意义，$kx^2-6x+k+8\geqslant 0$，又因为定义域为一切实数，分两种情况：当 $k=0$ 时，不符合题意；当 $k\neq 0$ 时，$k>0$ 且 $\Delta=36-4k(k+8)\leqslant 0$，解得 $k\geqslant 1$．故选 B．

8．A　解析：$y=-2x^2-x+2$，图像开口向下，对称轴 $x=-\dfrac{-1}{-4}=-\dfrac{1}{4}$，得函数的最大值为 $y=-\dfrac{1}{8}+\dfrac{1}{4}+2=\dfrac{17}{8}$．故选 A．

9．B　解析：一次函数的图像关于原点对称，得 $b=0$，则函数 $y=ax^2+c$ 图像关于 y 轴对称．故选 B．

10．A　解析：因为二次函数有最大值 -1，则 $a<0$，且 $\dfrac{-8a-16}{4a}=-1$，解得 $a=-4$．故选 A．

二、填空题

11．$b=0$　解析：二次函数为偶函数的充要条件为 $b=0$．

12．下　解析：函数为偶函数，则 $m+2=0$，得 $m=-2$，二次项的系数 $m<0$，开口

43

向下.

13. $[4,5]$ 解析：函数图像开口向上，对称轴为 $x=1$，在 $[0,2]$ 上，当 $x=1$ 时，$y_{\min}=4$；当 $x=0$ 或 $x=2$ 时，$y_{\max}=5$，故值域为 $[4,5]$.

14. $y=-\dfrac{1}{2}x^2-2x-1$ 解析：设顶点式为 $y=a(x+2)^2+1$，代入点 $(0,-1)$，解得 $a=-\dfrac{1}{2}$. 故函数解析式为 $y=-\dfrac{1}{2}x^2-2x-1$.

15. $a\geqslant 4$ 解析：函数图像开口向上，对称轴为 $x=-\dfrac{-2(a-1)}{2}=a-1\geqslant 3$，解得 $a\geqslant 4$.

16. $f(x)=x^2+4x+1$ 解析：由题知二次函数的对称轴为 $x=-2$，则 $m=2$；代入解得 $n=1$，故 $f(x)=x^2+4x+1$.

三、解答题

17. 解析：设 $f(x)=ax^2+bx+c(a\neq 0)$，代入 $\begin{cases}a-b+c=7\\c=-1\\a+b+c=-3\end{cases}$，解得 $\begin{cases}a=3\\b=-5\\c=-1\end{cases}$. 故函数解析式为 $f(x)=3x^2-5x-1$.

18. 解析：设函数解析式为 $f(x)=a(x-1)^2+2$，代入点 $(3,-4)$，解得 $a=-\dfrac{3}{2}$. 故函数解析式为 $f(x)=-\dfrac{3}{2}(x-1)^2+2=-\dfrac{3}{2}x^2+3x+\dfrac{1}{2}$.

19. 解析：设与墙平行的一边长为 x m，养鸡场的面积为 y m^2，则另两边的长为 $\dfrac{48-x}{2}$ m，因此 $y=x\cdot\dfrac{48-x}{2}=-\dfrac{1}{2}x^2+24x$. 当 $x=24$ 时，养鸡场的面积最大，$y_{\max}=24\times 12=288$.

20. 解析：对称轴为 $x=1$. (1) 若 $m>0$，当 $x=-1$ 或 $x=3$ 时，$y_{\max}=3m+1=2$，解得 $m=\dfrac{1}{3}$；(2) 若 $m<0$，当 $x=1$ 时，$y_{\max}=-m+1=2$，解得 $m=-1$.

【课堂拓展训练】

一、填空题

1. $\{1\}$ 解析：$-x^2+2x-1\geqslant 0$，解得 $x=1$. 故定义域为 $\{1\}$.

2. $[0,3]$ 解析：$0\leqslant -x^2+4x+5\leqslant 9$，则 $0\leqslant\sqrt{-x^2+4x+5}\leqslant 3$，故值域为 $[0,3]$.

3. -6 解析：函数的对称轴为 $x=-3$，$x_1+x_2=-6$.

4. $m=-1$ 解析：图像的顶点在 x 轴上，则 $\dfrac{-4m-4}{-4}=0$，解得 $m=-1$.

5. $f(9)<f(-1)<f(13)$ 解析：函数的对称轴为 $x=5$，$f(x)$ 在 $(-\infty,5)$ 内递减，在 $(5,+\infty)$ 内递增，按 $f(-1)$，$f(9)$，$f(13)$ 距离对称轴远近可知 $f(9)<f(-1)<f(13)$.

6. 10　**解析**：令 $x=0$ 时，$y=4$；令 $y=0$ 时，$x_1=-4$，$x_2=1$. 则三角形的底长 $|x_1-x_2|=5$，高为 4，$S=\dfrac{1}{2}\times 5\times 4=10$.

二、解答题

7. **解析**：设二次函数解析式为 $f(x)=a(x-2)(x-5)$，代入，$4a=4$，解得 $a=1$，故 $f(x)=x^2-7x+10$.

8. **解析**：对称轴 $x=-\dfrac{b}{2}=-1$，解得 $b=2$. 当 $x=-1$ 时，$y=-1+c=-2$，解得 $c=-1$. 故 $f(x)=x^2+2x-1$.

9. **解析**：由题知，$ax^2-4x+a-3<0$，因为定义域为 **R**，$a<0$ 且 $\Delta=16-4a(a-3)<0$，解得 $a<-1$.

10. **解析**：因为图像与 x 轴两个交点间的距离为 6，对称轴为 $x=1$，所以 $x_1=1-3=-2$，$x_2=1+3=4$. 设二次函数解析式为 $f(x)=a(x+2)(x-4)$，代入后解得 $a=-1$，故 $f(x)=-x^2+2x+8$. 函数图像开口向下，当 $x=1$ 时，$y_{\max}=9$，故值域为 $(-\infty, 9]$.

3.3　函数的应用

【课堂基础训练】

一、选择题

1. D　**解析**：购买的商品件数为自然数. 故选 D.

2. B　**解析**：设商品原价 a 元，降价后为 $0.8a$ 元，若恢复原价需提升 m，则 $0.8a\cdot(1+m)=a$，得 $m=0.25$. 故选 B.

3. A　**解析**：5 年的利息为 $10\,000\times 0.000\,3\times 5=15$，本利和为 $10\,000+15=10\,015$，故选 A.

4. C　**解析**：长为 x(m)，宽为 $x-5$(m)，$y=x(x-5)$，故选 C.

5. C　**解析**：总长为 $a+2$ m，总宽为 $b+2$ m，所以总占地为 $(a+2)(b+2)$，故选 C.

6. B　**解析**：设面积为 y(cm^2)，周长 100 cm，长为 x(cm)，则宽为 $50-x$(cm)，$y=x(50-x)=-x^2+50x=-(x-25)^2+625$，当 $x=25$ 时面积最大，故选 B.

7. A　**解析**：原来面积为 a^2，边长增加 x 后的面积为 $(a+x)^2$，则增加的面积 $y=(a+x)^2-a^2=x^2+2ax$，增加的长度 x 为正实数，故选 A.

8. D　**解析**：分段函数，当路程 $0<x\leqslant 4$ 时收费 7 元，当路程 $x>4$ 时收费为 $3(x-4)+7=3x-5$，故选 D.

9. C　**解析**：分段函数，小明从家里出发去图书馆时距家的距离为 $40x$，时间在 1.25 h 内，到达图书馆后时间变化但是距离不变，在 2.25 h 后返程距家的距离为 $50-25(x-2.25)$，故选 C.

10. D　**解析**：从家出发到距家 450 m 共用了 15 min，之后加快速度走完剩余 450 m

用了 10 min,故选 D.

二、填空题

11. $y=2.5x\ (x\in \mathbf{N}^*)$　　解析:购买的饮料瓶数为正整数.

12. $y=20/x$　　解析:长方形面积等于长乘以宽,所以 $xy=20$,$y=20/x$.

13. $y=15x^2-12x^3\left(0<x<\dfrac{5}{4}\right)$　　解析:长方体共有 12 条棱,长+宽+高 $=20/4$,由于长是宽的 3 倍,则高为 $5-4x$,体积等于长×宽×高,$y=3x\cdot x(5-4x)=15x^2-12x^3$.

14. $y=20x-50$　　解析:采购费=采购量×单价-手续费.

15. $S=Rx$　　解析:$S=\dfrac{1}{2}AB\cdot PD=\dfrac{1}{2}\times 2Rx=Rx$.

16. $y=h^2+2h$　　解析:由于坡角为 $45°$,则梯形上底为 $2+2h$,故 $y=\dfrac{(2+2+2h)h}{2}=h^2+2h$.

三、解答题

17. 解析:设宽为 x m,面积为 S m².

$S=x\cdot\dfrac{6-3x}{2}=-\dfrac{3}{2}x^2+3x=-\dfrac{3}{2}(x-1)^2+\dfrac{3}{2}$,

当 $x=1$ 时,$S_{\max}=\dfrac{3}{2}$;

所以宽 1 m,高 $\dfrac{3}{2}$ m 时,面积最大为 $\dfrac{3}{2}$ m².

18. 解析:(1)由已知一边长为 x m,另一边为 $\dfrac{8-2x}{2}$,所以面积

$S=x\left(\dfrac{8-2x}{2}\right)=-x^2+4x$,$x\in(0,4)$.

(2)因为 $S=-x^2+4x=-(x-2)^2+4$,

因此 $x=2$ 时,$S_{\max}=4$,$4\times 1\,000=4\,000$.

所以,广告牌的长为 2 m,宽为 2 m 时,广告费用最多,广告费用是 4 000 元.

19. 解析:(1)设 $y=kx+b\,(k\neq 0)$,代入 $(15,25)$,$(20,20)$

可得 $\begin{cases}20=20k+b\\25=15k+b\end{cases}$,解得 $\begin{cases}k=-1\\b=40\end{cases}$.故 $y=-x+40$.

所以,$y=(x-10)(-x+40)=-x^2+50x-400$.

(2)配方得 $y=-(x-25)^2+225$,当 $x=25$ 时,$y_{\max}=225$.

因此每件产品的单价为 25 元时,日销售额最大,最大为 225 元.

20. 解析:(1)$y=\begin{cases}0.52x,&0<x\leqslant 180\\0.57x-9,&180<x\leqslant 280\\0.82x-79,&x>280\end{cases}$

(2)$150\times 0.52=78$(元).

(3)因为 $0.52\times 180=93.6$,所以不在这个范围内. 又 $0.57x-9=105$,解得 $x=200$,符合.

所以这个月用电量为 200 度.

【课堂拓展训练】

一、填空题

1. 3 解析:由题知销售收入为 $0.25x$,则有 $0.25x\geqslant 3+2.25x-x^2$,即 $x^2-2x-3\geqslant 0$,得 $x\leqslant -1$,$x\geqslant 3$,因为产量为正整数,所以 $x\geqslant 3$,故最低产量为 3 件.

2. $y=15x$ 解析:由题知 4 件 60 元,每件 15 元,则 $y=15x$.

3. 1.5 解析:7.2 min 按 8 min 收费,则收费为 $0.25\times 3+0.15\times 5=1.5$.

4. 3 解析:设隔墙的长为 x,则矩形宽为 $\dfrac{30-5x}{2}$,面积 $S=\dfrac{30-5x}{2}x=-\dfrac{5}{2}x^2+15x=-\dfrac{5}{2}(x^2-6x)=-\dfrac{5}{2}(x-3)^2+\dfrac{45}{2}$,所以隔墙长度为 3 时面积最大.

5. $y=30-2x\left(\dfrac{15}{2}<x<15\right)$ 解析:由题知 $2x+y=30$,得 $y=30-2x$,因为 x 和 y 表示三角形的边长,所以有 $30-2x>0$ 且 $y<2x$,得 $\dfrac{15}{2}<x<15$.

6. $y=480x+\dfrac{1\,920}{x}+320$ 解析:长方体体积=长×宽×高,得底面积为 4,因为底面长为 x,则底面的宽为 $\dfrac{4}{x}$,侧面面积为 $2\left(2x+\dfrac{8}{x}\right)$,水池造价 $y=2\left(2x+\dfrac{8}{x}\right)\times 120+4\times 80$,整理得 $y=480x+\dfrac{1\,920}{x}+320$.

二、解答题

7. 解析:(1)$y=\begin{cases}900, & 0<x\leqslant 30\\ 1\,200-10x, & 30<x\leqslant 75\end{cases}$.

(2)$S=\begin{cases}900x-15\,000, & 0<x\leqslant 30\\ -10x^2+1\,200x-15\,000, & 30<x\leqslant 75\end{cases}$.

①当 $x=30$ 时,$S_{\max}=12\,000$;

②当 $30<x\leqslant 75$ 时,$s=-10(x-60)^2+21\,000$,当 $x=60$ 时,$S_{\max}=21\,000$,所以旅游团人数为 60 人时,利润最大是 21 000.

8. 解析:(1)①当 $0\leqslant x\leqslant 5$ 时,
$-0.4x^2+3.2x-2.8>0$,
解得 $1<x<7$,故 $1<x\leqslant 5$;

②当 $x>5$ 时,
$8.2-x>0$,可得 $5<x<8.2$.

综上所述 $1<x<8.2$ 时，企业有盈利.

(2)当 $0\leqslant x\leqslant 5$ 时，$y=-0.4(x-4)^2+3.6$，$x=4$ 时，$y_{max}=3.6$，

当 $x>5$ 时，$8.2-x<3.2$.

所以产量为 4 百台时，企业盈利最大，为 3.6 万元.

9. 解析：(1) $y=x\cdot\left(40-\dfrac{x-260}{10}\right)=-\dfrac{1}{10}x^2+66x$；

(2) $y=-\dfrac{1}{10}(x-330)^2+10\ 890$，当 $x=330$ 时，$y_{max}=10\ 890$.

所以，日租金 330 元时，日收益最大，最大值为 10 890 元.

10. 解析：(1) $f(5)=27.5$，$f(25)=17$，所以 $f(5)>f(25)$.

(2)当 $x\in[0,10]$ 时，$y=-\dfrac{1}{10}(x-10)^2+20$，$x=20$ 时 $y_{max}=20$；

$x\in(10,20]$，$y_{max}=20$；当 $x\in(20,60]$ 时，$y<-\dfrac{3}{5}\times 20+32=20$.

综上 $x\in[10,20]$ 时，$y_{max}=20$.

所以，第 10 min 到第 20 min 时，物体温度最高，最高温度为 20℃.

第 3 章单元测试题 A 卷

一、选择题

1. B 解析：把 $x=-1$ 代入即可，故选 B.

2. B 解析：$f(x)=\sqrt{x^2}=|x|$，A 选项解析式不相同；$f(x)=\dfrac{x^2}{x}$ 定义域为 $\{x\mid x\neq 0\}$，C 选项定义域不相同；$f(x)=x^0$ 定义域为 $\{x\mid x\neq 0\}$，D 选项定义域不相同；$g(x)=\sqrt[3]{x^3}=x$，故选 B.

3. D 解析：把 $x=-1$ 代入 D 时，根号无意义，故选 D.

4. A 解析：B、D 非奇非偶函数；C 偶函数；A 奇函数，奇函数关于原点对称，故选 A.

5. D 解析：A、B 非奇非偶函数，C 奇函数，故选 D.

6. C 解析：A 奇函数，增函数；B 偶函数；C 奇函数，减函数；D 奇函数，在 $(-\infty,0)$ 和 $(0,+\infty)$ 内为减函数，故选 C.

7. A 解析：由题知 $a<0$，二次函数开口向下，对称轴为 $x=0$，在 $(-\infty,0)$ 内为增函数，在 $(0,+\infty)$ 内为减函数，故选 A.

8. D 解析：奇函数在对称区间内单调性相同，符号相反，故选 D.

9. B 解析：由题知 $b=0$，所以二次函数为偶函数，关于 y 轴对称，故选 B.

10. A 解析：$g(x)=ax^5-bx^3$ 为奇函数，$f(-2)=g(-2)+2=-g(2)+2=10$，解得 $g(2)=-8$，所以 $f(2)=g(2)+2=-8+2=-6$，故选 A.

11. B 解析：由题知二次函数开口向上，对称轴为 $x=2$，在 $x=2$ 处取最小值，离对

称轴越远对应的 y 值越大,故选 B.

12. D　解析:$y=-(x-1)^2+4$,开口向下,$x=1$ 处取最大值 4,故选 D.

13. B　解析:$f(1-x)=3-(1-x)=2+x$,故选 B.

14. B　解析:$k=0$ 时,$-6x+8\geqslant 0$ 不恒成立,不符合题意;由 $k>0$,$\Delta\leqslant 0$ 得 $k\geqslant 1$,故选 B.

15. C　解析:由 $4\leqslant x-1\leqslant 9$,得 $5\leqslant x\leqslant 10$,故选 C.

二、填空题

16. 4　解析:$f(2)=-1$,$f(-1)=4$.

17. $[-2,6]$　解析:$\Delta=m^2-4(m+3)\leqslant 0$,解得 $-2\leqslant m\leqslant 6$.

18. $[1,3)\cup(3,+\infty)$　解析:$\begin{cases}x-3\neq 0\\x-1\geqslant 0\end{cases}$,解得 $x\geqslant 1$ 且 $x\neq 3$.

19. 0　解析:二次函数开口向下,对称轴为 $x=1$,$1\notin[2,4]$,$f(x)$ 在 $[2,4]$ 上为减函数,故最大值为 $f(2)=-4+4=0$.

20. -2　解析:对称轴为 $x=1$,即 $-\dfrac{2(a-1)}{2\times 3}=1$,解得 $a=-2$.

21. $(-\infty,-1]$　解析:由 $x^2-4x-5\geqslant 0$,得 $x\leqslant -1$ 或 $x\geqslant 5$;二次函数开口向上,减区间为 $(-\infty,2]$,与定义域取交集得 $(-\infty,-1]$.

22. $\dfrac{4}{3}$　解析:把点 $(1,3)$ 代入得 $2a-1+a=3$,即 $a=\dfrac{4}{3}$.

23. $(-\infty,0]$　解析:由题知 $p+2=0$,即 $p=-2$.则二次函数开口向下,对称轴为 $x=0$,在区间 $(-\infty,0]$ 上是增函数.

24. 2　解析:$f(x)=2x^3+(a-2)x^2-ax$,因 $f(x)$ 为奇函数,所以 $a-2=0$.

25. $f(x)=x^2-2x-1$　解析:设顶点式 $f(x)=a(x-1)^2-2$,代入点 $(-1,2)$,解得 $a=1$,则 $f(x)=(x-1)^2-2$,化为一般式 $f(x)=x^2-2x-1$.

26. 增　解析:奇函数在对称区间上单调性相同.

27. $[1,+\infty)$　解析:$g(x)=(x-1)^2+1$,开口向上,有最小值 1.$f(x)=\sqrt{x^2-2x+2}$ 的值域为 $[1,+\infty)$.

28. $(1,-3)$　解析:$-\dfrac{b}{2a}=1$,$-\dfrac{a}{2}=1$,解得 $a=-2$;把 $x=1$ 代入,得 $y=1-2-2=-3$.

29. -25　解析:$g(x)=ax^5+bx^3+cx$ 为奇函数,$f(2)=g(2)-5=15$,解得 $g(2)=20$,所以 $f(-2)=g(-2)-5=-g(2)-5=-20-5=-25$.

30. $a\geqslant 3$　解析:对称轴 $-\dfrac{b}{2a}\geqslant 3$,$\dfrac{a+3}{2}\geqslant 3$,解得 $a\geqslant 3$.

三、解答题

31. 解析:要使解析式有意义,则 $\begin{cases}x^2-3x-4\geqslant 0\\x-4\neq 0\end{cases}$,解得 $x\leqslant -1$ 或 $x>4$.

49

所以函数定义域为$(-\infty,-1] \cup (4,+\infty)$.

32. 解析：(1)由题知 $\begin{cases} 4a+2b=0 \\ (b-1)^2-4ac=0 \end{cases}$，解得 $\begin{cases} a=-\dfrac{1}{2} \\ b=1 \end{cases}$. 所以 $f(x)=-\dfrac{1}{2}x^2+x$.

(2)$f(x)=-\dfrac{1}{2}x^2+x=-\dfrac{1}{2}(x-1)^2+\dfrac{1}{2}$，所以在定义域内存在最大值，最大值为 $\dfrac{1}{2}$.

33. 解析：(1)定义域为 **R**，是关于原点对称的区间．
$f(-x)=4(-x)^3-2(-x)=-4x^3+2x=-f(x)$，所以 $f(x)$ 为奇函数．
(2)定义域为$(-1,1]$，不关于原点对称，故为非奇非偶函数．

34. 解析：(1)定义域为$(-\infty,3]$；
(2)$f(-2)=-3$；$f(0)=1$；$f(3)=-6$；$f[f(0)]=2$.

35. 解析：(1)$y=\begin{cases} 5.8x, & 0<x\leqslant 3\ 000 \\ 6x-600, & x>3\ 000 \end{cases}$；

(2)$6x-600=18\ 600$，$x=3\ 200$.
8月份消费$5.8\times(3\ 200-300)=16\ 820$.
8月份比7月份节约消费支出$18\ 600-16\ 820=1\ 780$(元)．

36. 解析：设每间房涨价 x 个 10 元，则收入为 y 元．
$y=(180-20+10x)(50-x)$,
$y=-10x^2+340x+8\ 000$,
$y=-10(x-17)^2+10\ 890$.
当 $x=17$ 时，$y_{\max}=10\ 890$．$180+17\times 10=350$.
所以每个房间的租金为 350 元时，收益最大，最大值为 10 890 元．

37. 解析：设鸡蛋的价格每斤上涨 $0.1x$ 元，则此时养鸡场每天的利润为
$y=(5+0.1x-3)(800-100x)=-10x^2-120x+1\ 600$；
因为二次项系数小于零，所以当 $x=-\dfrac{b}{2a}=-\dfrac{-120}{2\times(-10)}=-6$ 时利润最大．
即鸡蛋的价格应每斤下降 6 角时利润最大，鸡蛋每斤 4.4 元，每天可销售 1 400 斤，
最大利润为$(4.4-3)\times 1\ 400=1\ 960$(元)．

第3章单元测试题B卷

一、选择题

1. B 解析：点关于 x 轴对称，横坐标不变，纵坐标是其相反数，故选 B.
2. D 解析：因为横坐标是 5 个实数，纵坐标是与之对应的 5 个实数，所以图像是 5 个点，故选 D.
3. B 解析：根据图像知 A、C、D 选项在给定区间内为增函数，故选 B.

4. D　解析：令 $2x-1=1$，得 $x=1$，将 $x=1$ 代入到解析式可求得结果，故选 D．

5. B　解析：二次函数对称轴得 $x=-\dfrac{b}{2a}=1\in[0,5]$，则二次函数在下 $x=1$ 时取最小值为 -4，在 $x=5$ 时取最大值 12，故选 B．

6. B　解析：反比例函数 $f(x)=\dfrac{1}{x}$ 是第一象限和第三象限的双曲线，在 $(-\infty,0)$ 和 $(0,+\infty)$ 内为减函数，故选 B．

7. C　解析：由题知是偶函数的为 A、B、C，其中 C 答案为开口向下的二次函数，在 $(0,+\infty)$ 内为减函数，故选 C．

8. A　解析：同一函数要求定义域、值域、对应法则都相同，其中 B、D 选项的定义域与已知函数不一样，C 选项的值域与已知函数不一样，故选 A．

9. C　解析：已知函数的定义域为 $\mathbf{R}$ 且满足 $f(-x)=-f(x)$，所以函数为奇函数，奇函数图像关于原点对称，故选 C．

10. B　解析：奇函数在 $[a,b]$ 和 $[-b,-a]$ 的单调性相同，都为增函数，且在 $[a,b]$ 的最小值为 m，即 $f(a)=m$，因为在 $[-b,-a]$ 上为增函数，所以在 $x=-a$ 处取最大值，因为函数为奇函数，所以 $f(-a)=-f(a)=-m$，故选 B．

11. A　解析：因为 $f(-x)=-x|x|=-f(x)$ 且定义域为 $\mathbf{R}$，所以函数为奇函数，且解析式为 $f(x)=\begin{cases}x^2,&x\geqslant 0\\-x^2,&x<0\end{cases}$，根据图像知在定义域内为增函数，故选 A．

12. D　解析：设一次函数解析式为 $f(x)=kx+b(k\neq 0)$，则 $\begin{cases}3(k+b)-2(2k+b)=2\\2(-k+b)+b=-2\end{cases}$，解得 $k=-8$，$b=-6$，故选 D．

13. A　解析：因为 $F(x)$ 为偶函数，所以有 $F(-x)=F(x)$，即 $-xf(-x)=xf(x)$，当 $x=0$ 时成立，当 $x\neq 0$ 时 $-f(-x)=f(x)$，即 $f(-x)=-f(x)$，满足奇函数的定义，故选 A．

14. C　解析：$f(x)=3+2x-x^2=-(x-1)^2+4$，又 $f(x)\geqslant 0$，得 $0\leqslant y\leqslant 2$，故选 C．

15. C　解析：因为 $f(0)=0$，所以 $3^{1+f(0)}=3$，故选 C．

二、填空题

16. -1　解析：$f(-\sqrt{3})=\dfrac{-\sqrt{3}}{|-\sqrt{3}|}=\dfrac{-\sqrt{3}}{\sqrt{3}}=-1$．

17. $\dfrac{x+2}{x+3}$　解析：令 $x-2=t$，则 $x=t+2$，$f(t)=\dfrac{t+2}{t+2+1}=\dfrac{t+2}{t+3}$．

18. $(-1,0)$　解析：由 $-2<x<-1$，得 $-1<x+1<0$．

19. $1-x$　解析：$f\left(\dfrac{1}{x}\right)=\dfrac{\dfrac{1}{x}-1}{\dfrac{1}{x}}=\dfrac{1-x}{x}\cdot x=1-x$．

20. $(-\infty, 0) \cup (0, 1]$ 　解析：由 $1-x \geq 0$, $x \neq 0$ 得 $x \leq 1$ 且 $x \neq 0$.

21. 26 　解析：$f(-2)=5$, $f(5)=26$.

22. -3 　解析：$F(5)=f(5)+g(5)+3=9$, 则 $f(5)+g(5)=6$, $f(-5)+g(-5)=-6$, 所以 $F(-5)=f(-5)+g(-5)+3=-3$.

23. -4 　解析：将 $(0, 0)$, $(-4, 0)$ 代入，解得 $p=4$, $q=0$. 则 $y=x^2+4x=(x+2)^2-4$, 最小值为 -4.

24. 1 　解析：$f(x)=x^2-mx+x-m=x^2-(m-1)x-m$, 因 $f(x)$ 为偶函数，所以 $m-1=0$, 即 $m=1$.

25. $a \leq -3$ 　解析：对称轴 $-\dfrac{b}{2a} \geq 4$, $-\dfrac{2(a-1)}{2} \geq 4$, 解得 $a \leq -3$.

26. 9 　解析：设一次函数 $f(x)=kx+b$, $k \neq 0$, 则 $\begin{cases} k+b=1 \\ 2k+b=3 \end{cases}$, 解得 $k=2$, $b=-1$, $f(5)=2\times 5-1=9$.

27. $f(-3)<f\left(\dfrac{5}{2}\right)<f(-2)$ 　解析：$f(x)$ 为偶函数则 $f\left(\dfrac{5}{2}\right)=f\left(-\dfrac{5}{2}\right)$, 因为 $-3<-\dfrac{5}{2}<-2$, 且为增函数，所以 $f(-3)<f\left(\dfrac{5}{2}\right)<f(-2)$.

28. $\left[\dfrac{3}{4}, 3\right]$ 　解析：将点 P 代入，得 $a=1$, $y=x^2+x+1=\left(x+\dfrac{1}{2}\right)^2+\dfrac{3}{4}$, 对称轴为 $x=-\dfrac{1}{2} \in [-1, 1]$, 则最小值为 $\dfrac{3}{4}$, 在 $x=1$ 处取最大值, $f(1)=3$.

29. $f(1)<f(2)<f(-1)$ 　解析：由题知二次函数开口向上，对称轴为 $x=1$, 所以对称轴处取最小值，$f(1)$ 最小，谁离对称轴越远值越大，故 $f(-1)$ 最大.

30. $\dfrac{1}{4}$ 　解析：由 $f(0)=0$, 得 $m=-\dfrac{1}{2}$, $f(-1)=\dfrac{3}{4}-\dfrac{1}{2}=\dfrac{1}{4}$.

三、解答题

31. 解析：根据题意得 $mx^2+mx+2 \geq 0$ 恒成立.

当 $m=0$ 时，$2 \geq 0$ 恒成立，满足题意；

当 $m \neq 0$ 时，$\begin{cases} m>0 \\ \Delta \leq 0 \end{cases}$, 解得 $0<m \leq 8$. 综上，m 的取值范围为 $[0, 8]$.

32. 解析：(1) 由题知，$f(-x)+g(-x)=x^2+x+1$,
因为 $f(x)$ 是奇函数，$g(x)$ 是偶函数，所以 $-f(x)+g(x)=x^2+x+1$, ①
又 $f(x)+g(x)=x^2-x+1$, ②
解得 $f(x)=-x$, $g(x)=x^2+1$.

33. 解析：(1) 由题知，对称轴为 $x=2$, 故 $-\dfrac{b}{2}=2$, 解得 $b=-4$.

把 $x=2$ 带入原式得 $4+2b+c=5$, 解得 $c=9$. 所以 $f(x)=x^2-4x+9$.

(2) 因 $a=1$, 开口向上，对称轴为 $x=2$.

所以在区间在$(-\infty,2]$上为减函数,在区间$(2,+\infty)$内为增函数.

34. **解析**:由题意得,$f(a-2)>f(2-3a)$,因为函数$f(x)$在$(-3,3)$内是减函数,

所以有$\begin{cases} a-2<2-3a \\ -3<a-2<3 \\ -3<2-3a<3 \end{cases}$,解得$\begin{cases} a<1 \\ -1<a<5 \\ \frac{1}{3}<a<\frac{5}{3} \end{cases}$,综上,$\frac{1}{3}<a<1$.

35. **解析**:(1)$y_1=\begin{cases} 10, & 0<x\leqslant 2 \\ 1.2x+7.6, & x>0 \end{cases}$,$y_2=\begin{cases} 8, & 0<x\leqslant 2 \\ 1.4x+5.2, & x>2 \end{cases}$.

令$y_1=y_2$,解得$x=12$.

当$x<12$时,方案二;当$x=12$时,一样;当$x>12$时,方案一.

所以$0<x<12$时选择方案二;$x=12$时两者均可,$x>12$时选择方案二.

36. **解析**:设每边折起x cm,水槽面积为y cm^2,则高$=\sin 60°\cdot x=\frac{\sqrt{3}}{2}x$,

上底$=\sin 30°\cdot x+60-2x+\sin 30°\cdot x=60-x$.

故$y=\frac{1}{2}(60-x+60-2x)\cdot\frac{\sqrt{3}}{2}x=-\frac{3\sqrt{3}}{4}x^2+30\sqrt{3}x=-\frac{3\sqrt{3}}{4}(x-20)^2+300\sqrt{3}$.

当$x=20$时,y最大,$y_{\max}=300\sqrt{3}$.

所以每边折起的高度为 20 cm 时,才能使横截面面积最大,最大面积为 $300\sqrt{3}$ cm^2.

37. **解析**:(1)设y与x的函数关系式为$y=kx+b$,则$\begin{cases} 22k+b=780 \\ 25k+b=750 \end{cases}$,解得$\begin{cases} k=-10 \\ b=1\,000 \end{cases}$.所以$y$与$x$的函数关系式为$y=-10x+1\,000$.

(2)设利润为h,则$h=(x-20)(-10x+1\,000)=-10x^2+1\,200x-20\,000=-10(x-60)^2+16\,000$,$(0\leqslant x\leqslant 30)$

因对称轴为$x=60$,开口向下,故$0\leqslant x\leqslant 30$时为增函数,$x=30$,$y_{\max}=7\,000$.

所以每件售价为 30 元时,利润最大,最大利润为 7 000 元.

第4章 指数函数与对数函数

4.1 指数与指数函数

4.1.1 实数指数

【课堂基础训练】

一、选择题

1. C **解析**:正数的偶次方根有两个,它们是$\sqrt{12}=2\sqrt{3}$,$-\sqrt{12}=-2\sqrt{3}$,故选 C.

2. D　解析：$(-a^3)^4=(-1)^4\cdot a^{3\times 4}=a^{12}$. 故选 D.

3. B　解析：$\pi>3$，$\sqrt[4]{(3-\pi)^4}=|3-\pi|=\pi-3$. 故选 B.

4. B　解析：因为 $a^m a^n=a^{m+n}$，所以 $a^{\frac{2}{3}}\cdot a^{-\frac{2}{3}}=a^{\frac{2}{3}-\frac{2}{3}}=a^0=1$. 故选 B.

5. C　解析：因为 $3^m\cdot 9^n=3^m\cdot(3^2)^n=3^m\cdot 3^{2n}=3^{m+2n}=27=3^3$，所以 $m+2n=3$. 故选 C.

6. A　解析：原式 $=a^{-1-(-3)}b^{-2-(-5)}=a^2b^3$，故选 A.

7. A　解析：$(a^3 b^{\frac{1}{2}})^{\frac{1}{2}}\div(a^{\frac{1}{2}}b^{\frac{1}{4}})=a^{3\times\frac{1}{2}-\frac{1}{2}}b^{\frac{1}{2}\times\frac{1}{2}-\frac{1}{4}}=a$. 故选 A.

8. C　解析：选项 A，$a^m\cdot a^n=a^{m+n}$，错误；选项 B，$\dfrac{a^m}{a^n}=a^{m-n}$，错误；选项 C，$(a^n)^m=a^{mn}$，正确；选项 D，$(ab)^m=a^m b^m$，错误. 故选 C.

9. B　解析：根据 $a^{-\frac{m}{n}}=\dfrac{1}{a^{\frac{m}{n}}}=\dfrac{1}{\sqrt[n]{a^m}}$，故 $5^{-\frac{2}{3}}=\dfrac{1}{5^{\frac{2}{3}}}=\dfrac{1}{\sqrt[3]{5^2}}$，故选 B.

10. C　解析：选项 A，正数的偶次方根有两个，互为相反数，选项 B，负数不能开偶次方，选项 D，$\sqrt[n]{a}$ 可以是有理数. 故选 C.

二、填空题

11. $\sqrt[4]{16}$；4；16　解析：正数的偶次方根有两个，但算术根有一个，16 的 4 次算术根表示为 $\sqrt[4]{16}$.

12. $\sqrt{3}$　解析：考查当 n 为偶数时，$\sqrt[n]{a^n}=|a|=\begin{cases}a,&\geqslant 0,\\-a,&<0,\end{cases}$ 故 $\sqrt[6]{(-\sqrt{3})^6}=|-\sqrt{3}|=\sqrt{3}$.

13. $a^{\frac{1}{2}}b^{\frac{1}{3}}$　解析：原式 $=a^{3\times\frac{1}{2}\times\frac{1}{3}}b^{2\times\frac{1}{2}\times\frac{1}{3}}=a^{\frac{1}{2}}b^{\frac{1}{3}}$.

14. $a^{\frac{7}{12}}$　解析：原式 $=a^{\frac{1}{3}+\frac{3}{4}-\frac{1}{2}}=a^{\frac{7}{12}}$.

15. $\dfrac{7}{25}$　解析：原式 $=\dfrac{2^a}{2^{2b}}=\dfrac{2^a}{(2^b)^2}=\dfrac{7}{5^2}=\dfrac{7}{25}$.

16. $\dfrac{7}{2}$　解析：原式 $=\left[\left(\dfrac{3}{2}\right)^4\right]^{\frac{1}{4}}+|-3|-1=\dfrac{3}{2}+3-1=\dfrac{7}{2}$.

三、解答题

17. 解析：(1) $a^{\frac{4}{7}}=\sqrt[7]{a^4}$；(2) $\sqrt{a^{\frac{3}{2}}}=(a^{\frac{3}{2}})^{\frac{1}{2}}=a^{\frac{3}{4}}=\sqrt[4]{a^3}$；(3) $a^{-\frac{2}{5}}=\dfrac{1}{a^{\frac{2}{5}}}=\dfrac{1}{\sqrt[5]{a^2}}$.

18. 解析：(1) $\sqrt[3]{a^2}=(a^2)^{\frac{1}{3}}=a^{\frac{2}{3}}$；(2) $\dfrac{1}{\sqrt{a^4}}=\dfrac{1}{a^{\frac{4}{3}}}=a^{-\frac{4}{3}}$；(3) $\sqrt[3]{\dfrac{b^2}{a}}=\left(\dfrac{b^2}{a}\right)^{\frac{1}{3}}=(a^{-1}b^2)^{\frac{1}{3}}=a^{-\frac{1}{3}}b^{\frac{2}{3}}$.

19. 解析：(1) 原式 $=\dfrac{7^5}{2^5}\times 1\div\dfrac{7^4}{4^4}=\dfrac{7^5}{2^5}\times\dfrac{4^4}{7^4}=7\times\dfrac{(2^2)^4}{2^5}=7\times\dfrac{2^8}{2^5}=7\times 2^{8-5}=7\times 2^3=7\times 8=56$.

(2)原式$=\left(\dfrac{1}{4}\right)^{-\frac{1}{2}}+1+(3^{-3})^{-\frac{1}{3}}=(2^{-2})^{-\frac{1}{2}}+1+3=2+1+3=6$.

20. 解析：原式$=\left[5\div\left(-\dfrac{5}{2}\right)\right]a^{\frac{2}{3}-\left(-\frac{1}{3}\right)}b^{-\frac{1}{3}-\left(-\frac{4}{3}\right)}=-2ab$.

【课堂拓展训练】

一、填空题

1. $\left(-\infty,\dfrac{3}{2}\right]$ 解析：因为$\sqrt{4a^2-12a+9}=\sqrt{(2a-3)^2}=|2a-3|=3-2a$，故$2a-3\leqslant0$，得$a\leqslant\dfrac{3}{2}$.

2. $a^{-\frac{7}{6}}$ 解析：原式$=\dfrac{a^{\frac{4}{2}}\cdot a^{\frac{3}{2}}}{a^{\frac{6}{3}}a^{\frac{5}{2}}a^{\frac{1}{6}}}=a^{2+\frac{3}{2}-2-\frac{5}{2}-\frac{1}{6}}=a^{-\frac{7}{6}}$.

3. 1 解析：原式$=[(\sqrt{5})^2]^{-\frac{1}{2}}\cdot 5^{\frac{1}{2}}=(\sqrt{5})^{-1}\cdot\sqrt{5}=(\sqrt{5})^0=1$.

4. $2^{\frac{11}{4}}$ 解析：原式$=2^{\frac{1}{2}}\cdot(2^3)^{\frac{1}{3}}\cdot(2^5)^{\frac{1}{4}}=2^{\frac{1}{2}}\cdot 2^1\cdot 2^{\frac{5}{4}}=2^{\frac{11}{4}}$.

5. $\sqrt{3}$ 解析：原式$=\dfrac{1}{(-1)^3}+|-3|-\dfrac{1}{2+\sqrt{3}}=-1+3-\dfrac{2-\sqrt{3}}{(2+\sqrt{3})(2-\sqrt{3})}=2-(2-\sqrt{3})=\sqrt{3}$.

6. -3 解析：原式$=\sqrt{3}-1-\dfrac{1}{2+\sqrt{3}}=\sqrt{3}-1-\dfrac{2-\sqrt{3}}{(2+\sqrt{3})(2-\sqrt{3})}=\sqrt{3}-1-(2-\sqrt{3})=-3$.

二、解答题

7. 解析：$3^{2x-1}=(3^{-3})^{-1}$，$3^{2x-1}=3^3$，$2x-1=3$，解得$x=2$，故$(x-3)^{2023}=(2-3)^{2023}=(-1)^{2023}=-1$.

8. 解析：原式$=\dfrac{a^{\frac{4}{3}}\cdot a^{\frac{1}{2}}}{a^{\frac{1}{3}}\cdot a^{\frac{5}{6}}\cdot a^{\frac{1}{12}}}=a^{\frac{4}{3}+\frac{1}{2}-\left(\frac{1}{3}+\frac{5}{6}+\frac{1}{12}\right)}=a^{\frac{7}{12}}$.

9. 解析：(1)原式$=2^{\frac{1}{2}}\times 2^{\frac{2}{3}}\times 2^{\frac{3}{4}}=2^{\frac{1}{2}+\frac{2}{3}+\frac{3}{4}}=2^{\frac{23}{12}}$.

(2)原式$=(3^3)^{\frac{2}{3}}\times 3^{-1}+\left(\dfrac{1}{500}\right)^{-\frac{1}{2}}\times 1=3^{2-1}+(500^{-1})^{-\frac{1}{2}}=3+500^{\frac{1}{2}}=3+10\sqrt{5}$.

10. 解析：(1) $(a+a^{-1})^2=a^2+a^{-2}+2=25$，解得$a^2+a^{-2}=25-2=23$.

(2) $(a^{\frac{1}{2}}+a^{-\frac{1}{2}})^2=a+a^{-1}+2a^{\frac{1}{2}}\cdot a^{-\frac{1}{2}}=a+a^{-1}+2=5+2=7$. 而 $a^{\frac{1}{2}}+a^{-\frac{1}{2}}>0$，故$a^{\frac{1}{2}}+a^{-\frac{1}{2}}=\sqrt{7}$.

4.1.2 指数函数

【课堂基础训练】

一、选择题

1. C　解析：形如 $y=a^x(a>0$ 且 $a\neq 1)$ 的函数叫作指数函数，故选 C.

2. A　解析：指数函数图像必过 $(0,1)$，故选 A.

3. D　解析：指数函数 $y=a^x(a>0,a\neq 1)$，当 $a>1$ 时，函数在 $(-\infty,+\infty)$ 内为增函数，故选 D.

4. C　解析：选项 A，在 $(-\infty,+\infty)$ 内为增函数；选项 B，在 $(-\infty,+\infty)$ 内为增函数；选项 C，$y=5^{-x}=\left(\dfrac{1}{5}\right)^x$，在 $(-\infty,+\infty)$ 内为减函数；选项 D，$y=-2x^2$，在 $(-\infty,0)$ 内为增函数，在 $(0,+\infty)$ 内为减函数．故选 C.

5. C　解析：根据指数函数图像及性质可知，$a>1$，当 $x\in(-\infty,0)$ 时，$y\in(0,1)$．故选 C.

6. B　解析：$3a-5>0$ 且 $3a-5\neq 1$，解得 $a>\dfrac{5}{3}$ 且 $a\neq 2$．故选 B.

7. C　解析：设指数函数 $y=a^x(a>0,a\neq 1)$，由题知 $a^{\frac{2}{3}}=9$，有 $a=(a^{\frac{2}{3}})^{\frac{3}{2}}=9^{\frac{3}{2}}=(\sqrt{9})^3=27$．故选 C.

8. C　解析：因为 $5^0=1$，且底数为 $5>1$，所以 $5^x<5^0$，解得 $x<0$．故选 C.

9. C　解析：$a=5^{0.6}>5^0=1$，$b=\left(\dfrac{1}{5}\right)^{-0.7}=5^{0.7}>5^{0.6}$，$c=0.2^{0.5}<0.2^0=1$，所以 $c<a<b$，故选 C.

10. D　解析：因为 $f(-x)=\left(\dfrac{1}{3}\right)^{|-x|}=\left(\dfrac{1}{3}\right)^{|x|}=f(x)$，所以 $f(x)=\left(\dfrac{1}{3}\right)^{|x|}$ 为偶函数，根据图像可知，在 $(0,+\infty)$ 内是减函数．故选 D.

二、填空题

11. $>$；$>$　解析：(1)因为 $0<0.3<1$，所以 $y=0.3^x$ 在 **R** 上为减函数，故 $0.3^{-5}>0.3^5$；(2)因为 $e>1$，$y=e^x$ 在 **R** 上为增函数，所以 $e^1>e^{0.2}$.

12. 13　解析：$f(4)=2^4-3=16-3=13$.

13. $(-2,0)$　解析：因为 $a^0=1$，所以当 $x+2=0$ 时，$y=0$，故图像恒过点 $(-2,0)$.

14. y 轴　解析：考查指数函数的图像及性质，两图像关于 y 轴对称．

15. $(-3,-1)$　解析：$5^1<5^{-x}<5^3$，所以 $1<-x<3$，解得 $-3<x<-1$.

16. $(0,1)$　解析：因为 $-\dfrac{1}{2}>-1$，而 $a^{-\frac{1}{2}}<a^{-1}$，所以 $y=a^x$ 在 **R** 上为减函数，则 $0<a<1$.

三、解答题

17. 解析：设指数函数的解析式为 $y=a^x(a>0$ 且 $a\neq 1)$，把 $\left(-3,\dfrac{27}{8}\right)$ 代入可得

$a^{-3} = \dfrac{27}{8}$, $(a^{-3})^{\frac{1}{3}} = a = \left(\dfrac{27}{8}\right)^{-\frac{1}{3}} = \left[\left(\dfrac{3}{2}\right)^3\right]^{-\frac{1}{3}} = \left(\dfrac{3}{2}\right)^{-1} = \dfrac{2}{3}$,所以指数函数解析式为 $y = \left(\dfrac{2}{3}\right)^x$,$f(2) = \left(\dfrac{2}{3}\right)^2 = \dfrac{4}{9}$.

18. 解析:由题意得 $\begin{cases} 2^x - 8 \geqslant 0 \\ 5 - x \neq 0 \end{cases}$,解得 $\begin{cases} x \geqslant 3 \\ x \neq 5 \end{cases}$,即 $x \geqslant 3$ 且 $x \neq 5$,故原函数的定义域为 $[3, 5) \cup (5, +\infty)$.

19. 解析:由题意得 $a^2 - 4 > 0$ 且 $a^2 - 4 \neq 1$,所以 $a^2 > 4$ 且 $a \neq \pm\sqrt{5}$,解得 $a < -2$ 或 $a > 2$ 且 $a \neq \pm\sqrt{5}$. 故 a 的取值范围是 $(-\infty, -\sqrt{5}) \cup (-\sqrt{5}, -2) \cup (2, \sqrt{5}) \cup (\sqrt{5}, +\infty)$.

20. 解析:原不等式可化为 $3^{x^2-x-6} < 3^0$,$x^2 - x - 6 < 0$,$(x+2)(x-3) < 0$,解得 $-2 < x < 3$,故原不等的解集是 $(-2, 3)$.

【课堂拓展训练】

一、填空题

1. $(-\infty, -1) \cup (6, +\infty)$ 解析:原不等式可化为 $2^{-x^2+6} < 2^{-5x}$,即 $x^2 - 5x - 6 > 0$,$(x-6)(x+1) > 0$,解得 $x < -1$ 或 $x > 6$.

2. $\mathbf{R}$;$(0, +\infty)$ 解析:令 $t = 2 - 3x$,则 $y = 3^t$,其定义域为 $\mathbf{R}$,值域为 $(0, +\infty)$.

3. $(2, +\infty)$ 解析:$A = \{x \mid x^2 > 4\} = \{x \mid x < -2 \text{ 或 } x > 2\}$,$B = \{y \mid y > 0\}$,故 $A \cap B = (2, +\infty)$.

4. $(1, +\infty)$ 解析:函数 $f(x)$ 的定义域为 $\mathbf{R}$,令 $t = x^2 - 2x$,则 $f(x) = \left(\dfrac{1}{3}\right)^t$,因为 $f(x) = \left(\dfrac{1}{3}\right)^t$ 在 $\mathbf{R}$ 上为减函数,根据复合函数单调性可知,函数 $t = x^2 - 2x$ 在 $\mathbf{R}$ 上的增区间就是函数 $f(x) = \left(\dfrac{1}{3}\right)^{x^2-2x}$ 的减区间. $t = x^2 - 2x$ 的增区间是 $(1, +\infty)$,所以 $f(x) = \left(\dfrac{1}{3}\right)^{x^2-2x}$ 的减区间是 $(1, +\infty)$.

5. 一 解析:$f(x) = a^x (0 < a < 1)$ 图像向下平移 $|b|$ 个单位长度,故不经过第一象限.

6. $[0, 1)$ 解析:因为 $\left(\dfrac{1}{3}\right)^x > 0$,所以 $-\left(\dfrac{1}{3}\right)^x < 0$,$1 - \left(\dfrac{1}{3}\right)^x < 1$,故 $\sqrt{1 - \left(\dfrac{1}{3}\right)^x} < 1$,又 $1 - \left(\dfrac{1}{3}\right)^x \geqslant 0$,所以 $0 \leqslant y < 1$. 故值域为 $[0, 1)$.

二、解答题

7. 解析:由题意得 $\left(\dfrac{1}{5}\right)^{x^2-3x+1} > 5^{5-2x}$,$\left(\dfrac{1}{5}\right)^{x^2-3x+1} > \left(\dfrac{1}{5}\right)^{2x-5}$,$x^2 - 3x + 1 < 2x - 5$,$x^2 - 5x + 6 < 0$,$(x-3)(x-2) < 0$,解得 $2 < x < 3$,故使得 $f(x) > g(x)$ 的 x 的取值范围为 $(2, 3)$.

8. 解析：要使函数有意义，须使 $\begin{cases} 1-3^{x+1} \geqslant 0 \\ 3-x > 0 \end{cases}$，化简得 $\begin{cases} 3^{x+1} \leqslant 3^0 \\ x < 3 \end{cases}$，$\begin{cases} x+1 \leqslant 0 \\ x < 3 \end{cases}$，解得 $x \leqslant -1$. 故函数定义域为 $(-\infty, -1]$.

9. 解析：原方程可化为 $(3^x)^2 + 5 \times 3^x - 24 = 0$，令 $3^x = t$，则 $t^2 + 5t - 24 = 0$，$(t+8) \cdot (t-3) = 0$，解得 $t_1 = -8$（舍），$t_2 = 3$，所以 $3^x = 3$，$x = 1$. 故原方程的解集为 $\{x \mid x = 1\}$.

10. 解析：令 $t = -x^2 + 2x - 1$，则 $y = 2^t$. 当 $x = -\dfrac{2}{2 \times -1} = 1$ 时，$t_{\max} = -1 + 2 - 1 = 0$，则 $y_{\max} = 2^0 = 1$，所以 $y = 2^{-x^2+2x-1}$ 的值域为 $(0, 1]$.

4.2 对数与对数函数

4.2.1 对数

【课堂基础训练】

一、选择题

1. D 解析：考查 $a^b = N \Leftrightarrow \log_a N = b$. 故选 D.

2. D 解析：把对数式化为指数式为 $x^3 = \dfrac{1}{27}$，$x = \dfrac{1}{3}$. 故选 D.

3. C 解析：$\log_{10} N$ 简记为 $\lg N$. 故选 C.

4. D 解析：$\log_e N$ 简记为 $\ln N$. 故选 D.

5. D 解析：把对数式化为指数式为 $10^{-3} = x$，$x = \dfrac{1}{1\,000}$. 故选 D.

6. B 解析：考查 $\log_a N = b(a > 0$ 且 $a \neq 1$，$N > 0)$，②，③正确，有 2 个. 故选 B.

7. A 解析：选项 A，负数没有对数，正确；选项 B，化为对数式为 $\log_3 2 = x$，选项 B 错误；选项 C，负数没有对数，-1 不能作为真数，错误；选项 D，以 3 为底，9 为真数的对数等于 2，错误. 故选 A.

8. B 解析：对数书写形式为 $\log_a N$. 选项 B 错误. 故选 B.

9. A 解析：$\log_2 16 - \log_3 9 = 4 - 2 = 2$. 故选 A.

10. A 解析：$m^a = 3$，$m^b = 7$，$m^{a-2b} = \dfrac{m^a}{(m^b)^2} = \dfrac{3}{49}$. 故选 A.

二、填空题

11. 11；0.3 解析：本题考查了对数恒等式，$2^{\log_2 11} = 11$，$e^{\ln 0.3} = 0.3$.

12. 充分不必要 解析：$\log_3 x = \log_3 y \Rightarrow x = y$，且 $x > 0$，$y > 0$. 故 $\log_3 x = \log_3 y$ 是 $x = y$ 成立的充分不必要条件.

13. $y = \log_a x$ 解析：考查对数的定义.

14. -1 解析：因为 $0.1 = \dfrac{1}{10}$，$\left(\dfrac{1}{10}\right)^{-1} = 10$.

15. $\dfrac{27}{2}$　解析：$2^3=\dfrac{2+4x}{7}$，$2+4x=56$，$4x=54$，解得 $x=\dfrac{54}{4}=\dfrac{27}{2}$.

16. $\dfrac{1}{3}$　解析：$\ln\sqrt[3]{e}=\ln e^{\frac{1}{3}}=\dfrac{1}{3}$.

三、解答题

17. (1) $x=\log_{71}195$；(2) $\log_{64}\dfrac{1}{8}=-\dfrac{1}{2}$.　解析：本题考查指数与对数的互化.

18. 解析：$\log_{30}1+\log_{7}49-\log_{3}3+2^{1+\log_{2}3}=0+2-1+2\times 3=7$.

19. 解析：因为 $\log_{3}x^2=2$，所以 $3^2=x^2$，解得 $x=\pm 3$. 故原方程的解集为 $\{x\mid x=\pm 3\}$.

20. 解析：(1) $\log_{15}1+2\log_{7}7-e^{\ln 2}=0+2-2=0$.
(2) $2^{3+\log_{2}27}=2^3\times 2^{\log_{2}27}=8\times 27=216$.

【课堂拓展训练】

一、填空题

1. $\dfrac{11}{7}$　解析：$7x-1=10^1=10$，$7x=11$，$x=\dfrac{11}{7}$.

2. 9　解析：$(2-e)^{\ln 1}+3^{\log_{3}8}=(2-e)^0+8=1+8=9$.

3. -2　解析：$\left(\dfrac{1}{3}\right)^{|\log_{\frac{1}{3}}3|}-5=\left(\dfrac{1}{3}\right)^{-1}-5=3-5=-2$.

4. -11　解析：原式$=\dfrac{100}{10}-20+2\,023^0-4^{\frac{1}{2}}=10-20+1-2=-11$.

5. 32　解析：$[\log_{5}(\log_{2}x)]=3^0=1$，$\log_{2}x=5$，$x=2^5=32$.

6. 10 或 100　解析：$(\lg x-1)(\lg x-2)=0$，$\lg x=1$ 或 $\lg x=2$，$x=10$ 或 $x=100$.

二、解答题

7. 解析：原式 $=10\times 10^{\lg 2}+1-2-1+4=20+2=22$.

8. 解析：$e^{\ln 9^x}=3^{x+1}$，$9^x=3^{x+1}$，$3^{2x}=3^{x+1}$，$2x=x+1$，$x=1$. 故原方程的解集为 $\{x\mid x=1\}$.

9. 解析：因为 $\log_{a}8=m$，$\log_{a}3=n$，所以 $a^m=8$，$a^n=3$，$a^{\frac{1}{3}m-n}=\dfrac{a^{\frac{1}{3}m}}{a^n}=\dfrac{8^{\frac{1}{3}}}{3}=\dfrac{2}{3}$.

10. 解析：$\begin{cases}a-1>0\\a-1\neq 0\\5a-4>0\end{cases}\Rightarrow\begin{cases}a>1\\a\neq 1\\a>\dfrac{4}{5}\end{cases}$，解得 $a>1$，故 a 的取值范围为 $\{a\mid a>1\}$.

4.2.2　积、商、幂的对数

【课堂基础训练】

一、选择题

1. D　解析：$\lg a+\lg b=\lg ab=7+3=10$，$ab=10^{10}$. 故选 D.

2. D 解析：$\log_2\sqrt{64}+\log_{\frac{1}{2}}8=\log_2 2^{\frac{6}{2}}+\log_{2^{-1}}8=3\log_2 2+\log_{2^{-1}}2^3=3+(-3)=0$. 故选 D.

3. C 解析：$\log_4 24=\log_4(8\times 3)=\log_4 8+\log_4 3=\log_{2^2}2^3+a=\frac{3}{2}+a$. 故选 C.

4. B 解析：$\lg\sqrt[3]{x}-\lg\frac{y}{100}=\lg x^{\frac{1}{3}}-(\lg y-\lg 100)=\frac{1}{3}\lg x-\lg y+2=\frac{1}{3}m-n+2$. 故选 B.

5. A 解析：原式 $=(\lg 4)^2+(\lg 25)^2+\lg 4^2\cdot\lg 25=(\lg 4+\lg 25)^2=4$. 故选 A.

6. A 解析：因为 $3^a=2$，所以 $a=\log_3 2$，$2\log_3 6-\log_3 8=2(\log_3 2+\log_3 3)-\log_3 2^3=2-\log_3 2=2-a$. 故选 A.

7. B 解析：①$\log_a x+\log_a y=\log_a(xy)$，错误；②$\lg\frac{a}{b}=\lg a-\lg b$，错误；③$\log_a\left(\frac{x}{y}\right)=\log_a x-\log_a y$，错误；④正确；⑤需要判断 x 的正负，错误；⑥正确. 故选 B.

8. C 解析：$\ln 2x+2\ln 4=3$，$\ln(2x\cdot 4^2)=3$ 化为指数形式 $e^3=32x$. 故选 C.

9. A 解析：$\lg(a^2 b^3)=\lg a^2+\lg b^3=2\lg a+3\lg b=2\times 7+3\times 8=38$. 故选 A.

10. A 解析：因为 $\ln 10+\ln\frac{1}{10}=\ln\left(10\times\frac{1}{10}\right)=\ln 1=0$，所以互为相反数. 故选 A.

二、填空题

11. $\frac{3}{2}$ 解析：$\log_2(2\sqrt{2})=\log_2 2^{\frac{3}{2}}=\frac{3}{2}$.

12. $\frac{a+b}{2-a}$ 解析：因为 $14^b=5$，所以 $\log_{14}5=b$. $\log_{28}35=\frac{\log_{14}35}{\log_{14}28}=\frac{\log_{14}5+\log_{14}7}{\log_{14}14+\log_{14}2}=\frac{b+a}{1+(1-\log_{14}7)}=\frac{a+b}{2-a}$.

13. 3 解析：$\lg 40+\lg 25=\lg(40\times 25)=\lg 1\,000=3$.

14. 3 解析：$\lg 8+3\lg 5=\lg 8+\lg 5^3=\lg(8\times 5^3)=\lg(8\times 125)=\lg 1\,000=3$.

15. $\frac{3}{2}$ 解析：$\lg\sqrt{5}+\lg\sqrt{200}=\lg(\sqrt{5\times 200})=\lg\sqrt{10^3}=\lg 10^{\frac{3}{2}}=\frac{3}{2}$.

16. 19 解析：$\log_2(4^7\times 2^5)=\log_2 4^7+\log_2 2^5=14+5=19$.

三、解答题

17. 解析：(1)$\lg 24=\lg(3\times 8)=\lg 3+\lg 8=b+\lg 2^3=b+3\lg 2=3a+b$；

(2)$\lg 36=\lg(4\times 9)=\lg 4+\lg 9=\lg 2^2+\lg 3^2=2\lg 2+2\lg 3=2a+2b$；

(3)$\lg\frac{81}{4}=\lg 81-\lg 4=4\lg 3-2\lg 2=4b-2a$.

18. 解析：(1)$\lg\frac{x^{\frac{1}{5}}y^6}{z^3}=\lg x^{\frac{1}{5}}+\lg y^6-\lg z^3=\frac{1}{5}\lg x+6\lg y-3\lg z$；

(2)$\lg(x^3\cdot\sqrt[8]{y^3}\cdot z^{-3})=\lg x^3+\lg\sqrt[8]{y^3}+\lg z^{-3}=3\lg x+\lg y^{\frac{3}{8}}-3\lg z=3\lg x+$

$\frac{3}{8}\lg y - 3\lg z$.

19. 解析：$\lg 80 + \lg 125 - 10^{\lg 9} = \lg(80 \times 125) - 9 = 4 - 9 = -5$.

20. 解析：$\dfrac{\lg\sqrt{4} + \lg 3 - \lg\sqrt{36}}{\lg\frac{3}{5}} = \dfrac{\lg\left(\dfrac{\sqrt{4} \times 3}{\sqrt{36}}\right)}{\lg\frac{3}{5}} = \dfrac{\lg 1}{\lg\frac{3}{5}} = 0$.

【课堂拓展训练】

一、填空题

1. 10^4 解析：关于 x 轴对称，x 不变，y 变成相反数，$P(2, 2)$，即 $\lg a = \lg b = 2$，$\lg a + \lg b = \lg ab = 4$，$ab = 10^4$.

2. $\lg 7$ 解析：$\lg 12 - \lg\dfrac{6}{7} + \lg\dfrac{1}{2} = \lg\left(12 \times \dfrac{7}{6} \times \dfrac{1}{2}\right) = \lg 7$.

3. 1 解析：$(\lg 5)^2 + \lg 2(\lg 25 + \lg 2) = (\lg 5)^2 + \lg 2 \cdot \lg 5^2 + (\lg 2)^2 = (\lg 5 + \lg 2)^2 = 1$.

4. $-\dfrac{5}{9}$ 解析：$(\log_8 32)^2 - \log_8 32^2 = (\log_8 32)^2 - 2\log_8 32 = \log_8 32(\log_8 32 - 2) = \log_{2^3} 2^5(\log_{2^3} 2^5 - 2) = \dfrac{5}{3}\left(\dfrac{5}{3} - 2\right) = -\dfrac{5}{9}$.

5. $\lg 7$ 解析：根据根与系数关系，$ab = 7$，$\lg a + \lg b = \lg ab = \lg 7$.

6. 8 解析：$\lg 2^3 + 2\lg 5 - \lg 2 - (8-e)^{\ln 1} + 5^{\log_5 7} = \lg 2^3 + \lg 5^2 - \lg 2 - (8-e)^0 + 7 = \lg\dfrac{8 \times 25}{2} - 1 + 7 = 8$.

二、解答题

7. 解析：原式 $= \lg 2^3 + \dfrac{10}{10^{\lg 2}} - 7 + \lg\left(7 \times \dfrac{125}{7}\right) = \lg 8 + \lg 125 + 5 - 7 = \lg(8 \times 125) - 2 = 1$.

8. 解析：原式 $= e^{\ln 32} + \lg 0.001 + \lg 4 + \lg 5^2 + \lg\dfrac{30}{3} = 9 - 3 + \lg(4 \times 25) + 1 = 9$.

9. 解析：原式 $= (\lg 2)^2 + (\lg 5)^2 + \lg 2^2 \cdot \lg 5 = (\lg 2)^2 + (\lg 5)^2 + 2\lg 2 \cdot \lg 5 = (\lg 2 + \lg 5)^2 = 1$.

10. 解析：$\log_{28} 49 = \log_{28} 7^2 = 2(1 - \log_{28} 4) = 2(1 - 0.235\ 9) = 1.528\ 2$.

4.2.3 换底公式

【课堂基础训练】

一、选择题

1. D 解析：根据换底公式 $\log_b N = \dfrac{\log_a N}{\log_a b}$. 故选 D.

数学知识点强化练习(上)

2. C 解析：$\log_3 4 \log_{25} 9 \log_{16} 5 = \log_3 4 \log_{5^2} 3^2 \log_{4^2} 5 = \frac{1}{2} \log_3 4 \log_5 3 \log_4 5 = \frac{1}{2}$. 故选 C.

3. B 解析：$\log_5 14 = \frac{\lg 14}{\lg 5} = \frac{\lg 2 + \lg 7}{\lg 5} = \frac{a+b}{1-\lg 2} = \frac{a+b}{1-a}$. 故选 B.

二、填空题

4. -1 解析：$\log_{\frac{1}{2}} 2 = \log_{2^{-1}} 2 = -1$.

5. 50 解析：原式 $= \log_{\sqrt{2}} (\sqrt{2})^{50} = 50 \log_{\sqrt{2}} \sqrt{2} = 50$.

三、解答题

6. 解析：$\log_5(\log_9 x) = 0 = \log_5 1$，所以 $\log_9 x = 1$，$x = 9$. 故 $\log_x 9 = \log_9 9 = 1$.

【课堂拓展训练】

一、填空题

1. D 解析：$\log_5 24 = \frac{\lg 24}{\lg 5} = \frac{\lg 8 + \lg 3}{1 - \lg 2} = \frac{3\lg 2 + \lg 3}{1 - \lg 2} = \frac{3a + b}{1 - a}$. 故选 D.

2. C 解析：$\frac{\log_4 27}{\log_3 2} = \frac{\log_{2^2} 3^3}{\log_3 2} = \frac{3}{2} \cdot \frac{\log_2 3}{\log_3 2}$. 故选 C.

3. B 解析：因为 $\log_9 4 \cdot \log_2 5 \cdot \log_5 x = \log_{3^2} 2^2 \cdot \log_2 5 \cdot \log_5 x = \log_3 2 \cdot \log_2 5 \cdot \log_5 x = 3$，所以 $\log_3 x = 3$，$x = 27$. 故选 B.

二、填空题

4. -1 解析：因为 $(2+\sqrt{3})(2-\sqrt{3}) = 1$，所以 $\log_{(2-\sqrt{3})}(2+\sqrt{3}) = \log_{(2-\sqrt{3})} \frac{1}{(2-\sqrt{3})} = -1$.

5. $\frac{4}{3}$ 解析：$4^{\log_{\frac{1}{2}} \frac{\sqrt{3}}{2}} = (2^2)^{\log_{2^{-1}} \frac{\sqrt{3}}{2}} = 2^{2\log_{2^{-1}} \frac{\sqrt{3}}{2}} = 2^{\log_2 (\frac{\sqrt{3}}{2})^{-2}} = \frac{4}{3}$.

三、解答题

6. 解析：$\log_{21} 56 = \frac{\log_3 56}{\log_3 21} = \frac{\log_3 (7 \times 2^3)}{\log_3 (3 \times 7)} = \frac{b + \frac{3}{a}}{1 + b} = \frac{ab + 3}{a + ab}$.

4.2.4 对数函数

【课堂基础训练】

一、选择题

1. B 解析：对数函数形式 $y = \log_a x (a > 0$ 且 $a \neq 1)$. 故选 B.

2. C 解析：把 $\left(\frac{1}{16}, 4\right)$ 代入函数 $y = \log_a x$ 中得 $4 = \log_a \frac{1}{16}$，解得 $a = \frac{1}{2}$. 故选 C.

3. C 解析：对数函数 $y = \log_{0.3} x$ 的定义域为 $(0, +\infty)$，底数 $0 < 0.3 < 1$，所以，在区间 $(0, +\infty)$ 内是减函数. 故选 C.

4. B 解析：根据 $\log_a 1 = 0$. 故选 B.

5. D 解析：$f(\sqrt[2]{125})=\log_5\sqrt[2]{125}=\log_5 5^{\frac{3}{2}}=\frac{3}{2}$. 故选 D.

6. C 解析：函数 $y=a^{-x}=\left(\frac{1}{a}\right)^x$，因为 $0<a<1$，所以 $\frac{1}{a}>1$. 指数函数为增函数，对数函数为减函数. 故选 C.

7. B 解析：选项 A，定义域不同，$y=\ln x^2$ 的定义域为 $\{x\mid x\neq 0\}$；$y=(\ln x)^2$ 的定义域为 $\{x\mid x>0\}$；选项 C，$y=(x+1)^0=1$，定义域为 $\{x\mid x\neq -1\}$；$y=\frac{x^2-1}{x+1}=x-1$，定义域为 $\{x\mid x\neq -1\}$；选项 D，解析式不同，$y=\sqrt{x}=x^{\frac{1}{2}}$. 故选 B.

8. D 解析：函数的定义域为 $(-3,3)$，令 $t=9-x^2$，则 $y=\log_{\frac{1}{3}}t$，$t\in(0,9]$. 因为底数 $0<\frac{1}{3}<1$，所以 $y_{\min}=\log_{\frac{1}{3}}9=\log_{3^{-1}}3^2=-2$. 故值域为 $[-2,+\infty)$. 故选 D.

9. D 解析：选项 A，$0<\frac{3}{7}<1$，为减函数；选项 B，为非奇非偶函数；选项 C，为偶函数；选项 D，$y=\log_5 5^x=x$，为奇函数且为增函数，故选 D.

10. B 解析：因为 $y=\log_2 x$ 在定义域内单调递增，所以 $\log_2\frac{1}{8}\cdot\log_2 8=\log_2 2^{-3}\log_2 2^3=-9$. 故选 B.

二、填空题

11. $>$；$<$ 解析：底数大于1，真数大的值大；底数小于1，真数大的值小.

12. $\{1,2\}$ 解析：$\log_3 x<\log_3 3$，$N=\{x\mid 0<x<3\}$，所以 $M\cap N=\{1,2\}$.

13. $y=x$ 解析：底数相同的指数函数与对数函数图像关于 $y=x$ 对称.

14. -7 解析：$f(100)=\lg 100-9=2-9=-7$.

15. $(0,0.8]$ 解析：$\log_{0.8}x\geq 1=\log_{0.8}0.8$，因为底数小于1，所以 $0<x\leq 0.8$.

16. 5 解析：$f(-\sqrt{23})=(-\sqrt{23})^2+9=32$，$f(32)=\log_2 32=5$.

三、解答题

17. 解析：(1) $5-2x>0$，$x<\frac{5}{2}$，故函数的定义域为 $\left(-\infty,\frac{5}{2}\right)$；

(2) $|x|>0$，$x\neq 0$，故函数的定义域为 $(-\infty,0)\cup(0,+\infty)$；

(3) $\begin{cases}\log_{\frac{1}{2}}x-1\neq 0\\x>0\end{cases}$，故函数的定义域为 $\left(0,\frac{1}{2}\right)\cup\left(\frac{1}{2},+\infty\right)$；

(4) $\begin{cases}x-2>0\\x-2\neq 1\\9-x^2>0\end{cases}$，故函数的定义域为 $(2,3)$.

18. 解析：令 $t=x^2-5x+6$，则 $y=\log_2 t$. 函数 $y=\log_2(x^2-5x+6)$ 的定义域为 $(-\infty,2)\cup(3,+\infty)$，又因为 $y=\log_2 t$ 在 $(0,+\infty)$ 内为增函数，所以根据复合函数"同增异减"的性质可知，所求单调递减区间是 $(-\infty,2)$.

19. 解析：因为 $f(3)=\log_3(3^2-a)=1$，$3=3^2-a$，解得 $a=6$.

20. 解析：由题意得 $\begin{cases} f(2)=\log_2(2a+b)=2 \\ f(3)=\log_2(3a+b)=3 \end{cases}$，化简得 $\begin{cases} 2a+b=4 \\ 3a+b=8 \end{cases}$，解得 $\begin{cases} a=4 \\ b=-4 \end{cases}$. 故 $a=4$，$b=-4$.

【课堂拓展训练】

一、填空题

1. x 轴　　解析：考查 $y=\log_a x$ 与 $y=\log_{\frac{1}{a}} x$ 的图像关于 x 轴对称.

2. $\{x\mid x=3\}$　　解析：因为 $\log_2(x-1)+\log_2(x+1)=3$，$\log_2(x-1)(x+1)=3$，从而 $\begin{cases} x^2-1=8 \\ x-1>0 \\ x+1>0 \end{cases}$，化简得 $\begin{cases} x=\pm 3 \\ x>1 \\ x>-1 \end{cases}$，解得 $x=3$. 故解集为 $\{x\mid x=3\}$.

3. $\{x\mid x>1\}$　　解析：因为 $\log_x(2x+1)>1$，所以 $\log_x(2x+1)>\log_x x$. 当 $x>1$ 时，$2x+1>x$，解得 $x>-1$，故 $x>1$. 当 $0<x<1$ 时，$2x+1<x$，解得 $x<-1$，故无解. 综上所述，不等式的解集为 $\{x\mid x>1\}$.

4. $(0,256)$　　解析：因为 $\log_7[\log_8(\log_2 x)]<0$，可得 $\log_7[\log_8(\log_2 x)]<\log_7 1$，$[\log_8(\log_2 x)]<1$，$(\log_2 x)<8$，$\log_2 x<\log_2 2^8$，即 $x<2^8$，又 $x>0$，故 x 的取值范围是 $(0,256)$.

5. $c<b<a$　　解析：因为 $a=\log_{0.5}0.4>\log_{0.5}0.5$，可得 $a>1$；因为 $b=0.4^{\frac{7}{4}}<0.4^0$，故 $0<b<1$；因为 $c=\log_{\frac{5}{3}}0.9<\log_{\frac{5}{3}}1$，所以 $c<0$. 则 a，b，c 按从小到大的顺序为 $c<b<a$.

6. $(0,2)$　　解析：令 $x+1=1$，则 $x=0$，把 $x=0$ 代入得 $\log_3 1+2=2$. 故函数图像必过点 $(0,2)$.

二、解答题

7. 解析：(1)要使函数有意义，须使 $\begin{cases} \lg x-3\geqslant 0 \\ x>0 \end{cases}$，$\begin{cases} x\geqslant 1\,000 \\ x>0 \end{cases}$，解得 $x\geqslant 1\,000$. 故函数的定义域为 $(1\,000,+\infty)$.

(2)要使函数有意义，须使 $\begin{cases} \log_{0.2}(x-3)\geqslant 0 \\ 2-x\neq 0 \\ x-3>0 \end{cases}$，$\begin{cases} \log_{0.2}(x-3)\geqslant \log_{0.2}1 \\ x\neq 2 \\ x>3 \end{cases}$，$\begin{cases} x-3\leqslant 1 \\ x\neq 2 \\ x>3 \end{cases}$，$\begin{cases} x\leqslant 4 \\ x\neq 2 \\ x>3 \end{cases}$，解得 $3<x\leqslant 4$. 故函数的定义域为 $(3,4]$.

8. 解析：(1)因为 $\lg(x+1)+\lg(x-2)=1$，所以 $\lg(x+1)(x-2)=1$，原方程可化为 $\begin{cases} (x+1)(x-2)=10 \\ x+1>0 \\ x-2>0 \end{cases}$，$\begin{cases} x=4 \text{ 或 } x=-3 \\ x>-1 \\ x>2 \end{cases}$，解得 $x=4$. 故原方程的解集为 $\{x\mid x=4\}$.

(2)因为 $\log_{(x-1)}(x^2+x-6)=2$,所以 $\begin{cases}(x-1)^2=x^2+x-6\\x-1>0\\x-1\neq 1\\x^2+x-6>0\end{cases}$,$\begin{cases}x=\dfrac{7}{3}\\x>1\\x\neq 2\\x<-3\text{ 或 }x>2\end{cases}$,解

得 $x=\dfrac{7}{3}$. 故原方程的解集为 $\left\{x\left|x=\dfrac{7}{3}\right.\right\}$.

9. 解析:(1)原不等式可化为 $\begin{cases}x^2-8>-2x\\x^2-8>0\\-2x>0\end{cases}$,$\begin{cases}x^2+2x-8>0\\x^2>8\\x<0\end{cases}$,

$\begin{cases}x<-4\text{ 或 }x>2\\x<-2\sqrt{2}\text{ 或 }x>2\sqrt{2},\text{ 解得 }x<-4.\text{ 故不等式的解集为}\{x\mid x<-4\}.\\x<0\end{cases}$

(2)原不等式可化为 $\begin{cases}x^2-2x-3>2x^2+x-1\\x^2-2x-3>0\\2x^2+x-1>0\end{cases}$,$\begin{cases}x^2+3x+2<0\\(x-3)(x+1)>0\\(x+1)(2x-1)>0\end{cases}$,

$\begin{cases}(x+2)(x+1)<0\\x<-1\text{ 或 }x>3\\x<-1\text{ 或 }x>\dfrac{1}{2}\end{cases}$,$\begin{cases}-2<x<-1\\x<-1\text{ 或 }x>3\\x<-1\text{ 或 }x>\dfrac{1}{2}\end{cases}$,解得 $-2<x<-1$. 故不等式的解集为

$(-2,-1)$.

10. 解析:(1)因为 $\log_x 7<\log_x 9$,又 $7<9$,所以 $x>1$. 故 x 的取值范围为 $(1,+\infty)$.
(2)因为 $\log_x 7>1$,所以 $\log_x 7>\log_x x$. 当 $x>1$ 时,$7>x$,即 $1<x<7$. 当 $0<x<1$ 时,$7<x$,此时无解. 综上所述,x 的取值范围为 $(1,7)$.

4.3 指数函数与对数函数的应用

【课堂基础训练】

一、选择题

1. A 解析:每次操作后溶液中的纯硫酸含量均为原来的 $\dfrac{1}{2}$,所以操作 6 次后,容器中纯硫酸的含量为 $100\times\left(\dfrac{1}{2}\right)^6$. 故选 A.

2. C 解析:设每年比上一年平均增长的百分比为 x,则 $(1+x)^5=4$,所以 $1+x=\sqrt[5]{4}=2^{\frac{2}{5}}$,$x=2^{\frac{2}{5}}-1=0.32=32\%$. 所以每年比上一年平均增长的百分比为 32%. 故选 C.

3. B 解析:设该城市人口数原来为 1,经过 x 年后该城市的人口增长到原来的 2 倍,则 $(1+1.2\%)^x=2$,得 $x=\log_{1.012}2=\dfrac{\lg 2}{\lg 1.012}=\dfrac{0.301\ 0}{0.005\ 2}\approx 58$. 故选 B.

65

二、填空题

4. 2.5　解析：设分裂的次数为 n 次，则 $2^n=1\,024$，所以 $n=10$．又因为 $10\times\dfrac{15}{60}=2.5(\text{h})$，所以经过 2.5 h 后这种细胞由一个分裂成 1 024 个．

5. 1 619 年　解析：设镭-226 的初始质量为 1，设一年后剩留的质量是 x，半衰期为 n，则 $x^{200}=91.8\%$，$x^n=0.5$．两边取常用对数，得 $200\lg x=\lg 0.918$，$n\lg x=\lg 0.5$，两式相除得 $\dfrac{n}{200}=\dfrac{\lg 0.5}{\lg 0.918}$，则 $n=200\times\dfrac{\lg 0.5}{\lg 0.918}=200\times\dfrac{-0.301\,0}{-0.037\,2}\approx 1\,619(\text{年})$．

三、解答题

6. 解析：设 2003 年的生产总值为 a，年平均增长率为 x，则 $a(1+x)^{20}=4a$，即 $(1+x)^{20}=4$．故 $\lg(1+x)^{20}=\lg 4$，$20\lg(1+x)=2\lg 2$，$10\lg(1+x)=\lg 2$，$\lg(1+x)=0.030\,1=\lg 1.072$，即 $1+x=1.072$，解得 $x=0.072=7.2\%$，故年平均增长率为 7.2%．

【课堂拓展训练】

一、选择题

1. A　解析：由题知每隔 4 年计算机的价格降为原来的 $\left(\dfrac{3}{4}\right)$，则 12 年后价格降为原来的 $\left(\dfrac{3}{4}\right)^3$，所以 12 年后价格降为 $6\,400\times\left(\dfrac{3}{4}\right)^3=2\,700(\text{元})$．故选 A．

2. D　解析：设原来蓝藻数为 a，则 $a(1+6.25\%)^{30}=6a$，$(1+6.25\%)^{30}=6$，故 $a(1+6.25\%)^{60}=a\left[(1+6.25\%)^{30}\right]^2=a\cdot 6^2=36a$，经过 60 天后该湖泊的蓝藻数大约为原来的 36 倍．故选 D．

3. B　解析：设一般两人交谈时声音的强度为 a，则 $9\lg\dfrac{a}{10^{-3}}=54$．在有 50 人的课堂上讲课时老师声音的强度为 $10a$ 时，老师声音的等级为 $9\lg\dfrac{10a}{10^{-3}}=9\left(\lg 10+\lg\dfrac{a}{10^{-3}}\right)=9+9\lg\dfrac{a}{10^{-3}}=9+54=63(\text{dB})$．故选 B．

二、填空题

4. $60(1-3\%)^{10}$　解析：按每年 3% 折旧，则 1 年后的价格为 $60(1-3\%)$，2 年后的价格为 $60(1-3\%)-60(1-3\%)3\%=60(1-3\%)^2$，以此类推，10 年后的价格 $60(1-3\%)^{10}$．

5. $\lg_{1.05}4$　解析：设 x 年后该产品的成本价涨到 8 元，由题知 $2(1+5\%)^x=8$，则 $(1+5\%)^x=4$，$x=\lg_{1.05}4$．

三、解答题

6. 解析：设蓄水池中原始水量为 a，至少需要抽 x 次使蓄水池中的水少于原来的

0.1%. 则 $a(1-60\%)^x < 0.1\%a$，$0.4^x < 0.001$，$\lg 0.4^x < \lg 0.001$，$x\lg 0.4 < \lg 0.001$，从而 $x > \dfrac{\lg 0.001}{\lg 0.4} = \dfrac{-3}{2\lg 2 - 1} \approx 8$. 故至少需要抽 8 次.

第 4 章单元测试题 A 卷

一、选择题

1. C 解析：因为 $\sqrt{a^2} = |a| = \pm a = \begin{cases} a, & a \geq 0 \\ -a, & a < 0 \end{cases}$，故选 C.

2. D 解析：因为 $2^m \cdot 4^n = 2^m \cdot 2^{2n} = 2^{m+2n} = 16 = 2^4$，所以 $m + 2n = 4$. 故选 D.

3. D 解析：因为 $a = 2^{1.5} > 2^0 = 1$，所以 $a > 1$；$b = 1.5^0 = 1$；因为 $c = \left(\dfrac{1}{3}\right)^{1.5} < \left(\dfrac{1}{3}\right)^0$，所以 $c < 1$. 则 a，b，c 的大小关系是 $a > b > c$. 故选 D.

4. D 解析：选项 A 中，若 $a > b > 0$，则 $a^2 > b^2$；选项 B 中，若 $a > b$，$c > 0$，则 $ac > bc$；选项 C 中，当 $a - b > 1$，则 $\lg(a-b) > 0$；选项 D 中，因为 $a > b$，所以 $-a < -b$，所以 $2^{-a} < 2^{-b}$. 故选 D.

5. B 解析：由题知 $2a - 3 > 0$ 且 $2a - 3 \neq 1$. 故选 B.

6. B 解析：把函数 $y = \log_{\frac{1}{2}} x$ 的图像向左平移 1 个单位. 故选 B.

7. D 解析：由题知 $-\dfrac{1}{8} = -a^3$，所以 a 的值为 $\dfrac{1}{2}$. 故选 D.

8. A 解析：因为 $A = \{x \mid 2^{-3} < 2^x < 2\} = \{x \mid -3 < x < 1\}$，$B = \{x \mid x < 2$ 或 $x < 3\}$，则 A，B 间的关系正确的是 $A \cup B = B$. 故选 A.

9. C 解析：因为 "$x > y > 0$" 可以推出 "$\log_2 x > \log_2 y$"，又 "$\log_2 x > \log_2 y$" 可以推出 "$x > y$"，所以 "$x > y$" 是 "$\log_2 x > \log_2 y$" 的充要条件. 故选 C.

10. D 解析：选项 D 中以 2 为底，4 为真数的对数等于 2. 故选 D.

11. C 解析：令 $u = x^2 - 2x$，则 $f(x) = 2^{x^2 - 2x} = 2^u$ 在 $(-\infty, +\infty)$ 为增函数，所以欲求 $f(x) = 2^{x^2 - 2x}$ 单调递增区间，只需求 u 的增区间 $(1, +\infty)$ 即可. 故选 C.

12. A 解析：选项 A 正确；选项 B，是偶函数但在区间 $(0, +\infty)$ 内单调递减；选项 C，是偶函数但在区间 $(0, +\infty)$ 内单调递减；选项 D 是奇函数. 故选 A.

13. B 解析：由题知函数 $\begin{cases} 1 - x > 0 \\ \lg(1-x) \geq 0 \end{cases}$，$\begin{cases} x < 1 \\ x \leq 0 \end{cases}$，则定义域为 $(-\infty, 0]$. 故选 B.

14. A 解析：2005 年的年产值为 a 万元，若产值每年的增长率为 5%，则该厂到 2025 年经过 20 年，则 2025 年的年产值为 $a(1+5\%)^{20}$ 万元. 故选 A.

15. C 解析：由题知 $\lg(\lg x) = 1$，$\lg x = 10$，$x = 10^{10}$，所以 $(10^{10})^{-\frac{1}{5}} = 10^{-2} = 0.01$. 故选 C.

二、填空题

16. -10　**解析**：原式 $=(2^{\frac{3}{4}})^{\frac{4}{3}}-4\times\left(\dfrac{49}{16}\right)^{\frac{1}{2}}-\dfrac{10}{10^{\lg 2}}=2-4\times\dfrac{7}{4}-\dfrac{10}{2}=-10$.

17. $[0,+\infty)$　**解析**：由题知 $2^x-1\geqslant 0$，得 $x\geqslant 0$，故定义域为 $[0,+\infty)$.

18. $-\dfrac{1}{3}$ 或 0　**解析**：由题知 $5^{-x}=5^{3x^2}$，所以 $-x=3x^2$，$x(3x+1)=0$，则 x 的取值为 $-\dfrac{1}{3}$ 或 0.

19. $>$　**解析**：因为 $y=0.31^x$ 在 $(-\infty,+\infty)$ 内为减函数，$-\dfrac{1}{2}<-\dfrac{1}{3}$，所以 $0.31^{-\frac{1}{2}}>0.31^{-\frac{1}{3}}$.

20. 1　**解析**：$\lg^2 2+\lg^2 5+2\lg 2\cdot\lg 5=(\lg 2+\lg 5)^2=1$.

21. 2　**解析**：$f(\log_3 2)=3^{\log_3 2}=2$.

22. $(1,4)$　**解析**：令 $2x-2=0$，则 $x=1$，$y=a^0+3=4$，则 $P(1,4)$.

23. 2^x　**解析**：因为函数 $y=f(x)$ 的图像与函数 $y=2^{-x}$ 的图像关于 y 轴对称，则 y 不变，x 变相反，则 $f(x)=2^x$.

24. $x=\log_2 3$　**解析**：原方程可化为 $(2^x)^2-2^x-6=0$，则 $(2^x-3)(2^x+2)=0$，因为 $2^x>0$，所以 $2^x-3=0$，所以 $x=\log_2 3$.

25. $(-1,4)$　**解析**：原不等式可化为 $2^{-x^2+2x}>2^{-(x+4)}$，则 $-x^2+2x>-x-4$，$x^2-3x-4<0$，故解集为 $(-1,4)$.

26. $\dfrac{3}{2}$　**解析**：由题知 $a^m=\dfrac{1}{2}$，$a^n=3$，则 $a^{m+n}=a^m\cdot a^n=\dfrac{3}{2}$.

27. 100 或 $\dfrac{1}{10}$　**解析**：由题知 $(\lg x-2)(\lg x+1)=0$，则 $\lg x=2$ 或 $\lg x=-1$，所以 $x=100$ 或 $x=\dfrac{1}{10}$.

28. 1　**解析**：原式可化为 $\log_2 a\cdot\log_{a^2} 2^2=\log_2 a\cdot\log_a 2=1$.

29. 2　**解析**：由题知 $\log_a(6+2)=3$，则 $a=2$. 所以 $f(x)=\log_2(x+2)$，所以 $f(2)=2$.

30. $\sqrt{2}$　**解析**：由题知 $\log_a 2a=3\log_a a=3$，则 $\log_a 2+\log_a a=3$，所以 $\log_a 2=2$，$a^2=2$，解得 $a=\sqrt{2}$.

三、解答题

31. **解析**：原式 $=\left(\dfrac{9}{4}\right)^{\frac{1}{2}}-1+\log_3 3^{-2}+\log_2 2^5=\dfrac{3}{2}-1-2+5=\dfrac{7}{2}$.

32. **解析**：原方程可化为 $2^{x^2-1}\cdot\log_{42} 4=2$，即 $2^{x^2-1}\cdot\dfrac{1}{2}=2$，即 $2^{x^2-1}=2^2$，即 $x^2-1=2$，即 $x=\pm\sqrt{3}$. 所以原方程的解为 $x=\pm\sqrt{3}$.

33. 解析：由题知 $\begin{cases} 1-2^{x+1} \geq 0 \\ x+4 > 0 \end{cases}$，则 $\begin{cases} x+1 \leq 0 \\ x > -4 \end{cases}$，所以定义域为 $(-4, -1]$.

34. 解析：由题知 $\begin{cases} 0 < 2a-1 < 1 \\ 3-3a > 1 \end{cases}$，解得 $\begin{cases} \dfrac{1}{2} < a < 1 \\ a < \dfrac{2}{3} \end{cases}$，即 $\dfrac{1}{2} < a < \dfrac{2}{3}$，则 a 的取值范围为 $\left(\dfrac{1}{2}, \dfrac{2}{3}\right)$.

35. 解析：由题知 $\begin{cases} 4-4\ln a > 0 \\ \ln a < 0 \end{cases}$，解得 $\begin{cases} \ln a < 1 \\ \ln a < 0 \end{cases}$，则 $\ln a < 0$，即 $0 < a < 1$，故实数 a 的取值范围为 $(0, 1)$.

36. 解析：(1) 由题知 $\dfrac{1+x}{1-x} > 0$，则 $(1+x)(1-x) > 0$，即 $(1+x)(x-1) < 0$，解得 $-1 < x < 1$，所以函数 $f(x)$ 的定义域为 $(-1, 1)$.

(2) 函数 $f(x)$ 为奇函数．由(1)知函数 $f(x)$ 的定义域关于原点对称，且 $f(-x) = \log_2 \dfrac{1-x}{1+x} = \log_2 \left(\dfrac{1+x}{1-x}\right)^{-1} = -\log_2 \dfrac{1+x}{1-x} = -f(x)$，所以函数 $f(x)$ 为奇函数．

37. 解析：由题知 $\begin{cases} \log_2(a+b) = 2 \\ \log_2(-a+b) = 3 \end{cases}$，即 $\begin{cases} a+b = 4 \\ -a+b = 8 \end{cases}$，$\begin{cases} a = -2 \\ b = 6 \end{cases}$，则 $f(x) = \log_2(-2x+6)$．所以 $f(2) = \log_2 2 = 1$.

第4章单元测试题B卷

一、选择题

1. C 解析：选项 A，$-\sqrt{x} = -x^{\frac{1}{2}}(x \geq 0)$，错误；选项 B，$\sqrt[6]{x^2} = -x^{\frac{1}{3}}(x \leq 0)$，错误；选项 C，正确；选项 D，$x^{-\frac{1}{3}} = \dfrac{1}{x^{\frac{1}{3}}} = \dfrac{1}{\sqrt[3]{x}}(x \neq 0)$，错误．故选 C.

2. D 解析：$\sqrt{a\sqrt{a\sqrt{a}}} = \sqrt{a\sqrt{a \cdot a^{\frac{1}{2}}}} = \sqrt{a\sqrt{a^{\frac{3}{2}}}} = \sqrt{a \cdot a^{\frac{3}{4}}} = \sqrt{a^{\frac{7}{4}}} = a^{\frac{7}{8}}$，故选 D.

3. B 解析：因为 $(10^x)^2 = 25$，又 $10^x > 0$，所以 $10^x = 5$，所以 $10^{-x} = \dfrac{1}{10^x} = \dfrac{1}{5}$．故选 B.

4. A 解析：因为 $A = \{x \mid y = e^x\} = \mathbf{R}$，$B = \{y \mid y = e^x\} = (0, +\infty)$，则 $A \cap B = (0, +\infty)$，故选 A.

5. D 解析：原式 $= \log_2\left(\dfrac{1}{2} \times \dfrac{2}{3} \times \dfrac{3}{4} \times \cdots \times \dfrac{31}{32}\right) = \log_2 \dfrac{1}{32} = \log_2 2^{-5} = -5$，故选 D.

6. D 解析：函数 $y = 10^{\lg x}$ 可化为 $y = x(x > 0)$，其定义域和值域均为 $(0, +\infty)$．选项 A，定义域与值域均为 $\mathbf{R}$；选项 B，定义域为 $(0, +\infty)$，但值域为 $\mathbf{R}$；选项 C，定义域

69

为R，值域为$(0,+\infty)$，选项D，定义域和值域均为$(0,+\infty)$. 故选D.

7. D　解析：已知$a>b>0$，选项A，因为$-a<-b$，且$y=2^x$在$(-\infty,+\infty)$内为增函数，故A正确；选项B，因为$y=\log_{0.2}x$在$(0,+\infty)$内为减函数，故B正确；选项C，$y=0.2^x$在$(-\infty,+\infty)$内为减函数，故C正确；选项D，因为$y=\log_2 x$在$(0,+\infty)$内为增函数，故D错误. 故选D.

8. A　解析：若$a>1$，则函数$f(x)=\log_a x$的图像过点$(1,0)$，且在$(0,+\infty)$内为增函数．因为$a>1$，则$0<\dfrac{1}{a}<1$，所以$g(x)=\left(\dfrac{1}{a}\right)^x$的图像过点$(0,1)$，且在$(-\infty,+\infty)$内为减函数，所以由指数函数和对数函数的图像与性质可知A正确. 故选A.

9. C　解析：因为指数函数$y=2^x$的值域为$(0,+\infty)$，所以需使$m-2>0$，即$m>2$. 故选C.

10. D　解析：$\log_5 12=\dfrac{\lg 12}{\lg 5}=\dfrac{\lg 4+\lg 3}{1-\lg 2}=\dfrac{2a+b}{1-a}$，故选D.

11. D　解析：函数$f(x)=\ln(x^2-2x-8)$的定义域为$(-\infty,-2)\cup(4,+\infty)$，因为$f(x)=\ln x$在$(0,+\infty)$内为增函数，所以根据复合函数"同增异减"的性质可知，所求单调递增区间是$(4,+\infty)$. 故选D.

12. D　解析：选项A，是奇函数，但在区间$[-1,1]$上不具有单调性；选项B，是偶函数；选项C，$f(x)=\lg 10^x=x$，是奇函数，但在$(-\infty,+\infty)$内为增函数；选项D，是奇函数又在区间$[-1,1]$上单调递减．故选D.

13. D　解析：由题知，$f(x)$的图像恒过点$A(2,1)$，故代入可知D正确. 故选D.

14. C　解析：设该名服务员的工资平均每月的增长率为x，则$2\,000(1+x)^2=3\,380$，$(1+x)^2=1.69$，$1+x=1.3$，$x=0.3$. 故选C.

15. B　解析：已知$\log_a \dfrac{3}{4}<1$，则当$0<a<1$时，需$\dfrac{3}{4}>a$，即$0<a<\dfrac{3}{4}$；当$a>1$时，需$\dfrac{3}{4}<a$，即$a>1$. 故选B.

二、填空题

16. -5　解析：若$(x-5)^2+|x-10y|=0$，则$x-5=0$且$x-10y=0$，解得$x=5$，$y=\dfrac{1}{2}$，所以$\log_2 y^x=\log_2\left(\dfrac{1}{2}\right)^5=\log_2 2^{-5}=-5$.

17. 3　解析：因为$3^x=\dfrac{9}{8}$，$3^y=24$，则$3^x\cdot 3^y=3^{x+y}=\dfrac{9}{8}\times 24=27$，则$x+y=3$.

18. $\dfrac{\sqrt{2}}{2}$　解析：由题知$\dfrac{1}{2}=a^2(a>0$且$a\neq 1)$，则$a=\sqrt{\dfrac{1}{2}}=\dfrac{\sqrt{2}}{2}$.

19. 2　解析：由题知$a^0+a=3$，则$a=2$.

20. 二　解析：根据指数函数$f(x)=a^x(a>1)$的图像及平移规律可知，该函数的图像不经过第二象限.

21. $(0,1)$ 解析：因为 $-2>-3$ 且 $f(-2)<f(-3)$，可知函数 $f(x)=\log_a x(a>0$ 且 $a\neq 1)$ 为定义域内的减函数，则 a 的取值范围是 $(0,1)$.

22. 0 解析：$2\lg 5+\lg 4-5^{\log_5 2}=2\lg 5+2\lg 2-2=2(\lg 5+\lg 2)-2=2\lg 10-2=2-2=0$.

23. $\left(\dfrac{1}{4},\dfrac{5}{4}\right)$ 解析：由题知 $\begin{cases}4x-1>0\\-\log_2(4x-1)>-2\end{cases}$，化简 $\begin{cases}x>\dfrac{1}{4}\\\log_2(4x-1)<2=\log_2 4\end{cases}$，$\begin{cases}x>\dfrac{1}{4}\\4x-1<4\end{cases}$，即 $\dfrac{1}{4}<x<\dfrac{5}{4}$，则 x 的取值范围是 $\left(\dfrac{1}{4},\dfrac{5}{4}\right)$.

24. 1 解析：$g[g(1)]=g(\ln 1)=g(0)=e^0=1$.

25. $(1,+\infty)$ 解析：因为 $2^x>0$，所以函数 $f(x)=1+2^x$ 的值域为 $(1,+\infty)$.

26. 3 解析：设 $f(x)=\log_a x(a>0$ 且 $a\neq 1)$，则代入点 $(4,2)$ 得 $\log_a 4=2$，即 $a^2=4$，解得 $a=2$，所以 $f(8)=\log_2 8=3$.

27. $(-1,3)$ 解析：原不等式可化为 $2^{|x-1|}<2^2$，$|x-1|<2$，$-2<x-1<2$，即 $-1<x<3$，所以原不等式的解集是 $(-1,3)$.

28. $b<c<a$ 解析：因为 $a=\log_{0.2} 0.1>\log_{0.2} 0.2$，所以 $a>1$；因为 $b=\log_2 0.2<\log_2 1$，所以 $b<0$；因为 $c=0.2^{\frac{3}{2}}<0.2^0$，所以 $0<c<1$，则 a，b，c 按从小到大的顺序为 $b<c<a$.

29. 3 解析：由题知 $x=\dfrac{1}{\log_3 2}=\log_2 3$，则 $2^{\log_2 3}=3$.

30. $(-\infty,1]$ 解析：由题知 $\left(\dfrac{2}{3}\right)^{-x^2+2x}=\left(\dfrac{2}{3}\right)^y$，则函数 $y=-x^2+2x$，当 $x=1$ 时，$y_{\max}=1$，值域为 $(-\infty,1]$.

三、解答题

31. 解析：由题知 $\begin{cases}2x-1>0\\2x-1\neq 1\\-4x+8>0\end{cases}$，即 $\begin{cases}x>\dfrac{1}{2}\\x\neq 1\\x<2\end{cases}$，即 $\dfrac{1}{2}<x<1$ 或 $1<x<2$，故所求定义域为 $\left(\dfrac{1}{2},1\right)\cup(1,2)$.

32. 解析：原式 $=\lg(8\times 125)-7^2+(2^4)^{\frac{3}{4}}+4\times(-2)^{-2}-\log_5 25+\log_2 2^{\frac{3}{2}}$

$=\lg 1\,000-49+2^3+4\times\dfrac{1}{(-2)^2}-\log_5 5^2+\dfrac{3}{2}$

$=3-49+8+1-2+\dfrac{3}{2}$

$=-\dfrac{75}{2}$.

33. 解析：因为 $x+x^{-1}=5$，从而 $(x+x^{-1})^2=25$，化简 $x^2+x^{-2}+2xx^{-1}=25$，$x^2+x^{-2}+2=25$，故 $x^2+x^{-2}=23$.

34. 解析：(1)原方程可化为 $(3^x)^2-3\cdot 3^x-18=0$，即 $(3^x-6)(3^x+3)=0$，因为 $3^x>0$，所以 $3^x-6=0$，$3^x=6$，故 $x=\log_3 6$. 所以原方程的解为 $x=\log_3 6$.

(2)原方程可化为 $\lg x^2=\lg 5+\lg 3x$，所以 $\lg x^2=\lg 15x$，$x^2=15x$，因为 $x>0$，所以 $x=15$. 所以原方程的解为 $x=15$.

35. 解析：因为 $\lg a$，$\lg b$ 是方程 $x^2-3x+1=0$ 的两个根，$\lg a+\lg b=3$，故 $\lg(ab)=3$，所以 $ab=1\,000$.

36. 解析：(1)设 $f(x)=\log_a x(a>0$ 且 $a\neq 1)$，则 $\log_a(\sqrt{5}+1)+\log_a(\sqrt{5}-1)=\dfrac{1}{2}$，所以 $\log_a(\sqrt{5}+1)(\sqrt{5}-1)=\dfrac{1}{2}$，即 $\log_a 4=\dfrac{1}{2}$，即 $a^{\frac{1}{2}}=4$，所以 $a=16$，所以 $f(x)$ 的解析式为 $f(x)=\log_{16}x$. (2) $f(\sqrt{2})=\log_{16}\sqrt{2}=\log_{2^4}2^{\frac{1}{2}}=\dfrac{\frac{1}{2}}{4}=\dfrac{1}{8}$.

37. 解析：由题知 $\dfrac{16-4(\lg m)^2}{-16}=3$，则 $16-4(\lg m)^2=-48$，即 $(\lg m)^2=16$，$\lg m=\pm 4$，当 $\lg m=4$ 时，$m=10\,000$；当 $\lg m=-4$ 时，$m=\dfrac{1}{10\,000}$. 故字母 m 的值为 $10\,000$ 或 $\dfrac{1}{10\,000}$.

第5章 三角函数

5.1 角的概念的推广及度量

5.1.1 角的概念的推广

【课堂基础训练】

一、选择题

1. C 解析：终边相同的角不一定相等，它们相差 360°的整数倍；钝角范围是(90°，180°)，根据定义判断，C 正确．故选 C.

2. D 解析：根据角定义可判断，D 正确．故选 D.

3. B 解析：两个角作差，相差 360°的整数倍，即为终边相同的角．故选 B.

4. C 解析：作图可知 C 正确．故选 C.

5. A 解析：作图可知 A 正确．故选 A.

6. B 解析：−215°+360°=145°，故选 B.

7．C　解析：写象限角时可用正角，也可用负角来表示，选写最小范围，然后加 $k\cdot 360°$ 即可，故 C 正确．故选 C．

8．D　解析：选项 A，$-210°$ 是第二象限角，$30°$ 是第一象限角，$-210°$ 不大于 $30°$，A 错；选项 B，$180°$、$270°$ 角终边落在坐标轴上，不属于任何象限，B 错；选项 C，$-30°$ 是第四象限角，$-30°$ 小于 $270°$，故 C 错；D 正确．故选 D．

9．A　解析：第二象限角范围为：$k\cdot 360°+90°<\alpha<k\cdot 360°+180°$，$k\in\mathbf{Z}$，故 $k\cdot 180°+45°<\dfrac{\alpha}{2}<k\cdot 180°+90°$，$k\in\mathbf{Z}$．当 k 为偶数时，$\dfrac{\alpha}{2}$ 为第一象限角，如 $k=0$ 时，$45°<\dfrac{\alpha}{2}<90°$；当 k 为奇数时，$\dfrac{\alpha}{2}$ 为第三象限角，如 $k=1$ 时，$225°<\dfrac{\alpha}{2}<270°$．故选 A．

10．B　解析：时针经过 3 h，是按顺时针方向旋转 3 个大格，每一大格为 $30°$，故转过 $-90°$．故选 B．

二、填空题

11．$\{\alpha\mid\alpha=k\cdot 360°-400°,k\in\mathbf{Z}\}$　解析：没有特殊要求时，可直接写出．

12．$\{\alpha\mid\alpha=k\cdot 90°,k\in\mathbf{Z}\}$　解析：由终边在 x 轴、y 轴上角集合的并集直接写出．

13．$-60°$ 和 $300°$　解析：$1\,020°=3\times 360°-60°=2\times 360°+300°$．

14．$(0°,180°)$　解析：$\dfrac{\alpha}{2}$ 为锐角，故 $0°<\dfrac{\alpha}{2}<90°$，即 $0°<\alpha<180°$．

15．三　解析：$-460°=-360°-100°$ 为第三象限角．

16．四　解析：$2\,130°=6\times 360°-30°$ 为第四象限角．

三、解答题

17．解析：(1)$-45°=-360°+315°$，故 $0°\sim 360°$ 范围内与 $-45°$ 终边相同的角为 $315°$，且为第四象限角．

(2)$-600°=-720°+120°$，故 $0°\sim 360°$ 范围内与 $-600°$ 终边相同的角为 $120°$，且为第二象限角．

(3)$580°=360°+220°$，故 $0°\sim 360°$ 范围内与 $580°$ 终边相同的角为 $220°$，且为第三象限角．

(4)$1\,110°=3\times 360°+30°$，故 $0°\sim 360°$ 范围内与 $1\,110°$ 终边相同的角为 $30°$，且为第一象限角．

18．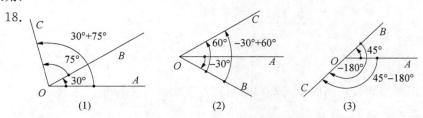

(1)　　　　　(2)　　　　　(3)

19．解析：(1)$-100°$，$260°$；(2)$-150°$，$210°$；(3)$-321°45'$，$38°15'$．

20．$-540°$，$630°$，$1\,080°$．

【课堂拓展训练】

一、填空题

1. 三　解析：α 为第一象限角．$180°+\alpha$，将 α 的终边逆时针旋转 $180°$，所以 $180°+\alpha$ 角的终边落在第三象限．

2. $30°$　解析：将分针拨慢了 5 min，分针逆时针旋转一大格，每一大格为 $30°$，故转过 $30°$．

3. $-190°$；$170°$　解析：最大负角相当于在 $(-360°, 0°)$ 范围内与 $530°$ 终边相同，即为 $-190°$．最小正角相当于在 $(0°, 360°)$ 范围内找与 $530°$ 终边相同的角，即为 $170°$．

4. 第一或二象限或 y 轴正半轴上　解析：第一象限角的范围为 $k\cdot 360°<\alpha<k\cdot 360°+90°$，$k\in \mathbf{Z}$，所以 $2k\cdot 360°<2\alpha<2k\cdot 360°+180°$，$k\in \mathbf{Z}$，故 2α 的终边应落在第一或二象限或 y 轴正半轴上．

5. x 轴　解析：作图可知，α 与 $-\alpha$ 角的终边关于 x 轴对称．

6. 二　解析：$-950°12'=-720°-230°12'$，$-230°12'$ 角终边落在第二象限．

二、解答题

7. 解析：(1)$\{\alpha \mid \alpha=k\cdot 360°, k\in \mathbf{Z}\}$；　(2)$\{\alpha \mid \alpha=k\cdot 360°+180°, k\in \mathbf{Z}\}$；
(3)$\{\alpha \mid \alpha=k\cdot 180°, k\in \mathbf{Z}\}$；　(4)$\{\alpha \mid \alpha=k\cdot 360°+90°, k\in \mathbf{Z}\}$；
(5)$\{\alpha \mid \alpha=k\cdot 360°+270°, k\in \mathbf{Z}\}$；　(6)$\{\alpha \mid \alpha=k\cdot 180°+90°, k\in \mathbf{Z}\}$；
(7)$\{\alpha \mid \alpha=k\cdot 90°, k\in \mathbf{Z}\}$．

8. 解析：终边落在 $y=x$ 上的角集合为 $\{\alpha \mid \alpha=k\cdot 180°+45°, k\in \mathbf{Z}\}$；终边落在 $y=-x$ 上的角集合为 $\{\alpha \mid \alpha=k\cdot 180°+135°, k\in \mathbf{Z}\}$ 或 $\{\alpha \mid \alpha=k\cdot 180°-45°, k\in \mathbf{Z}\}$．

9. 解析：(1)$-400°$；$-40°$；$320°$．
(2)$-760°=-720°-40°+360°-360°=-3\times 360°+320°$．

10. 解析：α 为第四象限角，故 $k\cdot 360°+270°<\alpha<k\cdot 360°+360°$，$k\in \mathbf{Z}$，

当 k 为偶数时，$\dfrac{\alpha}{2}$ 为第二象限角，如 $k=0$ 时，$135°<\dfrac{\alpha}{2}<180°$；

当 k 为奇数时，$\dfrac{\alpha}{2}$ 为第四象限角，如 $k=1$ 时，$315°<\dfrac{\alpha}{2}<360°$．

故 α 为第四象限角，$\dfrac{\alpha}{2}$ 为第二或四象限角．

5.1.2　弧度制

【课堂基础训练】

一、选择题

1. C　解析：用弧度数表示角时也要会判断角所在象限，作图可知，选 C．

2. B　解析：$\dfrac{29\pi}{6}=4\pi+\dfrac{5\pi}{6}$，B 正确．

3. A　解析：由 $\alpha=\dfrac{l}{r}$，得 $\alpha=\dfrac{9}{3}=3$．

二、填空题

4. $\{\alpha \mid 2k\pi + \dfrac{\pi}{2} < \alpha < 2k\pi + \pi, k \in \mathbf{Z}\}$　解析：先写最小范围，然后加 $2k\pi$ 即可.

5. $\dfrac{2\pi}{3}$　解析：$2\pi \times \dfrac{20}{60} = \dfrac{2\pi}{3}$.

三、解答题

6. 解析：(1) $-315° = -315 \times \dfrac{\pi}{180} = -\dfrac{7\pi}{4}$；　　(2) $150° = 150 \times \dfrac{\pi}{180} = \dfrac{5\pi}{6}$；

(3) $\dfrac{5\pi}{12} = \dfrac{5\pi}{12} \times \left(\dfrac{180}{\pi}\right)° = 75°$；　　(4) $-\dfrac{2\pi}{3} = -\dfrac{2\pi}{3} \times \dfrac{180°}{\pi} = -120°$；

(5) $855° = 855 \times \dfrac{\pi}{180} = \dfrac{19\pi}{4}$；　　(6) $\dfrac{5\pi}{3} = \dfrac{5\pi}{3} \times \dfrac{180°}{\pi} = 300°$.

【课堂拓展训练】

一、选择题

1. B　解析：$-\dfrac{9\pi}{4} = -2\pi - \dfrac{\pi}{4}$，故与 $-\dfrac{9\pi}{4}$ 终边相同的角选 B. C 的表示形式错误，两种制度不能混用.

2. D　解析：$-855° = -\dfrac{19\pi}{4} = -4\pi - \dfrac{3\pi}{4} = -4\pi - \dfrac{3\pi}{4} - \dfrac{5\pi}{4} + \dfrac{5\pi}{4} = -6\pi + \dfrac{5\pi}{4}$.

3. C　解析：圆心角 $120°$ 必须先转化弧度数 $\dfrac{2\pi}{3}$，由公式 $l = 30 \cdot \dfrac{2\pi}{3} = 20\pi$(m).

二、填空题

4. 4π；12π　解析：$l = \dfrac{2\pi}{3} \times 6 = 4\pi$. $S_{扇} = \dfrac{1}{2} l \cdot r = \dfrac{1}{2} \cdot 4\pi \cdot 6 = 12\pi$.

5. 4 cm　解析：由弧长公式 $l = \alpha \cdot r$，$r = \dfrac{l}{\alpha} = \dfrac{12 \text{ cm}}{3} = 4$ cm.

三、解答题

6. 解析：(1) 由于按逆时针方向旋转一周转过的角度为 2π，故飞轮每分钟转过的弧度数为 $2\pi \times 360 = 720\pi$；(2) 所求弧长为 $l = \alpha \cdot r = \dfrac{720\pi}{60} \cdot 0.6 = 7.2\pi$(m).

5.2　任意角的三角函数

5.2.1　任意角三角函数的定义

【课堂基础训练】

一、选择题

1. C　解析：$r = \sqrt{1+9} = \sqrt{10}$，$\sin \alpha = \dfrac{y}{r} = \dfrac{-3}{\sqrt{10}} = -\dfrac{3\sqrt{10}}{10}$. 故选 C.

2. B 解析：解法 1：$r=\sqrt{a^2+3a^2}=2|a|$，因为 $a<0$，所以 $r=-2a$，$\cos\alpha=\dfrac{a}{-2a}=-\dfrac{1}{2}$.

解法 2：特殊值法，设 $a=-1$，$P(-1,\sqrt{3})$，$\cos\alpha=\dfrac{-1}{\sqrt{1+3}}=-\dfrac{1}{2}$. 故选 B.

3. C 解析：由题意知，点 $(2,a)$ 在第一象限，所以 $a>0$，从而有 $\tan 30°=\dfrac{a}{2}$，得 $a=\dfrac{2\sqrt{3}}{3}$. 故选 C.

4. B 解析：由 $\sin\theta>0$，可知 θ 在第一或二象限；$\cos\theta<0$，可知 θ 在第二或三象限，故两者均满足的角 θ 在第二象限，故选 B.

5. C 解析：$\sin\alpha\tan\alpha<0$，角 α 应在第二或三象限，$\cos\alpha\tan\alpha<0$，角 α 应在第三或四象限，故 α 应在第三象限，故选 C.

6. D 解析：由已知 $\sin\alpha=\dfrac{4}{5}$，$\cos\alpha=\dfrac{3}{5}$，$\tan\alpha=\dfrac{4}{3}$，可得 $\sin\alpha+\cos\alpha+\tan\alpha=\dfrac{41}{15}$. 故选 D.

7. C 解析：因为 α 为第四象限角，所以 $\sin\alpha<0$，$\tan\alpha<0$. $P(\sin\alpha,\tan\alpha)$ 应在第三象限．故选 C.

8. A 解析：角 α 终边与单位圆交点坐标为 $(\cos\alpha,\sin\alpha)$，所以 $\cos\alpha=-\dfrac{12}{13}$. 故选 A.

9. A 解析：α 为第三象限角，所以 $\sin\alpha<0$，$\cos\theta<0$，$\tan\alpha>0$，运用排除法应选 A.

10. B 解析：由 $|\tan\alpha|=-\tan\alpha$ 可知 $\tan\alpha\leqslant0$，故选 B.

二、填空题

11. $<$；$<$；$>$ 解析：$\alpha=3.5$，$\pi<\alpha<\dfrac{3\pi}{2}$，角 α 终边在第三象限，故 $\sin\alpha<0$，$\cos\theta<0$，$\tan\alpha>0$.

12. $(\cos 2,\sin 2)$ 解析：由角 α 终边与单位圆交点坐标可知 $(\cos 2,\sin 2)$.

13. $\left(\dfrac{1}{2},\dfrac{\sqrt{3}}{2}\right)$ 解析：由角 α 终边与单位圆交点坐标可知 $(\cos 60°,\sin 60°)$，即为 $\left(\dfrac{1}{2},\dfrac{\sqrt{3}}{2}\right)$.

14. $<$；$>$；$<$；$>$；$>$ 解析：先判断角所在象限，然后确定符号，故有：$\cos\dfrac{21\pi}{4}<0$；$\tan\left(-\dfrac{14\pi}{3}\right)>0$；$\sin\dfrac{16\pi}{5}<0$；$\sin 170°>0$；$\cos(-300°)>0$.

15. $-\dfrac{17}{13}$ 解析：$r=\sqrt{(-5)^2+(-12)^2}=13$，故有 $\sin\alpha=-\dfrac{12}{13}$，$\cos\alpha=-\dfrac{5}{13}$，

$\sin\alpha+\cos\alpha=-\dfrac{17}{13}$.

16. < 　解析：因为 α 为第三象限角，所以 α 范围为 $2k\pi+\pi<\alpha<2k\pi+\dfrac{3\pi}{2}$，$k\in\mathbf{Z}$，从而 $k\pi+\dfrac{\pi}{2}<\dfrac{\alpha}{2}<k\pi+\dfrac{3\pi}{4}$，$k\in\mathbf{Z}$，所以 $\dfrac{\alpha}{2}$ 终边落在第二或四象限，故 $\tan\dfrac{\alpha}{2}<0$.

三、解答题

17. 解析：(1) 原式 $=0-\dfrac{1}{2}+\dfrac{1}{2}-0+\dfrac{\sqrt{3}}{3}=\dfrac{\sqrt{3}}{3}$；(2) 原式 $=0-0-0-10=-10$.

18. 解析：(1) 当 $a<0$ 时，$r=\sqrt{(8a)^2+(15a)^2}=17|a|$，因为 $a<0$，所以 $r=-17a$. $\sin\alpha=\dfrac{y}{r}=\dfrac{15a}{-17a}=-\dfrac{15}{17}$，$\cos\alpha=\dfrac{x}{r}=\dfrac{8a}{-17a}=-\dfrac{8}{17}$，$\tan\alpha=\dfrac{y}{x}=\dfrac{15a}{8a}=\dfrac{15}{8}$.

(2) 当 $a>0$ 时，$r=17a$. $\sin\alpha=\dfrac{y}{r}=\dfrac{15a}{17a}=\dfrac{15}{17}$，$\cos\alpha=\dfrac{x}{r}=\dfrac{8a}{17a}=\dfrac{8}{17}$，$\tan\alpha=\dfrac{y}{x}=\dfrac{15a}{8a}=\dfrac{15}{8}$. 此类题亦可用特殊值来求.

19. 解析：由已知可得，$\tan\alpha=-\sqrt{3}$，因为 $0<\alpha<\pi$，所以 $\alpha=\dfrac{2\pi}{3}$. 所以与角 α 终边相同的角 β 的集合为 $\left\{\beta\bigm|\beta=\dfrac{2\pi}{3}+2k\pi,k\in\mathbf{Z}\right\}$.

20. 解析：作出单位圆，满足 $\sin x=\dfrac{\sqrt{2}}{2}$ 的角 x 有 $\angle M_1OP_1=\dfrac{\pi}{4}$，$\angle M_2OP_2=\dfrac{3\pi}{4}$. 其对应的正弦线分别是 M_1P_1 和 M_2P_2，由图可知：终边落在阴影部分的角满足题意，即所求集合为 $\left\{x\mid 2k\pi+\dfrac{\pi}{4}<x<2k\pi+\dfrac{3\pi}{4},k\in\mathbf{Z}\right\}$.

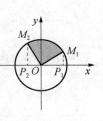

【课堂拓展训练】

一、填空题

1. 三；$-\dfrac{2\sqrt{3}}{3}$　解析：由 $\cos\alpha=-\dfrac{1}{2}<0$，$P(x,-2)$，可知 α 为第三象限角，易知 $x<0$，所以有 $\dfrac{x}{\sqrt{x^2+4}}=-\dfrac{1}{2}$，解得 $x=-\dfrac{2\sqrt{3}}{3}$.

2. $\pm\dfrac{\sqrt{2}}{2}$　解析：当 $m>0$ 时，设 $m=1$，有 $P(1,1)$，$\cos\alpha=\dfrac{1}{\sqrt{2}}=\dfrac{\sqrt{2}}{2}$；当 $m<0$ 时，设 $m=-1$，有 $P(-1,-1)$，$\cos\alpha=\dfrac{-1}{\sqrt{2}}=-\dfrac{\sqrt{2}}{2}$.

3. $[2k\pi, 2k\pi+\pi]$, $k\in\mathbf{Z}$ 解析：欲使此式有意义，应满足 $\sin\theta\geqslant 0$，可知 θ 范围为 $2k\pi\leqslant\theta\leqslant 2k\pi+\pi(k\in\mathbf{Z})$.

4. $<$；$<$ 解析：角 α 的终边经过点 $P(-2,-3)$，故角 α 为第三象限角，有 $\sin\alpha<0$，$\cos\theta<0$，$\tan\alpha>0$，可以得到 $\sin\alpha\tan\alpha<0$，$\sin\alpha+\cos\alpha<0$.

5. 必要 解析：采用特殊值法，在 $(0,2\pi)$ 内，$\sin x=\dfrac{\sqrt{2}}{2}$，$x=\dfrac{\pi}{4}$ 或 $x=\dfrac{3\pi}{4}$，故为必要条件.

6. $\left[2k\pi-\dfrac{\pi}{6}, 2k\pi+\dfrac{\pi}{6}\right]$，$k\in\mathbf{Z}$ 解析：由 $\cos\theta\geqslant\dfrac{1}{2}$，利用三角函数线解得 $2k\pi-\dfrac{\pi}{6}\leqslant x\leqslant 2k\pi+\dfrac{\pi}{6}$，$k\in\mathbf{Z}$.

二、解答题

7. 解析：(1) $\sin\alpha<0$，角 α 应为第三或四象限角，$\cos\alpha<0$，角 α 应为第二或三象限角. 所以 α 应为第三象限角. 故角 α 的集合为 $\left\{\alpha\left|2k\pi+\pi<\alpha<2k\pi+\dfrac{3\pi}{2}, k\in\mathbf{Z}\right.\right\}$.

(2) 由(1)可得：$k\pi+\dfrac{\pi}{2}<\dfrac{\alpha}{2}<k\pi+\dfrac{3\pi}{4}$，$k\in\mathbf{Z}$. 当 k 为偶数时，$\dfrac{\alpha}{2}$ 在第二象限，如 $k=0$，$\dfrac{\pi}{2}<\dfrac{\alpha}{2}<\dfrac{3\pi}{4}$；当 k 为奇数时，$\dfrac{\alpha}{2}$ 在第四象限，如 $k=1$，$\dfrac{3\pi}{2}<\dfrac{\alpha}{2}<\dfrac{7\pi}{4}$.

(3) $\dfrac{\alpha}{2}$ 终边在第二象限时，$\sin\dfrac{\alpha}{2}>0$，$\cos\dfrac{\alpha}{2}<0$，$\tan\dfrac{\alpha}{2}<0$；

$\dfrac{\alpha}{2}$ 终边在第四象限时，$\sin\dfrac{\alpha}{2}<0$，$\cos\dfrac{\alpha}{2}>0$，$\tan\dfrac{\alpha}{2}<0$.

8. 解析：(1) 角 α 的终边在第二象限时，在 $y=-2x$ 上取点 $(-1,2)$，$r=\sqrt{(-1)^2+2^2}=\sqrt{5}$，有 $\sin\alpha=\dfrac{y}{r}=\dfrac{2}{\sqrt{5}}=\dfrac{2\sqrt{5}}{5}$，$\cos\alpha=\dfrac{x}{r}=\dfrac{-1}{\sqrt{5}}=-\dfrac{\sqrt{5}}{5}$，$\tan\alpha=\dfrac{y}{x}=-2$；

(2) 角 α 的终边在第四象限时，在 $y=-2x$ 上取点 $(1,-2)$，$r=\sqrt{1^2+(-2)^2}=\sqrt{5}$，有 $\sin\alpha=\dfrac{y}{r}=\dfrac{-2}{\sqrt{5}}=-\dfrac{2\sqrt{5}}{5}$，$\cos\alpha=\dfrac{x}{r}=\dfrac{1}{\sqrt{5}}=\dfrac{\sqrt{5}}{5}$，$\tan\alpha=\dfrac{y}{x}=-2$.

9. 解析：欲使函数解析式有意义，应满足：$\begin{cases}-\sin x\geqslant 0\\ \cos x>0\end{cases}$. 利用三角函数线解得 $2k\pi-\dfrac{\pi}{2}<x\leqslant 2k\pi$，$k\in\mathbf{Z}$. 故函数定义域为 $\left(2k\pi-\dfrac{\pi}{2}, 2k\pi\right]$，$k\in\mathbf{Z}$.

10. 解析：(1) 由 $\sin\alpha=-\dfrac{\sqrt{2}}{4}$，点 $P(-1,a)$ 坐标，可知 α 为第三象限角，且 $a<0$.

由 $\sin\alpha=\dfrac{a}{\sqrt{1+a^2}}=-\dfrac{\sqrt{2}}{4}$，解得 $a=-\dfrac{\sqrt{7}}{7}$.

(2)由(1)知 $P\left(-1, -\frac{\sqrt{7}}{7}\right)$，$\cos \alpha = \frac{-1}{\sqrt{1+\frac{1}{7}}} = -\frac{\sqrt{14}}{4}$，$\tan \alpha = \frac{-\frac{\sqrt{7}}{7}}{-1} = \frac{\sqrt{7}}{7}$.

5.2.2 同角三角函数的基本关系

【课堂基础训练】

一、选择题

1. A　解析：由 $\sin^2\alpha + \cos^2\alpha = 1$，得 $\sin^2\alpha = \frac{16}{25}$. 因为 $\frac{3\pi}{2} < \alpha < 2\pi$，所以 $\sin\alpha < 0$，$\sin\alpha = -\frac{4}{5}$. 故选 A.

2. C　解析：由 $\sin^2\alpha + \cos^2\alpha = 1$，得 $\cos^2\alpha = \frac{25}{169}$. 因为 α 为第二象限角，所以 $\cos\alpha < 0$，$\cos\alpha = -\frac{5}{13}$，$\tan\alpha = \frac{\sin\alpha}{\cos\alpha} = -\frac{12}{5}$. 故选 C.

3. D　解析：因为 $\sin\alpha = \frac{4}{5} > 0$，所以 α 为第一或二象限角. α 为第一象限角时，由平方关系得 $\cos\alpha = \frac{3}{5}$，故 $\tan\alpha = \frac{\sin\alpha}{\cos\alpha} = \frac{4}{3}$；$\alpha$ 为第二象限角时，得 $\cos\alpha = -\frac{3}{5}$，所以 $\tan\alpha = \frac{\sin\alpha}{\cos\alpha} = -\frac{4}{3}$. 故选 D.

4. C　解析：由 $\tan\alpha = \frac{\sin\alpha}{\cos\alpha} = -\sqrt{2}$，得 $\sin\alpha = -\sqrt{2}\cos\alpha$，又由 $\sin^2\alpha + \cos^2\alpha = 1$，得 $\sin^2\alpha = \frac{2}{3}$，因为 α 为第四象限角，所以 $\sin\alpha < 0$，从而 $\sin\alpha = -\frac{\sqrt{6}}{3}$. 故选 C.

5. D　解析：理解同角三角函数的同角含义. 故选 D.

6. A　解析：由平方关系得 $\sqrt{1-\sin^2 65°} = \sqrt{\cos^2 65°} = \cos 65°$. 故选 A.

7. D　解析：$\frac{\sin\alpha + 4\cos\alpha}{2\sin\alpha - \cos\alpha} = \frac{\tan\alpha + 4}{2\tan\alpha - 1} = \frac{1+4}{2-1} = 5$. 故选 D.

8. C　解析：由 $\sin\alpha = -3\cos\alpha$，得 $\tan\alpha = -3 < 0$，故角 α 为第二四象限角. 故选 C.

9. B　解析：因为 θ 为第四象限角，所以 $\frac{\sqrt{1-\cos^2\theta}}{\sin\theta} = \frac{-\sin\theta}{\sin\theta} = -1$. 故选 B.

10. B　解析：A 中 $\cos\alpha = \frac{1}{3}$，α 为第一、四象限角，$\sin\alpha = \pm\frac{2\sqrt{2}}{3}$，A 错；B 中 $\sin\alpha = \tan\alpha \cdot \cos\alpha = -1$，正确；C 中 $\sin\alpha = \frac{\sqrt{2}}{2}$，$\alpha$ 为第一、二象限角，$\cos\alpha = \pm\frac{\sqrt{2}}{2}$，C 错；D 中 $\sin\alpha = \tan\alpha \cdot \cos\alpha = 1$，D 错. 故选 B.

二、填空题

11. $\dfrac{12}{13}$ 　解析：因为 α 是第四象限角，所以 $\cos\alpha=\sqrt{1-\sin^2\alpha}=\sqrt{1-\left(-\dfrac{5}{13}\right)^2}=\dfrac{12}{13}$.

12. $\dfrac{2}{5}$ 　解析：$\sin\alpha\cdot\cos\alpha=\dfrac{\sin\alpha\cdot\cos\alpha}{\sin^2\alpha+\cos^2\alpha}=\dfrac{\tan\alpha}{\tan^2\alpha+1}=\dfrac{2}{5}$.

13. 4 　解析：由 $\sin\alpha-3\cos\alpha=0$，得 $\tan\alpha=3$.

原式 $=\dfrac{3\sin^2\alpha+\sin\alpha\cos\alpha+1}{\sin^2\alpha+\cos^2\alpha}=\dfrac{3\tan^2\alpha+\tan\alpha}{\tan^2\alpha+1}+1=\dfrac{3\times9+3}{9+1}+1=4$.

14. $-\dfrac{60}{169}$ 　解析：由 $\sin\alpha+\cos\alpha=\dfrac{7}{13}$ 平方得 $1+2\sin\alpha\cos\alpha=\left(\dfrac{7}{13}\right)^2$，所以 $\sin\alpha\cdot\cos\alpha=-\dfrac{60}{169}$.

15. $\left[2k\pi-\dfrac{\pi}{2},\ 2k\pi+\dfrac{\pi}{2}\right]$，$k\in\mathbf{Z}$ 　解析：化简 $\sqrt{1-\sin^2\theta}=\sqrt{\cos^2\theta}=|\cos\theta|=\cos\theta$，所以 $\cos\theta\geqslant 0$，故 $2k\pi-\dfrac{\pi}{2}\leqslant\theta\leqslant 2k\pi+\dfrac{\pi}{2}$，$k\in\mathbf{Z}$.

16. 1 　解析：$\sin\alpha\cdot\cos\alpha\left(\tan\alpha+\dfrac{1}{\tan\alpha}\right)=\sin\alpha\cdot\cos\alpha\cdot\dfrac{\sin^2\alpha+\cos^2\alpha}{\sin\alpha\cdot\cos\alpha}=1$.

三、解答题

17. 解析：由 $\tan\alpha=-3$，得 $\dfrac{\sin\alpha}{\cos\alpha}=-3$，从而 $\sin\alpha=-3\cos\alpha$，故有 $\sin^2\alpha+\cos^2\alpha=9\cos^2\alpha+\cos^2\alpha=10\cos^2\alpha=1$，解得 $\cos^2\alpha=\dfrac{1}{10}$，因为 α 为第二象限角，所以 $\cos\alpha=-\dfrac{\sqrt{10}}{10}$，$\sin\alpha=\dfrac{3\sqrt{10}}{10}$.

18. 解析：因为 $(\sin\alpha+\cos\alpha)^2=1+2\sin\alpha\cdot\cos\alpha=1+2\cdot\dfrac{1}{4}=\dfrac{3}{2}$，又 $\alpha\in\left(\pi,\dfrac{3\pi}{2}\right)$，所以 $\sin\alpha<0$，$\cos\alpha<0$，从而 $\sin\alpha+\cos\alpha<0$，故 $\sin\alpha+\cos\alpha=-\dfrac{\sqrt{6}}{2}$.

19. 解析：(1) $\dfrac{\sqrt{1-2\sin 10°\cos 10°}}{\sin 10°-\sqrt{1-\sin^2 10°}}=\dfrac{\sqrt{(\sin 10°-\cos 10°)^2}}{\sin 10°-\cos 10°}=\dfrac{\cos 10°-\sin 10°}{\sin 10°-\cos 10°}=-1$；

(2) $\left(\tan x+\dfrac{1}{\tan x}\right)\sin^2 x=\left(\dfrac{\sin x}{\cos x}+\dfrac{\cos x}{\sin x}\right)\sin^2 x=\dfrac{1}{\sin x\cos x}\cdot\sin^2 x=\tan x$；

(3) $\dfrac{\sin^2\alpha}{\sin\alpha-\cos\alpha}-\dfrac{\sin\alpha+\cos\alpha}{\tan^2\alpha-1}=\dfrac{\sin^2\alpha}{\sin\alpha-\cos\alpha}-\dfrac{\sin\alpha+\cos\alpha}{\dfrac{\sin^2\alpha}{\cos^2\alpha}-1}$

$=\dfrac{\sin^2\alpha}{\sin\alpha-\cos\alpha}-\dfrac{(\sin\alpha+\cos\alpha)\cos^2\alpha}{\sin^2\alpha-\cos^2\alpha}$

$$=\frac{\sin^2\alpha}{\sin\alpha-\cos\alpha}-\frac{\cos^2\alpha}{\sin\alpha-\cos\alpha}=\frac{(\sin\alpha-\cos\alpha)(\sin\alpha+\cos\alpha)}{\sin\alpha-\cos\alpha}=\sin\alpha+\cos\alpha.$$

20. 解析：由 $\dfrac{\sin\alpha+\cos\alpha}{\sin\alpha-\cos\alpha}=3$，可得 $\dfrac{\tan\alpha+1}{\tan\alpha-1}=3$，解得 $\tan\alpha=2$，

故 $\dfrac{\sin^2\alpha-\cos^2\alpha}{\sin^2\alpha+2\cos^2\alpha}=\dfrac{\tan^2\alpha-1}{\tan^2\alpha+2}=\dfrac{4-1}{4+2}=\dfrac{1}{2}$.

【课堂拓展训练】

一、填空题

1. $\sqrt{3}$　解析：由 $\cos\alpha=-\dfrac{1}{2}$，$\sin\alpha\cdot\cos\alpha>0$，得 $\sin\alpha<0$；又由平方关系可得 $\sin\alpha=-\dfrac{\sqrt{3}}{2}$，所以 $\tan\alpha=\sqrt{3}$.

2. 20　解析：因为 $\tan\alpha=\dfrac{\sin\alpha}{\cos\alpha}=3$，从而 $\sin\alpha=3\cos\alpha$，由平方关系得 $\cos^2\alpha=\dfrac{1}{10}$，

故 $\dfrac{1}{1+\sin\alpha}+\dfrac{1}{1-\sin\alpha}=\dfrac{1-\sin\alpha+1+\sin\alpha}{(1+\sin\alpha)(1-\sin\alpha)}=\dfrac{2}{1-\sin^2\alpha}=\dfrac{2}{\cos^2\alpha}=20$.

3. $\pm\dfrac{1}{2}$　解析：因为在 $\triangle ABC$ 中，故 $0<A<\pi$，又由 $\sin A=\dfrac{\sqrt{3}}{2}$，得 $\cos A=\pm\dfrac{1}{2}$.

4. -1　解析：因为 $\dfrac{\pi}{2}<\alpha<\pi$，所以 $\sin\alpha>0$，$\cos\alpha<0$，原式 $=\dfrac{\sin\alpha}{\cos\alpha}\cdot\dfrac{(-\cos\alpha)}{\sin\alpha}=-1$.

5. $\left[0,\dfrac{\pi}{2}\right]$　解析：由题意可知，$\sin\alpha\geqslant 0$ 且 $\cos\alpha\geqslant 0$，又因为 $\alpha\in[0,2\pi]$，所以 $\alpha\in\left[0,\dfrac{\pi}{2}\right]$.

6. $-\dfrac{4}{3}$　解析：由平方关系得 $\left(\dfrac{1-a}{1+a}\right)^2+\left(\dfrac{3a-1}{1+a}\right)^2=1$，解得 $a=\dfrac{1}{9}$ 或 $a=1$. 当 $a=1$ 时，$\sin\alpha=0$，$\cos\alpha=1$，不符合题意，舍去；当 $a=\dfrac{1}{9}$ 时，$\sin\alpha=\dfrac{4}{5}$，$\cos\alpha=-\dfrac{3}{5}$，此时 $\tan\alpha=-\dfrac{4}{3}$.

二、解答题

7. 解析：因为 $\sin\alpha=\dfrac{3}{5}>0$，所以 α 为第一、二象限角. 当 α 为第一象限角时，由平方关系得 $\cos\alpha=\dfrac{4}{5}$，可得 $\tan\alpha=\dfrac{3}{4}$；当 α 为第二象限角时，由平方关系得 $\cos\alpha=-\dfrac{4}{5}$，可得 $\tan\alpha=-\dfrac{3}{4}$.

8. 解析：(1)因为 $(\sin\alpha+\cos\alpha)^2=1+2\sin\alpha\cdot\cos\alpha=\dfrac{1}{25}$，所以 $2\sin\alpha\cdot\cos\alpha=-\dfrac{24}{25}<0$，又 $\alpha\in(0,\pi)$，故 $\sin\alpha>0$，$\cos\alpha<0$，从而 $\cos\alpha-\sin\alpha<0$. 因为 $(\cos\alpha-\sin\alpha)^2=1-2\sin\alpha\cos\alpha=1-\left(-\dfrac{24}{25}\right)=\dfrac{49}{25}$，所以 $\cos\alpha-\sin\alpha=-\dfrac{7}{5}$.

(2) $\sin^4\alpha-\cos^4\alpha=(\sin^2\alpha+\cos^2\alpha)(\sin^2\alpha-\cos^2\alpha)=(\sin\alpha+\cos\alpha)(\sin\alpha-\cos\alpha)=\dfrac{1}{5}\times\left(-\dfrac{7}{5}\right)=-\dfrac{7}{25}$.

9. 解析：由题意得，$\sin\alpha+\cos\alpha=-\dfrac{3a}{4}$，$\sin\alpha\cdot\cos\alpha=\dfrac{2a+1}{8}$，由 $(\sin\alpha+\cos\alpha)^2=1+2\sin\alpha\cdot\cos\alpha$，可得 $1+2\cdot\dfrac{2a+1}{8}=\left(-\dfrac{3a}{4}\right)^2$，整理得 $9a^2-8a-20=0$，解得 $a=-\dfrac{10}{9}$ 或 $a=2$. 当 $a=2$ 时，$\Delta=36a^2-4\times8(2a+1)<0$，不符合题意，舍去；当 $a=-\dfrac{10}{9}$ 时，$\Delta>0$，故 $a=-\dfrac{10}{9}$ 即为所求.

10. 解析：

(1) 左边 $=\dfrac{\cos x(1-\sin x)}{(1+\sin x)(1-\sin x)}=\dfrac{\cos x(1-\sin x)}{1-\sin^2 x}=\dfrac{1-\sin x}{\cos x}=$ 右边；

(2) 左边 $=\dfrac{(\cos x-\sin x)(\cos x+\sin x)}{(\cos x-\sin x)^2}=\dfrac{\cos x+\sin x}{\cos x-\sin x}=\dfrac{1+\tan x}{1-\tan x}=$ 右边.

5.2.3 诱导公式

【课堂基础训练】

一、选择题

1. C 解析：$\sin(-600°)=\sin(-720°+120°)=\sin 120°=\sin(180°-60°)=\sin 60°=\dfrac{\sqrt{3}}{2}$. 故选 C.

2. A 解析：$\cos\dfrac{17\pi}{6}=\cos\left(3\pi-\dfrac{\pi}{6}\right)=\cos\left(\pi-\dfrac{\pi}{6}\right)=-\cos\dfrac{\pi}{6}=-\dfrac{\sqrt{3}}{2}$. 故选 A.

3. C 解析：$\tan\left(-\dfrac{19\pi}{6}\right)=-\tan\dfrac{19\pi}{6}=-\tan\left(3\pi+\dfrac{\pi}{6}\right)=-\tan\left(\pi+\dfrac{\pi}{6}\right)=-\tan\dfrac{\pi}{6}=-\dfrac{\sqrt{3}}{3}$. 故选 C.

4. B 解析：因为 $\cos(\pi-\alpha)=-\cos\alpha=\dfrac{4}{5}$，所以 $\cos\alpha=-\dfrac{4}{5}$；又 $\pi<\alpha<\dfrac{3\pi}{2}$，所以 $\sin\alpha=-\dfrac{3}{5}$，$\tan\alpha=\dfrac{3}{4}$，从而 $\tan(\pi-\alpha)=-\tan\alpha=-\dfrac{3}{4}$. 故选 B.

5. D 解析：$\cos(\pi-\alpha)=-\cos\alpha=-m$. 故选 D.

6. D 解析：由 $\tan(11\pi+\alpha)=2$，得 $\tan\alpha=2$，所以 $\dfrac{\sin\alpha+3\cos\alpha}{2\sin\alpha-5\cos\alpha}=\dfrac{\tan\alpha+3}{2\tan\alpha-5}=\dfrac{2+3}{4-5}=-5$. 故选 D.

7. B 解析：由 $\sin\left(\dfrac{5\pi}{2}-\alpha\right)=\dfrac{1}{5}$，得 $\cos\alpha=\dfrac{1}{5}$，所以 $\cos(\pi+\alpha)=-\cos\alpha=-\dfrac{1}{5}$. 故选 B.

8. C 解析：原式 $=\cos^2 60°+\cos^2 45°+2\sin 210°+\sin^2(180°+45°)=\dfrac{1}{4}+\dfrac{1}{2}+2\cdot\left(-\dfrac{1}{2}\right)+\dfrac{1}{2}=\dfrac{1}{4}$. 故选 C.

9. A 解析：$\sin 480°\cos(-210°)=\sin(360°+120°)\cos(180°+30°)=\sin 60°\cdot(-\cos 30°)=-\dfrac{3}{4}$. 故选 A.

10. C 解析：由题意得，$A+B+C=\pi$，故 $A+B=\pi-C$，所以有 $\sin(A+B)=\sin C$；$\cos(A+B)=-\cos C$；$\tan(A+B)=-\tan C$；$\sin\dfrac{A+B}{2}=\sin\left[\dfrac{\pi-(A+B)}{2}\right]=\sin\left(\dfrac{\pi}{2}-\dfrac{C}{2}\right)=\cos\dfrac{C}{2}$. 故选 C.

二、填空题

11. $\dfrac{3\pi}{4}$ 解析：由 $\cos(3\pi-\alpha)=\cos(\pi-\alpha)=-\cos\alpha=\dfrac{\sqrt{2}}{2}$，得 $\cos\alpha=-\dfrac{\sqrt{2}}{2}$，因为 $\alpha\in\left(\dfrac{\pi}{2},\pi\right)$，所以 $\alpha=\dfrac{3\pi}{4}$.

12. $-\dfrac{\sqrt{7}}{4}$ 解析：$\cos(3\pi+\alpha)=\cos(\pi+\alpha)=-\cos\alpha=\dfrac{3}{4}$，所以 $\cos\alpha=-\dfrac{3}{4}$，又 $\tan\alpha\cdot\cos\alpha=\sin\alpha<0$，所以 $\sin\alpha=-\dfrac{\sqrt{7}}{4}$.

13. m 解析：$\sin 22°=\sin(90°-68°)=\cos 68°=m$.

14. $\dfrac{3}{4}$ 解析：$\sin\dfrac{4\pi}{3}\cos\dfrac{25\pi}{6}\tan\left(-\dfrac{3\pi}{4}\right)=\sin\left(\pi+\dfrac{\pi}{3}\right)\cos\left(4\pi+\dfrac{\pi}{6}\right)\left[-\tan\left(\pi-\dfrac{\pi}{4}\right)\right]=\sin\dfrac{\pi}{3}\cos\dfrac{\pi}{6}\tan\dfrac{\pi}{4}=\dfrac{3}{4}$.

15. $\cos\alpha$ 解析：原式 $=\dfrac{1-2\sin\alpha\cos\alpha}{\cos\alpha-\sin\alpha}+\sin\alpha=\dfrac{(\cos\alpha-\sin\alpha)^2}{\cos\alpha-\sin\alpha}+\sin\alpha=\cos\alpha-\sin\alpha+\sin\alpha=\cos\alpha$.

16. 0 解析：原式 $=\dfrac{\sin 210°+\cos 60°}{\tan 225°}=\dfrac{\sin(180°+30°)+\cos 60°}{\tan(180°+45°)}$

$$=\frac{-\sin 30°+\cos 60°}{\tan 45°}=0.$$

三、解答题

17. 解析：(1)原式$=\frac{\cos(720°-60°)-2\sin(360°-30°)}{2\cos 60°+3\cos(180°+60°)}=\frac{\cos 60°+2\sin 30°}{2\cos 60°-3\cos 60°}=-3$；

(2)原式$=\frac{\sqrt{1+2\sin(360°-70°)\cos(360°+70°)}}{\sin(180°+70°)+\cos(720°+70°)}=\frac{\sqrt{1-2\sin 70°\cos 70°}}{-\sin 70°+\cos 70°}$

$=\frac{\sin 70°-\cos 70°}{-\sin 70°+\cos 70°}=-1.$

18. 解析：由 $\tan(\pi-\alpha)=-\tan\alpha=-2$，得 $\tan\alpha=2$，

原式$=\frac{3\sin(\alpha-\pi)-2\cos(-\alpha)}{5\cos\left(\alpha-\frac{\pi}{2}\right)+9\cos(\pi+\alpha)}=\frac{-3\sin\alpha-2\cos\alpha}{5\sin\alpha-9\cos\alpha}=\frac{-3\tan\alpha-2}{5\tan\alpha-9}=-8.$

19. 解析：原式$=\frac{(-\sin\alpha)\cdot(-\sin\alpha)(-\cos\alpha)}{\sin\alpha\cdot(-\cos\alpha)}+\frac{\cos\alpha\sin\alpha}{-\cos\alpha}=\sin\alpha-\sin\alpha=0.$

20. 解析：左边$=1+(-\sin\alpha)\sin\alpha-\cos^2\alpha+\tan\alpha=1-\sin^2\alpha-\cos^2\alpha+\tan\alpha$
$=1-1+\tan\alpha=\tan\alpha=$右边.

【课堂拓展训练】

一、填空题

1. $\sin 2-\cos 2$　　解析：原式$=\sqrt{1+2(-\sin 2)\cos 2}=\sqrt{(\sin 2-\cos 2)^2}=$
$|\sin 2-\cos 2|$，由 $\frac{\pi}{2}<2<\pi$，知 $\sin 2>0$，$\cos 2<0$，所以原式$=\sin 2-\cos 2.$

2. $-\frac{3}{5}$　　解析：由已知得，$\sin\alpha=-\frac{3}{5}$，所以 $\cos(2\pi-\alpha)\tan(\alpha-3\pi)=\cos\alpha\cdot\tan\alpha=$
$\sin\alpha=-\frac{3}{5}.$

3. $-\frac{\sqrt{5}}{3}$　　解析：由已知得，$\sin\alpha=-\frac{2}{3}$，因为 $\alpha\in\left(-\frac{\pi}{2},0\right)$，所以 $\cos\alpha=\frac{\sqrt{5}}{3}$，
$\cos(\pi+\alpha)=-\cos\alpha=-\frac{\sqrt{5}}{3}.$

4. $\frac{3}{5}$　　解析：由已知得，$\cos\alpha-3\cos\alpha=-\sin\alpha$，所以 $-2\cos\alpha=-\sin\alpha$，可得
$\tan\alpha=2$，原式$=\frac{\sin\alpha\cos\alpha+\cos^2\alpha}{\sin^2\alpha+\cos^2\alpha}=\frac{\tan\alpha+1}{\tan^2\alpha+1}=\frac{3}{5}.$

5. $-\frac{1}{2}$　　解析：由 $\sin(\pi-A)=\frac{1}{2}$，得 $\sin A=\frac{1}{2}$，所以 $\cos\left(\frac{3\pi}{2}-A\right)=-\sin A=-\frac{1}{2}.$

6. $-\frac{\sqrt{3}}{4}$　　解析：$\cos\left(\frac{3\pi}{4}-\alpha\right)=\cos\left[\pi-\left(\frac{\pi}{4}+\alpha\right)\right]=-\cos\left(\frac{\pi}{4}+\alpha\right)=-\frac{\sqrt{3}}{4}.$

二、解答题

7. 解析：原式 $= \sin(-1\,080°+9°)\sin(90°+9°) + \sin(180°-9°)\sin(270°-9°)$
$= \sin 9° \cos 9° - \sin 9° \cos 9° = 0.$

8. 解析：由已知得，$\tan \alpha = \dfrac{4}{3}$，所以有

原式 $= \dfrac{-\sin \alpha + (-\cos \alpha)}{-\sin \alpha + \cos \alpha} = \dfrac{\sin \alpha + \cos \alpha}{\sin \alpha - \cos \alpha} = \dfrac{\tan \alpha + 1}{\tan \alpha - 1} = 7.$

9. 解析：由已知得，$\sin \alpha + \cos \alpha = \dfrac{1}{2}$，平方得 $1 + 2\sin \alpha \cos \alpha = \dfrac{1}{4}$，化简得 $\sin \alpha \cdot \cos \alpha = -\dfrac{3}{8}$，

$\sin^4 \alpha + \cos^4 \alpha = (\sin^2 \alpha)^2 + (\cos^2 \alpha)^2 + 2\sin^2 \alpha \cdot \cos^2 \alpha - 2\sin^2 \alpha \cdot \cos^2 \alpha$
$= 1 - 2\sin^2 \alpha \cdot \cos^2 \alpha = 1 - 2\left(-\dfrac{3}{8}\right)^2 = \dfrac{23}{32}.$

10. 解析：(1) $f(x) = \dfrac{(-\tan x) \cdot \cos x \cdot \cos x}{-\cos x} = \sin x.$

(2) 由 $f\left(\dfrac{\pi}{2} - \alpha\right) = -\dfrac{3}{5}$，得 $\sin\left(\dfrac{\pi}{2} - \alpha\right) = -\dfrac{3}{5}$，从而 $\cos \alpha = -\dfrac{3}{5}$，又 α 是第三象限角，所以 $\sin \alpha = -\dfrac{4}{5}$，$\tan \alpha = \dfrac{4}{3}.$

5.3 三角函数的图像和性质

5.3.1 正弦函数的图像和性质

【课堂基础训练】

一、选择题

1. B 解析：选项 A，函数 $y = \sin x$ 在 $\left(\dfrac{\pi}{2}, \pi\right)$ 内是减函数，因为 $\dfrac{5\pi}{7} > \dfrac{4\pi}{7}$，所以 $\sin \dfrac{5\pi}{7} < \sin \dfrac{4\pi}{7}$，故 A 错．选项 B，$\sin 136° = \sin 44°$，$y = \sin x$ 在 $\left(0, \dfrac{\pi}{2}\right]$ 内是增函数，故 $\sin 14° < \sin 44°$，即 $\sin 14° < \sin 136°$，故 B 正确．选项 C，$\sin 405° = \sin 45°$，$\sin 45° < \sin 60°$，故 C 错．选项 D，因为 $90° < 165° < 235° < 270°$，$y = \sin x$ 在 $\left(\dfrac{\pi}{2}, \dfrac{3\pi}{2}\right)$ 内是减函数，所以 $\sin 235° < \sin 165°$，D 错．故选 B.

2. B 解析：函数 $y = \sin x$ 的周期 $T = 2\pi$，故选 B.

3. A 解析：因为 $-2 < 0$，所以 $y = -2\sin x + 1$ 的单调区间与 $y = \sin x$ 的单调区间相反，由此可判断 A 正确．故选 A.

4. C　解析：由正弦函数图像可知，当 $\sin x \geqslant \frac{\sqrt{2}}{2}$ 时在 $[0, 2\pi]$ 内 x 的范围是 $\frac{\pi}{4} \leqslant x \leqslant \frac{3\pi}{4}$．故选 C．

5. B　解析：②④正确，①③错误．三角函数是一个周期函数，要在同一周期内，说出它的单调区间；$y = \sin x + 1$ 是非奇非偶函数．故选 B．

6. D　解析：利用 $f(-x) = -f(x)$ 很容易判断，D 正确．故选 D．

7. B　解析：由正弦函数图像可知，当 $x = \frac{\pi}{6}$ 时，取得函数的最小值 $\frac{1}{2}$，当 $x = \frac{\pi}{2}$ 时取得最大值 1，故其值域为 $\left[\frac{1}{2}, 1\right]$．故选 B．

8. A　解析：特殊值法，当 $x = 150°$ 时，$\sin x = \frac{1}{2}$，故选 A．

9. A　解析：画出 $y = |\sin x|$ 的图像，可知其周期 $T = \pi$，故选 A．

10. D　解析：因为 $2 < 0$，当 $\sin x = -1$ 时，y 取得最小值，即 $-2 + a = 3$，得 $a = 5$，故选 D．

二、填空题

11. $\left[2k\pi + \frac{\pi}{2}, 2k\pi + \frac{3\pi}{2}\right] (k \in \mathbf{Z})$　解析：由正弦函数的性质可得．

12. 2　解析：因为 $a > 0$，所以当 $\sin x = -1$ 时，y 取得最小值，即 $-a + 1 = -1$，解得 $a = 2$．

13. $2k\pi + \frac{\pi}{2} (k \in \mathbf{Z})$　解析：因为 $-2 < 0$，所以当 $\sin x = 1$ 时，y 取得最小值，此时 $x = 2k\pi + \frac{\pi}{2} (k \in \mathbf{Z})$．

14. $[1, 5]$　解析：由已知得 $\sin x = \frac{m-3}{2}$，因为 $\sin x \in [-1, 1]$，所以 $-1 \leqslant \frac{m-3}{2} \leqslant 1$，解得 $1 \leqslant m \leqslant 5$．

15. $=$；$<$　解析：$\sin\left(-\frac{11\pi}{10}\right) = -\sin\left(\pi + \frac{\pi}{10}\right) = \sin\frac{\pi}{10}$，$\sin\frac{9\pi}{10} = \sin\frac{\pi}{10}$，故应填"$=$"；$\sin\frac{4\pi}{3} < 0$，$\sin\frac{\pi}{5} > 0$，故应填"$<$"．

16. $\left[-\frac{1}{2}, 1\right]$　解析：由正弦函数图像可知，当 $x = -\frac{\pi}{6}$ 时，y 取得最小值 $-\frac{1}{2}$，当 $x = \frac{\pi}{2}$ 时，y 取得最大值 1，故值域为 $\left[-\frac{1}{2}, 1\right]$．

三、解答题

17. 解析：(1) 欲使此式有意义，应满足 $\sin x + \frac{1}{2} \geqslant 0$，即 $\sin x \geqslant -\frac{1}{2}$，可得

$2k\pi - \dfrac{\pi}{6} \leqslant x \leqslant 2k\pi + \dfrac{7\pi}{6}(k \in \mathbf{Z})$,所以函数定义域为 $\left[2k\pi - \dfrac{\pi}{6}, 2k\pi + \dfrac{7\pi}{6}\right](k \in \mathbf{Z})$.

(2)欲使此式有意义,应满足 $\dfrac{\sqrt{2}}{2} - \sin x \geqslant 0$,即 $\sin x \leqslant \dfrac{\sqrt{2}}{2}$,解得 $2k\pi + \dfrac{3\pi}{4} \leqslant x \leqslant 2k\pi + \dfrac{9\pi}{4}(k \in \mathbf{Z})$,所以函数定义域为 $\left[2k\pi + \dfrac{3\pi}{4}, 2k\pi + \dfrac{9\pi}{4}\right](k \in \mathbf{Z})$.

18. 解析:因为 $b > 0$,所以当 $\sin x = 1$ 时,y 取得最小值,即 $a - b = 1$;当 $\sin x = -1$ 时,y 取得最大值,即 $a + b = 5$,解得 $a = 3, b = 2$.

19. 解析:(1) $\left[2k\pi - \dfrac{\pi}{2}, 2k\pi + \dfrac{\pi}{2}\right](k \in \mathbf{Z})$;(2) $\left[2k\pi + \dfrac{\pi}{2}, 2k\pi + \dfrac{3\pi}{2}\right](k \in \mathbf{Z})$.

20. 解析:(1)函数定义域为 $\mathbf{R}$,$f(-x) = \sin(-x)^3 = \sin(-x^3) = -\sin x^3 = -f(x)$,所以 $y = \sin x^3$ 为奇函数.

(2)函数定义域为 $\mathbf{R}$,$f(-x) = -\sin(-x) + 3 = \sin x + 3$,故 $f(-x) \neq f(x)$,$f(-x) \neq -f(x)$,所以 $y = -\sin x + 3$ 为非奇非偶函数.

(3)函数定义域为 $\mathbf{R}$,$f(-x) = 3\sin(-x) = -3\sin x = -f(x)$,所以 $y = 3\sin x$ 为奇函数.

(4)函数定义域为 $\mathbf{R}$,$f(-x) = \sin(-2x) = -\sin 2x = -f(x)$,所以 $y = \sin 2x$ 为奇函数.

【课堂拓展训练】

一、填空题

1. $\left[2k\pi + \dfrac{\pi}{2}, 2k\pi + \dfrac{3\pi}{2}\right](k \in \mathbf{Z})$ 解析:由 $-3 < 0$ 可知,函数单调区间与 $y = \sin x$ 的单调区间相反,所以增区间为 $\left[2k\pi + \dfrac{\pi}{2}, 2k\pi + \dfrac{3\pi}{2}\right](k \in \mathbf{Z})$.

2. 9 解析:设 $g(x) = a\sin x + bx$,易知 $g(x)$ 为奇函数,故有 $f(-1) = g(-1) + 3 = -3$,解得 $g(-1) = -6$,从而 $g(1) = 6$,所以 $f(1) = g(1) + 3 = 9$.

3. -6 解析:由 $f\left(\dfrac{\pi}{6}\right) = 2$,得 $\dfrac{1}{2}m - 2 = 2$,解得 $m = 8$. 所以 $f\left(\dfrac{11\pi}{6}\right) = 8 \cdot \sin \dfrac{11\pi}{6} - 2 = -4 - 2 = -6$.

4. $\sin 2 > \sin 3 > \sin 4$ 解析:因为 $\dfrac{\pi}{2} < 2 < 3 < \pi < 4 < \dfrac{3\pi}{2}$,$y = \sin x$ 在 $\left[\dfrac{\pi}{2}, \dfrac{3\pi}{2}\right]$ 内是减函数,所以 $\sin 2 > \sin 3 > \sin 4$.

5. 10 解析:$y = 2\sin^2 x + 5\sin x + 3 = 2\left(\sin x + \dfrac{5}{4}\right)^2 - \dfrac{2}{16}$,因为 $\sin x \in [-1, 1]$,所以当 $\sin x = 1$ 时,y 取得最大值 $y_{\max} = 10$.

6. ②④ 解析:① $y = \sin x + 1$ 的值域 $[0, 2]$,故①错;② $f(-x) = \sin(-x)^2 + 1 = \sin x^2 + 1 = f(x)$,②正确;③ $y = \sin x$ 的对称中心是与 x 轴的交点坐标,即 $(k\pi, 0)$,故

— 87 —

③错；④$y=\sin x+1$ 的对称轴为 $x=\dfrac{\pi}{2}+k\pi$，$k\in\mathbf{Z}$，当 $k=3$ 时，对称轴是 $x=\dfrac{7\pi}{2}$，④正确；⑤周期 2π，故⑤错.

二、解答题

7. 解析：(1) 2π；(2) $\left[2k\pi-\dfrac{\pi}{2},2k\pi+\dfrac{\pi}{2}\right](k\in\mathbf{Z})$；(3) 当 $\sin x=-1$ 即 $x=2k\pi-\dfrac{\pi}{2}$ $(k\in\mathbf{Z})$ 时，y 取得最大值 $y_{\max}=3+\dfrac{1}{2}=\dfrac{7}{2}$.

8. 解析：当 $a>0$ 时，$\sin x=1$，y 取得最大值 $a+b$；$\sin x=-1$，y 取得最小值 $b-a$；当 $a<0$ 时，$\sin x=-1$，y 取得最大值 $b-a$；$\sin x=1$，y 取得最小值 $a+b$.

9. 解析：$y=\cos^2 x+\sin x=1-\sin^2 x+\sin x=-\sin^2 x+\sin x+1=-\left(\sin x-\dfrac{1}{2}\right)^2+\dfrac{5}{4}$. 因为 $\sin x\in[-1,1]$，所以当 $\sin x=\dfrac{1}{2}$ 时，y 取得最大值 $\dfrac{5}{4}$；当 $\sin x=-1$ 时，y 取得最小值 -1.

10. 解析：由题意可知，$f(13)=f(4\times 3+1)=f(12+1)=f(1)=5$，$f(15)=f(4\times 4-1)=f(-1)=-f(1)=-5$.

5.3.2 余弦函数的图像和性质

【课堂基础训练】

1. C 解析：由正余弦函数的图像可知，C 正确. 故选 C.

2. A 解析：因为 $\dfrac{1}{3}>0$，所以 $\cos x=1$ 时最大值 $a=\dfrac{1}{3}-1=\dfrac{2}{3}$，$\cos x=-1$ 时最小值，$b=-\dfrac{1}{3}-1=-\dfrac{4}{3}$，从而 $a+b=\left(-\dfrac{2}{3}\right)+\left(-\dfrac{4}{3}\right)=-2$. 故选 A.

3. D 解析：由正余弦函数图像可知，D 正确. 故选 D.

二、填空题

4. $>$；$>$；$<$ 解析：(1) $\cos 4=\cos(2\pi-4)$，因为 $2\pi-4>2$，又 $y=\cos x$ 在 $(0,\pi)$ 内是减函数，所以 $\cos(2\pi-4)<\cos 2$，即 $\cos 4<\cos 2$；(2) $\sin 34°=\cos 66°>\cos 68°$；(3) $\cos\left(-\dfrac{23\pi}{5}\right)=\cos\dfrac{23\pi}{5}=\cos\left(4\pi+\dfrac{3\pi}{5}\right)=\cos\dfrac{3\pi}{5}$，$\cos\left(-\dfrac{\pi}{10}\right)=\cos\dfrac{\pi}{10}$，因为 $0<\dfrac{\pi}{10}<\dfrac{3\pi}{5}<\pi$，所以 $\cos\dfrac{3\pi}{5}<\cos\dfrac{\pi}{10}$，即 $\cos\left(-\dfrac{23\pi}{5}\right)<\cos\left(-\dfrac{\pi}{10}\right)$.

5. 2π；偶；$[2,4]$ 解析：周期 2π；$f(-x)=3+\cos(-x)=3+\cos x=f(x)$，所以是偶函数；$\cos x=1$ 时，y 取得最大值 4，$\cos x=-1$ 时，y 取得最小值 2，故值域为 $[2,4]$.

三、解答题

6. 解析：(1) $\left[2k\pi-\dfrac{\pi}{6},2k\pi+\dfrac{\pi}{6}\right](k\in\mathbf{Z})$；

(2)由 $\cos 2x \leqslant \dfrac{1}{2}$，得 $2k\pi + \dfrac{\pi}{3} \leqslant 2x \leqslant 2k\pi + \dfrac{5\pi}{3}(k \in \mathbf{Z})$，从而 $k\pi + \dfrac{\pi}{6} \leqslant x \leqslant k\pi + \dfrac{5\pi}{6}$ $(k \in \mathbf{Z})$，即不等式解集为 $\left[k\pi + \dfrac{\pi}{6}, k\pi + \dfrac{5\pi}{6}\right](k \in \mathbf{Z})$.

(3) $\left[2k\pi - \dfrac{3\pi}{4}, 2k\pi + \dfrac{3\pi}{4}\right](k \in \mathbf{Z})$.

【课堂拓展训练】

一、选择题

1. D 解析：排除法．由函数图像可知 B、C 错，由 $x \in \left[0, \dfrac{\pi}{2}\right]$，得 $2x \in [0, \pi]$，所以 $y = \sin 2x$ 在 $\left[0, \dfrac{\pi}{2}\right]$ 上不是增函数，A 错，$y = \cos 2x$ 在 $\left[0, \dfrac{\pi}{2}\right]$ 上是减函数，$y = -\cos 2x$ 在 $\left[0, \dfrac{\pi}{2}\right]$ 上是增函数，D 正确．故选 D.

2. D 解析：根据三角函数图像与性质，A 中 $y = \sin x$ 是奇函数，B 中 $y = \cos x$ 的周期为 2π，C 中 $y = |\sin x|$ 在 $\left(0, \dfrac{\pi}{2}\right)$ 内是增函数，同时满足三个条件的是 $y = |\cos x|$. 故选 D.

3. B 解析：由余弦函数图像可知，$x \in \left(\dfrac{3\pi}{4}, \dfrac{7\pi}{4}\right)$ 时，$x = \pi$，y 取得最小值 -1，$x = \dfrac{7\pi}{4}$，y 取得最大值 $\dfrac{\sqrt{2}}{2}$. 故值域为 $\left[-1, \dfrac{\sqrt{2}}{2}\right]$. 故选 B.

二、填空题

4. $[1, +\infty)$ 解析：由 $-1 \leqslant \cos x \leqslant 1$，得 $|\cos x| \leqslant 1$，即 $\left|\dfrac{a-5}{a+3}\right| \leqslant 1$，解得 $a \geqslant 1$.

5. 减 解析：偶函数对称区间单调性相反．

三、解答题

6. 解析：(1)由已知得，$m - n = 5$ 且 $m + n = 3$，解得 $m = 4$，$n = -1$.

(2)由(1)可知：$y = 4 - \cos x$，与 $y = \cos x$ 的单调区间相反，所以函数 $y = 4 - \cos x$ 的增区间为 $[2k\pi - \pi, 2k\pi]$，减区间为 $x \in [2k\pi, 2k\pi + \pi]$.

5.3.3 已知三角函数值求角

【课堂基础训练】

一、选择题

1. C 解析：因为 $\sin \alpha = \dfrac{\sqrt{3}}{2} > 0$，所以 α 为第一或二象限角，又 $\alpha \in (0, 2\pi)$，所以 $\alpha = \dfrac{\pi}{3}$ 或 $\alpha = \dfrac{2\pi}{3}$. 故选 C.

2. D 解析：因为 $\cos\alpha=-\dfrac{1}{2}<0$，所以 α 为第二或三象限角，又 $\alpha\in(-\pi,0)$，所以 $\alpha=-\dfrac{2\pi}{3}$．故选 D．

3. D 解析：因为 $\tan\alpha=\dfrac{\sqrt{3}}{3}>0$，所以 α 为第一或三象限角，又 $\alpha\in(-\pi,\pi)$，所以 $\alpha=\dfrac{\pi}{6}$ 或 $\alpha=-\dfrac{5\pi}{6}$．故选 D．

二、填空题

4. $-\dfrac{\pi}{6}$ 或 $-\dfrac{5\pi}{6}$　解析：因为 $\sin\theta=-\dfrac{1}{2}<0$，所以 θ 为第三或四象限角，又 $\theta\in(-\pi,0)$，所以 $\theta=-\dfrac{\pi}{6}$ 或 $-\dfrac{5\pi}{6}$．

5. $\dfrac{2\pi}{3}$ 或 $\dfrac{5\pi}{3}$　解析：由已知得，$\tan\alpha=\tan\left(-\dfrac{\pi}{3}\right)=-\sqrt{3}$，所以 α 为第二或四象限角，又 $\alpha\in(0,2\pi)$，所以 $\alpha=\dfrac{2\pi}{3}$ 或 $\dfrac{5\pi}{3}$．

三、解答题

6. 解析：因为 $\tan\alpha=-1<0$，$\sin\alpha=\dfrac{\sqrt{2}}{2}>0$，所以 α 为第二象限角，在 $(0,2\pi)$ 内 $\alpha=\dfrac{3\pi}{4}$，故与角 α 终边相同角的集合为 $\left\{\beta\left|\beta=2k\pi+\dfrac{3\pi}{4},k\in\mathbf{Z}\right.\right\}$．

【课堂拓展训练】

一、选择题

1. D 解析：选项 A，$x=2k\pi\pm\pi(k\in\mathbf{Z})$；选项 B，$x=2k\pi\pm\theta(k\in\mathbf{Z})$；选项 C，$\sin x=\pm\sin\theta$；选项 D，$x=2k\pi-\theta(k\in\mathbf{Z})$，故 $\cos x=\cos\theta$．A、B、C 错，故选 D．

2. B 解析：因为 $\cos\alpha=-\dfrac{\sqrt{2}}{2}<0$，$\alpha$ 为三角形内角，即 $\alpha\in(0,\pi)$，所以 $\alpha=\dfrac{3\pi}{4}$．故选 B．

3. D 解析：由已知得，$\sin\alpha=\pm\dfrac{\sqrt{2}}{2}$，在 $(-\pi,\pi)$ 内有 4 个符合条件．故选 D．

二、填空题

4. 4 解析：由正弦函数图像可知，$(0,3\pi)$ 内 $\sin\alpha=\dfrac{1}{5}$ 的点有 4 个．

5. $\dfrac{\pi}{4}$ 或 $\dfrac{7\pi}{4}$　解析：因为 $\cos(\pi+\alpha)=-\cos\alpha=-\dfrac{\sqrt{2}}{2}$，所以 $\cos\alpha=\dfrac{\sqrt{2}}{2}$，又 $\alpha\in(0,2\pi)$，故 $\alpha=\dfrac{\pi}{4}$ 或 $\dfrac{7\pi}{4}$．

三、解答题

6. 解析：(1)因为 $\sin \alpha = \cos \dfrac{5\pi}{6} = -\dfrac{\sqrt{3}}{2} < 0$，所以 α 为第三或四象限角，可得 $\alpha = 2k\pi + \dfrac{4\pi}{3}$ 或 $\alpha = 2k\pi + \dfrac{5\pi}{3}(k \in \mathbf{Z})$，所以所求角集合为 $\left\{\alpha \left| \alpha = 2k\pi + \dfrac{4\pi}{3} \text{ 或 } 2k\pi + \dfrac{5\pi}{3},\ k \in \mathbf{Z}\right.\right\}$.

(2)因为 $\cos \alpha = \dfrac{\sqrt{2}}{2} > 0$，所以 α 为第一或四象限角，可得 $\alpha = 2k\pi \pm \dfrac{\pi}{4}(k \in \mathbf{Z})$. 即所求角集合为 $\left\{\alpha \left| \alpha = 2k\pi \pm \dfrac{\pi}{4},\ k \in \mathbf{Z}\right.\right\}$.

(3)因为 $\tan \alpha = \dfrac{\sqrt{3}}{3} > 0$，所以 α 为第一或三象限角，可得 $\alpha = 2k\pi + \dfrac{\pi}{6}$ 或 $2k\pi + \dfrac{7\pi}{6}(k \in \mathbf{Z})$，即所求角集合为 $\left\{\alpha \left| \alpha = 2k\pi + \dfrac{\pi}{6} \text{ 或 } 2k\pi + \dfrac{7\pi}{6},\ k \in \mathbf{Z}\right.\right\}$.

第5章单元测试题 A 卷

一、选择题

1. D　解析：由概念可得 D 正确．故选 D．

2. B　解析：排除法 B 正确．故选 B．

3. D　解析：$\sin \alpha \cdot \tan \alpha > 0$，$\alpha$ 为一、四象限角；且 $\cos \alpha \cdot \tan \alpha < 0$，$\alpha$ 为三、四象限角，同时满足为第四象限角．故选 D．

4. D　解析：$\sin \alpha = \dfrac{4}{5}$，$\cos \alpha = -\dfrac{3}{5}$，原式 $= \dfrac{1}{5}$．故选 D．

5. A　解析：显然 A 正确．故选 A．

6. C　解析：$-330° = -360° + 30°$．故选 C．

7. B　解析：由已知得 $\sin\left(\dfrac{3\pi}{2} + \alpha\right) = -\cos \alpha = \dfrac{1}{2}$，从而 $\cos \alpha = -\dfrac{1}{2}$，因为 $0 < \alpha < 2\pi$，所以 $\alpha = \dfrac{5\pi}{6}$ 和 $\dfrac{7\pi}{6}$．故选 B．

8. D　解析：因为 $(\cos \alpha - \sin \alpha)^2 = 1 - 2\sin \alpha \cos \alpha = \dfrac{3}{4}$，又 $\dfrac{\pi}{4} < \alpha < \dfrac{\pi}{2}$，所以 $\cos \alpha < \sin \alpha$，从而 $\cos \alpha - \sin \alpha < 0$；故上式 $= -\dfrac{\sqrt{3}}{2}$．故选 D．

9. A　解析：由正弦函数图像可知递减区间为 $\left[2k\pi + \dfrac{\pi}{2},\ 2k\pi + \dfrac{3\pi}{2}\right](k \in \mathbf{Z})$．故选 A．

10. C　解析：由已知得 $\theta \in (0, \pi)$，$\dfrac{\theta}{2} \in \left(0, \dfrac{\pi}{2}\right)$，C 正确．故选 C．

11. B　解析：排除法，B 正确．故选 B．

12. D　解析：特殊值法，D 正确．故选 D．

13. B　解析：函数定义域为 $\mathbf{R}$，$f(-x)=(-x)^2+\cos(-x)=x^2+\cos x=f(x)$，为偶函数．故选 B．

14. A　解析：$\sin\dfrac{14\pi}{3}=\sin\left(5\pi-\dfrac{\pi}{3}\right)=-\sin\dfrac{\pi}{3}<0$．由于 $\pi<4<\dfrac{3\pi}{2}$，$\tan 4>0$，故 B 错；$\sin 750°=\sin(720°+30°)=\sin 30°$，C 错；$\sin\left(-\dfrac{10\pi}{7}\right)=\sin\dfrac{4\pi}{7}$，$\dfrac{\pi}{2}<\dfrac{4\pi}{7}<\dfrac{5\pi}{7}<\pi$，$\sin\dfrac{5\pi}{7}<\sin\dfrac{4\pi}{7}$，即 $\sin\dfrac{5\pi}{7}<\sin\left(-\dfrac{10\pi}{7}\right)$，D 错．故选 A．

15. C　解析：原式 $=\dfrac{2\tan\alpha+1}{1-\tan\alpha}=-5$．故选 C．

二、填空题

16. $\left\{\alpha\mid\alpha=2k\pi+\dfrac{11\pi}{6},k\in\mathbf{Z}\right\}$ 或 $\left\{\alpha\mid\alpha=2k\pi-\dfrac{\pi}{6},k\in\mathbf{Z}\right\}$

解析：由终边相同角集合直接写出即可．

17. $-\dfrac{2\sqrt{2}}{3}$　解析：由已知得 $\sin\alpha=\dfrac{1}{3}$，$\cos^2\alpha=1-\sin^2\alpha=\dfrac{8}{9}$，$\alpha\in\left(\dfrac{\pi}{2},\pi\right)$，故 $\cos\alpha=-\dfrac{2\sqrt{2}}{3}$．

18. $-\dfrac{5}{2}$　解析：原式 $=1-1+3\times\left(-\dfrac{1}{2}\right)-1=-\dfrac{5}{2}$．

19. 1　解析：$\sin x=1$ 时 y 取最大值，最大值为 1．

20. 2π　解析：$T=2\pi$．

21. $-\sin 2\alpha$　解析：原式 $=(-\sin\alpha)\cdot\cos\alpha\cdot\tan\alpha=-\sin 2\alpha$．

22. -1　解析：原式 $=-1$．

23. $\dfrac{10\pi}{3}$ cm　解析：弧长 $l=\dfrac{2\pi}{3}\cdot 5=\dfrac{10\pi}{3}$ (cm)．

24. $\left(\dfrac{\pi}{4},\dfrac{3\pi}{4}\right)$　解析：角的范围为 $\left(\dfrac{\pi}{4},\dfrac{3\pi}{4}\right)$．

25. $\left[2k\pi+\dfrac{\pi}{2},2k\pi+\dfrac{3\pi}{2}\right](k\in\mathbf{Z})$　解析：$\cos\theta\leqslant 0$，从而 θ 的范围为 $\left[2k\pi+\dfrac{\pi}{2},2k\pi+\dfrac{3\pi}{2}\right](k\in\mathbf{Z})$．

26. $\dfrac{5}{26}$　解析：由已知求得 $\tan\alpha=5$，$\sin\alpha\cdot\cos\alpha=\dfrac{\tan\alpha}{1+\tan^2\alpha}=\dfrac{5}{26}$．

27. 0　解析：$\cos\theta=-1$，y 取最小值，最小值为 0．

28. -1　解析：由已知得 $\alpha=\pi-\beta$，从而 $\tan\alpha=-\tan\beta$，所以原式 $=-1$．

29. $\left(\dfrac{\sqrt{2}}{2},1\right]$　解析：由图像分析得值域为 $\left(\dfrac{\sqrt{2}}{2},1\right]$．

30. $\left\{x \left| x \neq \dfrac{k\pi}{2} + \dfrac{\pi}{4}\right.\right\}(k \in \mathbf{Z})$　解析：因为 $2x \neq k\pi + \dfrac{\pi}{2}(k \in \mathbf{Z})$，所以 $x \neq \dfrac{k\pi}{2} + \dfrac{\pi}{4}$ $(k \in \mathbf{Z})$，故定义域为 $\left\{x \left| x \neq \dfrac{k\pi}{2} + \dfrac{\pi}{4}\right.\right\}(k \in \mathbf{Z})$.

三、解答题

31. 解析：由 $(\sin \alpha - \cos \alpha)^2 = 1 - 2\sin \alpha \cdot \cos \alpha = \dfrac{1}{25}$，解得 $2\sin \alpha \cdot \cos \alpha = \dfrac{24}{25} > 0$，因为 $\alpha \in (\pi, 2\pi)$，所以 $\sin \alpha < 0$，$\cos \alpha < 0$，故 $\sin \alpha + \cos \alpha < 0$. 又 $(\sin \alpha + \cos \alpha)^2 = 1 + 2\sin \alpha \cdot \cos \alpha = 1 + \dfrac{24}{25} = \dfrac{49}{25}$，所以 $\sin \alpha + \cos \alpha = -\dfrac{7}{5}$.

32. 解析：原式 $= \dfrac{(-\sin \theta)(-\sin \theta) \cdot \cos \theta}{\cos \theta (-\sin \theta)} = -\sin \theta$.

33. 解析：由题意得，$\begin{cases} -a + b = -5 \\ a + b = 3 \end{cases}$
解得 $a = 4$，$b = -1$.

34. 解析：由 $\tan \alpha = \dfrac{m}{-3} = \dfrac{4}{3}$，解得 $m = -4$　即 $P(-3, -4)$，
所以 $\sin \alpha = -\dfrac{4}{5}$，$\cos \alpha = -\dfrac{3}{5}$.

35. 解析：函数 $y = -2\sin x$ 的单调性与 $y = \sin x$ 的单调性相反.
所以函数 $y = -2\sin x$ 的单调增区间为 $\left(2k\pi + \dfrac{\pi}{2}, 2k\pi + \dfrac{3\pi}{2}\right)(k \in \mathbf{Z})$.

36. 解析：由已知得，$\sin \theta + \cos \theta = -\dfrac{m}{2}$，$\sin \theta \cdot \cos \theta = \dfrac{m}{4}$，
所以有 $1 + 2 \cdot \dfrac{m}{4} = \dfrac{m^2}{4}$，即 $m^2 - 2m - 4 = 0$，
解得 $m = 1 \pm \sqrt{5}$. 当 $m = 1 + \sqrt{5}$ 时，$\Delta < 0$；
当 $m = 1 - \sqrt{5}$ 时，即为所求.

37. 解析：因为 $\tan \alpha = 2 > 0$，所以 α 为第一或第三象限角，且 $\sin \alpha = 2\cos \alpha$.

(1) α 为第一象限角时，由平方关系得，$\sin \alpha = \dfrac{2\sqrt{5}}{5}$，$\cos \alpha = \dfrac{\sqrt{5}}{5}$；

(2) α 为第三象限角时，$\sin \alpha = -\dfrac{2\sqrt{5}}{5}$，$\cos \alpha = -\dfrac{\sqrt{5}}{5}$.

第 5 章单元测试题 B 卷

一、选择题

1. D　解析：$\sin(-1\,230°) = \sin(-1\,080° - 150°) = \sin(-150°) = -\sin 30° = -\dfrac{1}{2}$.

故选 D.

2. A 解析：由 $\cos\left(\dfrac{\pi}{2}+\alpha\right)=-\sin\alpha$，即 $\sin\alpha=-\dfrac{\sqrt{3}}{2}$，又 $\alpha\in[-\pi,\pi]$，所以 $\alpha=-\dfrac{\pi}{3}$ 或 $-\dfrac{2\pi}{3}$. 故选 A.

3. C 解析：排除法 C 正确. 故选 C.

4. C 解析：因为 $r=5|m|(m\neq 0)$，所以 $r=\pm 5m$，$\cos\alpha=\pm\dfrac{4m}{5m}=\pm\dfrac{4}{5}$. 故选 C.

5. B 解析：因为 $y=\cos(\pi+x)=-\cos x$ 是偶函数，A 错；$y=\sin(\pi+x)=-\sin x$ 是奇函数，单调性与 $y=\sin x$ 相反，则在 $\left(0,\dfrac{\pi}{2}\right)$ 内递减，B 正确；$y=\sin\left(\dfrac{\pi}{2}+x\right)=\cos x$ 是偶函数，C 错；$y=\sin x+1$ 是非奇非偶函数，D 错. 故选 B.

由三角函数单调性可得 B 正确.

6. A 解析：因为 $f(2\pi-x)=\sin\left(\dfrac{2\pi-x}{2}\right)=\sin\left(\pi-\dfrac{x}{2}\right)=\sin\dfrac{x}{2}=f(x)$. 故选 A.

7. B 解析：令 $g(x)=\cos\dfrac{n\pi}{2}$，$g(1)+g(2)+g(3)+g(4)=\cos\dfrac{\pi}{2}+\cos\pi+\cos\dfrac{3\pi}{2}+\cos 2\pi=0$，所以函数 $g(x)$ 是以 4 为周期的函数，因此原式 $=2\,023+\cos\dfrac{\pi}{2}+\cos\pi+\cos\dfrac{3\pi}{2}=2\,023-1=2\,022$. 故选 B.

8. D 解析：$y=-2\sin^2 x+2\cos x+1=2\cos^2 x+2\cos x-1=2\left(\cos x+\dfrac{1}{2}\right)^2-\dfrac{3}{2}$，所以当 $\cos x=-\dfrac{1}{2}$ 时，y 取最小值 $y_{\min}=-\dfrac{3}{2}$. 故选 D.

9. D 解析：由已知得 $\cos\alpha=-\dfrac{1}{2}$，$\sin\alpha=\dfrac{\sqrt{3}}{2}$，所以 $\tan\alpha=-\sqrt{3}$. 故选 D.

10. D 解析：由题意可知 $\sin\alpha\leqslant 0$ 且 $\cos\alpha\geqslant 0$，$\alpha\in[0,2\pi]$，符合条件的 α 范围为 $\left[\dfrac{3\pi}{2},2\pi\right]$. 故选 D.

11. A 解析：化简得 $y=(-\sin x)\cos x=-\sin x\cos x$，为奇函数. 故选 A.

12. A 解析：观察角的关系 $\left(\dfrac{\pi}{4}-\alpha\right)+\left(\dfrac{\pi}{4}+\alpha\right)=\dfrac{\pi}{2}$，可得 $\sin\left(\dfrac{\pi}{4}-\alpha\right)=\cos\left(\dfrac{\pi}{4}+\alpha\right)=-\dfrac{\sqrt{3}}{2}$. 故选 A.

13. D 解析：由题意得 $\left|\dfrac{3-m}{2m+1}\right|\leqslant 1$，解得 $m\leqslant\dfrac{4}{3}$ 或 $m\geqslant 2$. 故选 D.

14. A 解析：由已知得，$\alpha=(2k+1)\pi-\beta$，所以代入选项应用诱导公式化简可得 A 正确. 故选 A.

15. A 解析：$\dfrac{1}{1-\sin\alpha}+\dfrac{1}{1+\sin\alpha}=\dfrac{2}{1-\sin^2\alpha}=\dfrac{2}{\cos^2\alpha}=\dfrac{2\sin^2\alpha+2\cos^2\alpha}{\cos^2\alpha}=2\tan^2\alpha+2=$

20. 故选 A.

二、填空题

16. 3　解析：原式 $=0-3+0+6=3$.

17. $-\dfrac{2\pi}{3}$　解析：分针所转过的角度是 $-\dfrac{2\pi}{3}$.

18. $-\sin\alpha$　解析：$\tan\alpha(-\cos\alpha)=-\sin\alpha$.

19. $-330°$　解析：在 $(-360°,0°)$ 与 $-1\,050°$ 终边相同的最大负角是 $-330°$.

20. 2　解析：由 $\sin\theta+\cos\theta=\sqrt{2}$，平方化简得 $\sin\theta\cos\theta=\dfrac{1}{2}$，$\tan\theta+\dfrac{1}{\tan\theta}=\dfrac{1}{\sin\theta\cos\theta}=2$.

21. $\pm\sqrt{3}$　解析：$\cos(\pi+\alpha)=-\cos\alpha=\dfrac{1}{2}$，所以 $\cos\alpha=-\dfrac{1}{2}$，$\tan\alpha=\pm\sqrt{3}$.

22. -2　解析：因为 $a<0$，所以 $\cos x=-1$ 时，y 有最大值，且最大值 $-a+1=3$，所以 $a=-2$.

23. $30\pi\ \text{cm}^2$　解析：$108°=\dfrac{3\pi}{5}$，所以扇形面积 $S=\dfrac{1}{2}\alpha r^2=\dfrac{1}{2}\cdot 100\times\dfrac{3\pi}{5}=30\pi(\text{cm}^2)$.

24. $\left[2k\pi-\dfrac{\pi}{3},2k\pi+\dfrac{\pi}{3}\right](k\in\mathbf{Z})$　解析：欲使表达式有意义应满足 $\cos x\geqslant\dfrac{1}{2}$，所以角 x 范围为 $\left[2k\pi-\dfrac{\pi}{3},2k\pi+\dfrac{\pi}{3}\right](k\in\mathbf{Z})$.

25. $\dfrac{1}{5}$　解析：原式 $=(-\sin\alpha)(-\sin\alpha)=\sin^2\alpha=\dfrac{\sin^2\alpha}{\sin^2\alpha+\cos^2\alpha}=\dfrac{\tan^2\alpha}{\tan^2\alpha+1}=\dfrac{1}{5}$.

26. 1　解析：由 $\sin\alpha+\sin^2\alpha=1$，得 $\sin\alpha=1-\sin^2\alpha=\cos^2\alpha$，因此 $\cos^2\alpha+\cos^4\alpha=\sin\alpha+\sin^2\alpha=1$.

27. $\dfrac{3\pi}{4}$ 或 $\dfrac{5\pi}{4}$　解析：由已知得，$\cos\alpha=-\dfrac{\sqrt{2}}{2}$，因为 $\alpha\in(0,2\pi)$，$\alpha=\dfrac{3\pi}{4}$ 或 $\dfrac{5\pi}{4}$.

28. $(2k\pi-\pi,2k\pi)(k\in\mathbf{Z})$　解析：由已知余弦函数单调性可得所求单调减区间为 $(2k\pi-\pi,2k\pi)(k\in\mathbf{Z})$.

29. -1　解析：令 $g(x)=ax^3+b\sin x$，由 $f(-1)=g(-1)+2=5$，得 $g(-1)=3$，所以 $g(1)=-g(-1)=-3$，$f(1)=-3+2=-1$.

30. $\dfrac{5}{2}$　解析：$x=-\dfrac{\pi}{6}$ 时，y 取最大值，且最大值 $y=\dfrac{5}{2}$.

三、解答题

31. 解析：(1) 原式 $=\dfrac{\cos 45°\cos 30°\tan 45°}{\tan 60°}=\dfrac{\sqrt{2}}{4}$；

(2) 原式 $=\dfrac{(-\sin\alpha)\cos\alpha\tan\dfrac{\pi}{4}}{(-\sin\alpha)\cos\alpha}=1$.

32. 解析：(1)在 $y=-3x$ 上取点 $(1,-3)$，所以 $\sin\alpha=-\dfrac{3\sqrt{10}}{10}$，$\cos\alpha=\dfrac{\sqrt{10}}{10}$，$\tan\alpha=-3$，所以 $5\sin\alpha+5\cos\alpha-\tan\alpha=-\sqrt{10}+3=3-\sqrt{10}$；

(2)在 $y=-3x$ 上取点 $(-1,3)$，所以 $\sin\alpha=\dfrac{3\sqrt{10}}{10}$，$\cos\alpha=-\dfrac{\sqrt{10}}{10}$，$\tan\alpha=-3$，所以 $5\sin\alpha+5\cos\alpha-\tan\alpha=\sqrt{10}+3$.

33. 解析：由 $-2<0$ 可知 $y=-2\cos x+1$ 与 $y=\cos x$ 取最值时相反，所以 $x=\pi+2k\pi$，$k\in\mathbf{Z}$ 时，y 取最大值，最大值为 $y_{\max}=2+1=3$.

34. 解析：原式 $=\dfrac{\tan^2\alpha+5}{1+\tan^2\alpha}=\dfrac{23}{5}$.

35. 解析：由正弦函数单调性可知：$y=3\sin x-1$ 在 $\left(2k\pi-\dfrac{\pi}{2},2k\pi+\dfrac{\pi}{2}\right)(k\in\mathbf{Z})$ 时是增函数，因为 $x\in\left(-\dfrac{\pi}{6},\dfrac{3\pi}{4}\right)$，所以 $y=3\sin x-1$ 在 $\left(-\dfrac{\pi}{6},\dfrac{\pi}{2}\right]$ 上是增函数，即函数的单调增区间为 $\left(-\dfrac{\pi}{6},\dfrac{\pi}{2}\right]$.

36. 解析：(1) $f(0)=2\sin\dfrac{3\pi}{2}-1=2\times(-1)-1=-3$；(2)因为 $f(x)=-2\cos x-1$，所以 $f\left(\alpha+\dfrac{\pi}{2}\right)=-2\cos\left(\alpha+\dfrac{\pi}{2}\right)-1=2\sin\alpha-1=\dfrac{11}{13}$，解得 $\sin\alpha=\dfrac{12}{13}$. 因为 α 在第二象限，所以 $\cos\alpha=-\dfrac{5}{13}$，从而 $\tan\alpha=-\dfrac{12}{5}$.

37. 解析：由根与系数的关系可知，$\sin A+\cos A=\dfrac{\sqrt{3}-1}{2}$，$\sin A\cos A=-\dfrac{\sqrt{3}}{4}$，解得 $\sin A=\dfrac{\sqrt{3}}{2}$，$\cos A=-\dfrac{1}{2}$，又 $\angle A$ 是 $\triangle ABC$ 中的内角，所以 $\angle A=\dfrac{2\pi}{3}$.